THE
Jaysh al-tawshīḥ
OF
Lisān al-Dīn Ibn al-Khaṭīb

AN ANTHOLOGY OF ANDALUSIAN
ARABIC *MUWASHSHAḤĀT*

EDITED BY

Alan Jones

Gibb Memorial Trust

Published by

The E. J. W. Gibb Memorial Trust

© Alan Jones 1997

First published 1997
Reprinted in paperback 2015

ISBN 978-1-909724-58-7

A CIP record for this book is available from the British Library

Further details of the E. J. Gibb Memorial Trust and its publications
are available at the Trust's website

www.gibbtrust.org

Acknowledgements

In the edition of the *'Uddat al-jalīs* I spoke with great gratitude of the generosity of the late Georges Colin. Here I must pay tribute to the help of another deceased colleague, Samuel Stern. It was he who first introduced me to both the *'Uddat al-jalīs* and the *Jayš al-tawšīḥ*; and it was his microfilms that were passed on to me by another colleague to whom I am much indebted, Professor Derek Latham.

Others who have been of particular help were Professors Federico Corriente, Pat Harvey and Richard Hitchcock. I should also like once more to pay special tribute to three Arab friends who have always been ready to help: Professors Samīr Haykal, Bassām Sā'ī and Muhammad Zakariyyā 'Inānī.

Both Freddie Beeston and Geoffrey Lewis provided vital links with the Gibb Memorial; and the Pembox Trust helped with the publication costs. I thank them all.

Adrian Phillips has once again been admirable. I can think of few publishers who can match his skills and patience or his knowledge of printing.

A.J.
Pembroke College
Oxford

Szeretettel Stern Sámuel Miklós,
a szerény polihisztor és jóbarát emlékére.

Introduction

The aim of this work is to present a text of the *Jayš al-tawšīḥ* of Ibn al-Khaṭīb in a format parallel to that of the *'Uddat al-jalīs* of Ibn Bishrī (Gibb Memorial, New Series 31). Thus the *Introduction* is similarly brief; the indices are again confined to simple references (*i.e.* there is no biographical data on such figures as the poet Ibn al-Labbāna or his patron al-Muʻtamid, *etc.*); and the bibliography is limited to the few works that the reader is likely to need for textual cross-references.

Attention is thus focused once again on the texts of the poems themselves, not in this case because the texts have never been printed, but to enable scholars to have for the first time a clear picture of what is in the manuscripts.

The Anthologist

Abū ʻAbdallāh Muḥammad b. ʻAbdallāh b. Saʻīd, commonly known as Lisān al-Dīn Ibn al-Khaṭīb, was the outstanding literary figure of the eighth/fourteenth century. He was born in 713/1313 at Loja, some 30 miles from the city where he was educated and where he entered royal service, Granada. Politically his life was one of ups, during which he was highly influential at court, and downs, during which exile and or prison were his lot. His political influence was at its zenith in the late 1360s, but then intrigues brought him into disfavour, and he fled to North Africa. There things became steadily more difficult for him, and into he was thrown into prison in Fez and eventually put to death there in 1375.

He was clearly a man of great ability, but this was offset by his touchiness and his difficult character, which were to cause him many problems in later life. Typically, for example, in 1364–5 he managed to quarrel with Ibn Khaldūn, who, though an eminent scholar and *qāḍī*, posed no threat to him. Whilst the breakdown of his relations with Ibn Khaldūn did not harm him, his rivalry with the powerful Ibn

Zamraq (1333–93), like himself both a poet and a minister, was much more serious: eventually it led to his downfall and indirectly to his death.

He distinguished himself in almost all branches of traditional learning and wrote over sixty works on history, poetry, medicine, *adab* and *taṣawwuf*. It was as a historian that he particularly excelled, his most famous works being *al-Iḥāṭa fī ta'rīkhi Gharnāṭa* and *al-Lamḥa al-badriyya fī l-dawla al-Naṣriyya*. He composed both classical poetry and *muwaššaḥāt*, some dozen of which have survived. It was presumably this interest that led him to put together the anthology *Jayš al-tawšīḥ*.

The Work: Contents

The *Jayš al-tawšīḥ* the second most important anthology of Andalusian Arabic *muwaššaḥāt* to have survived. In the introduction to his work Ibn al-Khaṭīb says that he has divided into two parts (*sifrayn*). The first part comprises 16 sections, each devoted to an individual poet, and containing 165 poems in all. As it now survives, there are only 17 poems in the second part / section 17, and the problems of this are discussed below.

It cannot be claimed that the work is anywhere near as important as the *'Uddat al-jalīs*, which contains over 280 *muwaššaḥāt* that are not extant in any other major source. However, the *Jayš al-tawšīḥ* has its own riches. It contains 111 poems found in no other source and 16 with 'Romance *kharja*s'. It is in terms of its overlap with the corpus of Hebrew *muwaššaḥāt* that it most nearly approaches the *'Uddat al-jalīs*. Three of its *kharja*s containing Romance, two of its *maṭla*'s and seven of its Arabic *kharja*s are also to be found as *kharja*s of Hebrew *muwaššaḥāt*.

The sixteen sections that comprise the first *sifr* cover the following poets:

1. Ibn Baqī
2. al-A'mā
3. al-Abyaḍ

Introduction

4. Ibn al-Labbāna
5. Ibn al-Rāfiʿ Raʾsuh
6. al-Kumayt
7. Ibn Šaraf
8. al-Manīšī
9. Ibn al-Ṣayrafī
10. al-Khabbāz
11. al-Jazzār
12. Ibn Labbūn
13. Ibn Ruḥaym
14. Ibn Yannaq
15. Ibn Zuhr
16. Aḥmad b. Mālik

Apart from the section on Ibn Zuhr, which contains only three poems not found elsewhere, the majority of the poems in each section are not extant outside this anthology. In the sections on al-Manīšī and al-Jazzār none of the poems is to be found in any other source; this is also the case with the truncated section 16 containing poems by Aḥmad b. Mālik. Another three sections (on al-Khabbāz, Ibn Labbūn and Ibn Yannaq) have nine of their ten poems not extant elsewhere.

Although each of the sixteen sections is said to cover the work of one particular poet, no less than thirteen poems are attributed in other sources to other poets; and with only one of these can we be confident that Ibn al-Khaṭīb's ascription is correct (15:2, which he attributes to Ibn Zuhr, as opposed to the ascription to Ibn Baqī in the the *ʿUddat al-jalīs*, poem 50). The greatest confusion is about al-Aʿmā and Ibn Baqī, with four of the poems in section 2 (al-Aʿmā) being attributed to Ibn Baqī in other sources. Almost as striking is the ascription by other anthologists of three of the poems in section 5 to al-Ḥuṣrī. This may point to a general uncertainty about authorship rather than to eccentric ascriptions by Ibn al-Khaṭīb. Even so, there are some surprising points. First there is no section devoted to the poems of such an important figure as Muḥammad b. ʿUbāda, though two of his poems surface in sections devoted to other authors (3:8, al-Abyaḍ, and 6:3, al-Kumayt). Even more striking is the attribution to Ibn al-Ṣayrafī

(9:3) of the famous poem *Jarriri l-dhayla ayyamā jarri*. In the *'Uddat al-jalīs* and elsewhere this is firmly attributed to Ibn Bājja.

There are some peculiarities in the number of poems in the sixteen sections of part one. Twelve of them have ten poems each, presumably the intended length; but section 2 has nineteen poems, sections 1 and 7 nine poems each, and section 16 only eight. In the case of section 7 the first phrase of the *maṭla'* of a further poem is quoted between poems 7 and 8 (*wa-lahu ayḍan "qaḍat bi-qtināṣi l-usdi"*), and there can be little doubt that the section originally contained or was intended to contain ten poems. (The full text of the missing poem has survived in the *'Uddat al-jalīs*, poem 28). In section 16 the second line of the *kharja* of the final extant poem, poem 8, is missing, and it may well be that further material has also dropped out. However, there is no indication of missing material in section 1, as all the poems are complete; and it is impossible to divine the reason why section 2 has nineteen poems, again all complete with the exception of a *simṭ* in poem 5 and another in poem 18. One may hazard a guess that Ibn al-Khaṭīb particularly liked the poems of al-A'mā, but there is nothing to substantiate this.

The order of the sections, too, is rather odd. It is certainly not historical. Ghāzī's attempt to put the poets concerned in historical order is: Ibn al-Rafi' Ra'suh, al-Kumayt, al-Jazzār, al-Khabbāz, Ibn Labbūn, Ibn al-Labbāna, al-A'mā, al-Manīshī, Ibn Ruḥaym, al-Abyaḍ, Ibn Baqī, Ibn Yannaq, Ibn al-Ṣayrafī, Ibn Ṣaraf and Ibn Zuhr. Whilst one might argue about some of the detail in this order, it is along the right lines. Yet I cannot think that Ibn al-Khaṭīb knew less than Ghāzī.

The problem of the second *sifr*

The way the manuscript is divided makes it plausible that the first sixteen sections form the first part of the work – indeed, the manuscripts tell us that. Altogether the sixteen sections contain 165 poems, just over half the total of the imitatory *Madad al-jayš* of al-Fištālī.

However, there is no way in which section seventeen could be a

Introduction

second *sifr*. It is a relatively short medley of 17 *muwaššaḥāt*, all of which are found elsewhere, and seven of which (poems 7–13) are of eastern origin. The first four of these latter are by Ibn Sanā' al-Mulk (poems 6, 7, 16, and 21 from the section of the *Dār al-ṭirāz* devoted to his own poems). They are followed by one *muwaššaḥ*, each by al-'Azāzī, al-Mawṣilī and Ibn Nubāta respectively.

It is certainly possible that Ibn al-Khaṭīb knew all these seven eastern poems, as the four authors all predeceased him. Equaliy, the next four poems in section 17 (poems 14–17) are by Ibn Khātima (d. 1373), an old friend of Ibn al-Khaṭīb, and it would have been quite natural for him to include them – though not, one would think, as anonymous poems.

A further problem is that the manuscripts stop short in the middle of poem 17, with the repetition of the *maṭlaʻ* of the poem instead of the fourth *simṭ* The copying does not cease at the end of a folio in the Zaytūna manuscript, and so we may assume that loss of the rest of section 17 happened earlier in the transmission. The seventeen poems are at best a rump of something longer.

The most likely possibility is that the whole of the original part two has been lost and that part of another collection has been grafted on to the original first volume in the course of transmission. Given the general way in which allied material is often put together in one manuscript, this is by no means implausible. However, the only evidence that might support this view is Ibn al-Khaṭīb's brief statement in his introduction that anonymous parts followed those by famous authors: *thumma ataytu bi-l-majhūli min-hā 'alā āthāri-hā* (p.1).

Unless another, much older, manuscript comes to light, we shall remain uncertain about the provenance of what is now section 17.

The Work: Manuscripts

As I have already indicated, in one crucial respect the *Jayš al-tawšīḥ* differs from the *'Uddat al-jalīs*. Three manuscripts have survived, rather than one. These are the manuscript in the library of the Zaytūna mosque in Tunis (J1), and two in private hands, also in Tunis, the

manuscripts of al-Nīfar (J2) and 'Abdul-Wahab (J3). Unfortunately, all three are late, and J3 is seriously defective, so that the textual evidence is, if anything, worse than that for the *'Uddat al-jalīs*.

Here we must turn to my late colleague, Samuel Stern. It is rare for an editor of an Arabic text to find that a considerable chunk of the introduction to the edition has been written for him, but in the case of the *Jayš al-tawšīḥ* this is so. Stern wrote an instructive article in volume 2 of *Arabica* [1955] entitled 'Two Anthologies of *Muwaššaḥ* Poetry: Ibn al-Khaṭīb's *Jayš al-tawšīḥ* and al-Ṣafadī's *Tawšī' al-tawšīḥ*'. Stern reasonably claimed that 'by giving a full table of the contents of the two anthologies, and by reproducing their introductions and the various headings which introduce the poems, a "skeleton" edition of the books will have been achieved'. The anthology by al-Ṣafadī does not concern us here, but for the most part what Stern wrote about the *Jayš al-tawšīḥ* still stands. I have thought it appropriate to quote Stern's careful work (though using my own transliteration) rather than to rehash facts that have changed very little:

> In the bibliographical lists of Ibn al-Khaṭīb's works a book is quoted bearing the title of *Jayš al-tawšīḥ* ('Army of *Muwaššaḥ* Poetry'). In Ibn al-Khaṭīb's own list of his writings, quoted in al-Maqqarī, *Nafḥal-ṭīb*, 4, 653, it is mentioned as a work in two volumes (*wa-Jayš al-tawšīḥ fī sifrayn*). It is mentioned by al-Maqqarī, 4, 638, with no more details than the simple qualification as a 'book' containing interesting things (*wa-atā fīhi bi-l-gharā'ib*); in al-Maqqarī's *Azhār al-riyāḍ*, 1, 190, it is merely mentioned with its title in a list of Ibn al-Khaṭīb's works. (al-Fištālī, the secretary of the Sa'did sultan al-Manṣūr, composed a book called *Madad al-jayš*, 'Auxiliary Troops of the Army', a kind of supplement to Ibn al-Khaṭīb's book, where he included 300 *muwaššaḥs* by contemporaries composed in honour of the sultan, as well as poems by the sultan himself; see al-Maqqarī, *Nafḥ al-ṭīb*, 4, 638.) The first mention of a manuscript of the book is due to F. Codera, who stated in his *Mision en Argel*, Madrid 1892, p.62, that MS no.4583 in the Zaytūna mosque in Tunis contains a book called *Jayš al-tawšīḥ*, by Ibn

Introduction 7

al-Khaṭīb. No further details were given by Codera, and the short entry attracted no attention.

Two further manuscripts of the *Jayš al-tawšīḥ*, are to be found in private libraries in Tunis. The first, the existence of which came to light during my enquiries about the copy in the Zaytūna, is in the library of the Tunisian scholar al-Nīfar. Professor E. Lévi-Provençal [then discovered] that a third MS was in the possession of H.H. 'Abdul-Wahab, also of Tunis.

None of these three manuscripts is very old. That of the Zaytūna [labelled A by Stern; my J1] is not dated. According to a note on the first page it was given as a *waqf* to the mosque in the year 1257. It consists of 1 unnumbered + 120 folios. (Between fol.16 *recto* and *verso* the copyist has evidently overlooked a whole folio of his model; thus the second half of ii, 14; ii, 15; and the first half of ii, 16, are missing. [On this problem see the paragraph following the excerpt.]) It is probably Aḥmad Bey who was the donor (though I cannot read the stamp in the photograph), as we know that in 1256/1840 he bought the books of the vizier Ḥusayn Khôja and gave them, together with the books preserved in the palace, to the Zaytūna; adding, in the course of the next two years, some more volumes (B. Roy, *Extrait du Catalogue des Manuscrits....de la Bibliothèque de la Grande Mosquée de Tunis*, Tunis 1900, p.ii).

The manuscript in the library of al-Nīfar [labelled B by Stern; my J2] was copied in 1253, and contains 8 + title-page + 240 + 17 pages. (On the first leaves there are various excerpts, mainly poetical. The only one referring to the book is a couplet addressed to Muḥammad Bayram 'the fourth', uncle of the famous Tunisian scholar of the same name ('the fifth' see EI^1, *s.v.*) d. 1278/1861, who had borrowed the book and delayed returning it. At the end, there is an extract from al-Maqqarī, containing the passage about al-Fištālī, quoted above, and another from Ibn Khaldūn's *Muqaddima*, containing the well-known chapter on strophic poetry; finally various excerpts.) Its title page is as follows: *kitābu jayši l-tawšīḥi li-l-'allāmati l-wazīri l-ra'isi Abū* [sic] *'Abdi llāhi Muḥammadi bni l-Khaṭībi l-*

Salmāniyyi taghammada-hu llāhu bi-raḥmati-hi wa-asbagha 'alay-hi suḥuba ghufrāni-hi wa-ni'mati-hi. There are in addition three notes by owners. The colophon reads as follows: *wa-kutiba min nuskhatin mu'arrabatin bi-ḥasbi l-ṭāqati min khaṭṭi ba'ḍi l-'āmmati; wa-ḥīna najidu ghayra-hā nuqābilu wa-nuṣaḥḥiḥu in šā'a llāhu; wa-kataba li-nafsi-hi Muḥammadun il-Bājiyyu bnu Muḥammadin il-Mas'ūdi sanata 1253.*

The manuscript belonging to H.H. 'Abdul-Wahab [labelled C by Stern; my J3] has the following title: *jayšu l-tawšīḥi li-bni l-Khaṭībi l-Salmāniyyi raḥima-hu llāhu*. It is defective at the end and its colophon is therefore missing. The following are the extant and the missing pages (the latter were supplied by the owner, who copied the missing poems, up to the end of the first part, from the Zaytūna MS): title-page, 1–121 (from the beginning till the middle of xiii, 6); supplied 122–7; extant two un-numbered pages (middle of xiii, 10 to middle of xiv, 2); another two un-numbered pages (middle of xiv, 10 to middle of introduction of xv); then supplied from 128 to 157.

This is not the place to examine in detail the mutual relation of the manuscripts, as a detailed account of the characteristics of the manuscripts can only be made after a full collation, which I have not yet carried out. I therefore confine myself to a few fundamental observations. All the three manuscripts are closely related and all of them share a great number of common blanks (*bayāḍ*). The al-Nīfar and the 'Abdul-Wahab MSS are even closer related and add to the common stock of blanks several of their own, common to both, but not to be found in the Zaytūna MS. This proves conclusively that the Zaytūna MS was not copied from one of them. Nor does it seem likely that one of them was copied directly from the Zaytūna MS, as the passages in it corresponding to the additional blanks in the al-Nīfar and Abdul-Wahab MSS are not illegible: it would be difficult to explain why a scribe should have been unable to read them. Moreover, the common text of the al-Nīfar and Abdul-Wahab MSS contains sometimes readings superior to those of the Zaytūna MS, and it is not very likely that all of them are due to

conjectures. Also, no lacuna in the other MSS corresponds to the missing passage in the Zaytūna MS [again see the paragraph following the excerpt]. The question remains as to the relation of the al-Nīfar and ʿAbdul-Wahab MSS among themselves: was one of them directly copied from the other, or do both of them derive from a common original. Though I have no decisive argument which would exclude the first alternative, I am inclined towards the second.

The main point on which I differ from Stern concerns his belief that there is a lacuna in J1 covering the latter part of 2:14, the whole of 2:15 and the beginning of 2:16. I have had to work from the same microfilms of the manuscripts as Stern did, and so I cannot be certain of my conclusion. However, calculations about the amount of material that is missing seem to point to the photographer of J1 having skipped a page rather than to a copyist's lacuna. Thus I cannot accept the point that this 'lacuna' is a crucial point of difference between J1 on the one hand and J2 and J3 on the other.

On the evidence of the variants, I accept that J2 and J3 are closer to each other than either is to J1, but, unlike Stern, I am not inclined to the view that they are derived from the same exemplar. There are too many variations between the two to make this credible, unless one accepts that the scribes had access to other versions – not altogether impossible. It is, of course, even less likely that the one was copied from the other.

In sum, I think that it is not feasible to establish accurately the mutual relation of the three manuscripts. The not inconsiderable number of lacunas, often of single lines, found in all three, indicates a common ancestry; and unless we posit that these lacunas were in the original work, this must have been at least at one remove from the original. We can also say that J1 represents one tradition and J2 and J3 somewhat different versions of another; and that on the whole J1 represents a somewhat less corrupt tradition. However, none of the manuscripts is early, and all three are to varying degrees unreliable.

A new edition of the *Jayš al-tawšīḥ* has been needed since 1967, the year which saw its first publication, by Nājī and Māḍūr in Tunis.

That edition is generally agreed to be extremely poor. It is based on J3, with some recourse to J1, largely because of the inaccessibility of J1 (see pages *nūn* and *sīn* [xiv–xv]), but also apparently on the assumption that J3 is older and better than J1 (*ibid.*). This is not an acceptable starting point, for although we cannot be sure of the date of either manuscript, the text of J1 is certainly much better preserved than than of J3. It matters little that Nājī and Mādūr decided to omit Section 17 (? Part 2) simply on the basis that *al-nāsikhu alḥaqa bi-l-matni biḍ'ata muwaššaḥātin laysat min aṣli l-kitābi*. It is the general inadequacy of the transcription and editing that most militates against this publication.

A much better attempt to edit the poems in the *Jays al-tawsiḥ* was made by Sayyid Ghāzī in his *Diwan al-muwassaḥāt al-Andalusiyya* (volumes 1 and 2, Alexandria 1979). He had access only to a microfilm of the 'Abdul-Wahab manuscript, and he edited very much by instinct. His emendations are sometimes extraordinarily successful, and sometimes hopelessly wrong (as can be seen by comparison with the versions of the poems that also survive in the *'Uddat al-jalīs*). Some western scholars have taken a patronizing view of Ghāzī, but his instincts are much better than theirs and his erroneous emendations often illuminate facets of the ethos of the transmission of Arabic poetry. Even so he can tell us nothing about the basic material with which we have to work, the manuscripts.

Scribes and Orthography

Each manuscript was copied by a single scribe in typical Maghribi handwriting; and thus we are spared the plethora of copyists involved in the copying of the *'Uddat al-jalīs*. [No account is taken of the sections of J3 that were copied from J1 to provide a complete copy of part 1.]

The three scribes wrote, I surmise, from duty and not from enthusiasm. Each hand has characteristics that mark it as quite different from that of the others (see the facsimiles on pages 16–18); and in that respect the situation does not differ greatly from that arising from the presence of multiple scribes in the *'Uddat al-jalīs*: it is

necessary to treat each manuscript as a separate palaeographical unit. What may seem plausible in the interpretation of the writing of one scribe may well be inappropriate with the others. However, each is copying the same material, and that brings some relief.

The copying of the 16 *kharja*s that contain Romance material is pretty distastrous. Corruptions probably started quite early, but there is some evidence that the three final copyists added errors of their own. To illustrate the difficulties facsimiles of the three attempts to copy the *kharja*s of 2:6 and 4:9 are given on page 19. Scribal uncertainty is less in the colloquial *kharja*s, but these are not without their problems.

The extent to which the scribes were following their own norms in writing, as opposed to copying what was before them, is unclear. Whatever the basis, the results are inconsistent, and there are numerous minor variations in lines that are basically identical. As far as possible I have tried to stay with J1 (as the least bad). Many of the more frequent variations are connected with *alif maqsūra*, for which *alif* and *yā'* are used interchangeably, and *hamza*, the writing of which is not bound by the modern rules of orthography. Thus *ra'ā* 'he saw' may be written in its normal form of *ra'*, *alif* bearer, with or without the *hamza*, *yā'* or as *rā'*, *hamza* with no bearer, *alif*. *Alif madda* is very rare in its modern form. Instead, one finds *hamza* without a bearer followed by *alif* (at the beginning of a word) or *alif hamza* only (usually at the beginning of a word) or simply *alif* alone. In places where the orthography might cause difficulty for the reader I have added a note in the critical apparatus to give the word or phrase as it would normally be printed to-day. Two further general, but specifically Andalusi/Maghribi, orthographic problems concern scribal interchangeability between *dāl* and *dhāl* on the one hand, and *ḍād* and *ẓā'* on the other. For example, *šādin* is spelled as both *šādin* and *šādhin*. This causes no difficulty. But when *naẓīr* is spelled as *naḍīr* there is a problem. After long deliberation, I decided that there was no alternative but to treat these letters very much as a traditional editor would do, that is to print the letter that is to all appearances correct without drawing special attention to this in the apparatus (see, for example, the *maṭla'* of 7:2). When, however, there is the slightest

doubt or difficulty caused by the interchangeablility of these letters, any change from the manuscript reading is noted in the critical apparatus.

Vocalisation is sporadic in J1 and virtually non-existent in J2 and J3. The reader may assume that the vocalisation in the edition comes from J1. It is, however, quite impossible to guess if any of that vocalisation has been taken over from the exemplar or is due to the scribe.

Those not accustomed to the Andalusi/Maghribi script should note that the orthography of *fā'* and *qāf* differs from the eastern spelling in the dotting, but not the shape, of the two letters. *Fā'* has one dot below its shape instead of one above; and *qāf* is spelled with one dot above instead of the two dots used in the east. Further, with the final and independent forms of the two letters the dot is most frequently (but by no means always) omitted.

The edition

In my introduction to the '*Uddat al-jalīs* (pp.6–8) I set out the reasons why I considered a palaeographical edition of the text to be necessary. The same reasons apply, *mutatis mutandis*, to this edition of *Jayš al-tawšīḥ*.

In particular, I think that it is crucial to ensure that the lines containing Romance material are available in a form that is as near to a diplomatic edition as possible. It is equally important to present the *kharja*s containing dialect material in a form that indicates clearly what spelling the manuscript gives. Any alteration of the spelling of the *kharja*s to a modern form will inevitably obscure some of the remaining indications of Andalusian dialect in the *kharja*s. This will in turn cause failures in our perception of some of the dialect features involved.

Now, if the lines containing Romance and dialect material are to be given conservative palaeographical treatment, it is hardly reasonable to handle the rest of the text in a different manner. However, conservative palaeographic versions have their general advantages. They do point back towards the source material, and they provide no

Introduction

scope for the scandalous disregard of the manuscripts favoured by García Gómez.

The Arabic printing fount available to me has again been the excellent *naskh* fount that I was able to use for the edition of *'Uddat al-jalīs*. However, it remains something of a paradox to have such a fount with Maghribi letters, even though this is a necessary compromise.

There was also the problem that the typesetting machine to which I had access could produce the Maghribi *fā'* in its dotted forms, but not in its undotted forms; nor could it produce *qāf* either with a single dot or without any dot. As a result, I have once again had to check every final and independent *fā'* and *qāf* and use liquid paper on the bromide sheets to remove the surplus dots. Though I have done my best, I fear that there are bound to be errors with such minute alterations.

The only manuscript to record *tašdīd* with any frequency is J1. It does not use the three forms for *šadda* that we find in the *manuscrit Colin* of the *'Uddat al-jalīs*, and no information is lost in the printed form.

The Critical Apparatus

This is in Arabic with the following exceptions: Hebrew names and phrases found in Hebrew *muwaššaḥāt* are in Hebrew characters; references to European scholars and works are in Latin characters. García Gómez's name has again suffered the slight indignity of losing its accents. This is because it is virtually impossible to print accents on Latin characters processed through the Arabic printing software available to me, due to the complications that arise through the need to feed the Latin characters through in reverse order. For example, 'Stern' had to be entered as 'nretS'.

Though I have emended the text wherever I have felt justified, there are many other places in which I suspect the transmitted text to be very doubtful but nevertheless feel that I cannot present a fully reasoned case for the emendation I would wish to propose. In such cases, I have left the manuscript reading in the body of the poem but put my emendation in the apparatus. The phrase *kadhā jīm* (*jīm* is the *siglum*

I have used for the three manuscripts when they agree on a reading) basically means *caveat lector*, as the text has to be looked at particularly carefully at that point, either because the reading is doubtful or because there is something unusual to be noticed. For example, 8:2, line 8, the text reads *wa-hunāka ma'nan*[3] *'ajīb*. Note 3 reads *kadhā jīm, wa-l-arjaḥu anna l-ṣawāba huwa "maghnan"*: *ma'nan* is not impossible and cannot be rejected, but *maghnan* seems more likely. Again, the text 6:1, line 11, reads *bi-sayfin mahjūr*[4], and note 4 reads *kadhā jīm, wa-la'alla l-aṣla kāna "mašhūr"*. Here *mahjūr* seems unlikely but just possible; *mašhūr* is a fairly obvious alternative.

It will frequently be seen that I have adopted the readings of Ghāzī or, though not adopting them, have still referred to them in the apparatus. That, I think, is a mark of the value of his work. There are, of course, also many places where I have decided to disregard his emendations as impossible; just as there are many where we decided on the same emendation independently.

I have used the obelus † to indicate a corrupt passage for which no plausible emendation can be suggested. For example, the first cluster of letters in the *kharja* of 5:10 is *bā', 'ayn, nūn, alif, yā', šīn* in all three manuscripts. Clearly, this is irretrievably corrupt, and I have printed it as †*b'āyš*†.

Occasionally there are emendations for metrical reasons, but alterations made solely on a metrical basis have been avoided wherever possible, unless the metrical pattern of the poem points to manifestly incorrect vocalisation that can be corrected very simply. The scansion patterns I have established have been for my own use to help me as I worked through the text. They were not intended for publication at this stage, though they will need to be discussed in the volume of commentary that I intend to publish as a companion volume. However, I should make it clear that I have treated the scansion in a fairly traditional Arabic manner, in what is becoming known as the extended Khalilian system, but without any attempt to give the patterns that emerged any Khalīlian label. Where a complete breakdown in the metrical pattern has been apparent, I have looked at the text very carefully to see if emendation was indicated, and where there has been a logical case I have made an emendation. I have not

Introduction 15

acted in this way where there might be just an unusual substitution of metrical feet (*tafʿīlāt*).

It is not the aim of this edition to produce a comparative text or a general apparatus when a poem appears in more than one source – that is best done electronically, as I explained in my article OCCAM (*Poesía Estrófica*, ed. Corriente and Sáenz-Badillos, Madrid, 1991, p.187–200). However, different recensions are quoted whenever they throw light on the text found in the *Jayš al-tawšīḥ*, but not otherwise. Similarly, *maṭla*'s and *kharja*s that are also to be found in religious *muwaššaḥāt* normally are referred to only if they throw light on a line in our text.

The works that contain alternative recensions that are of real value are the '*Uddat al-jalīs* of Ibn Bishrī, the *Dār al-ṭirāz* of Ibn Sanāʾ al-Mulk, the *Mughrib* of Ibn Saʿīd, the *Tawšīʿ al-tawšīḥ* of al-Ṣafadī, the *Dīwān* of Ibn Khatima and the *Nafḥ al-ṭīb* and *Azhār al-riyāḍ* of al-Maqqarī. The '*Uqūd al-laʾālī* of al-Nawājī, the *Sajʿ al-wurq* of al-Sakhāwī and the considerably later, and anonymous, *al-ʿAdhārā al-māʾisāt* are much further down the chain of transmission, and they are not referred to unless they have information not available elsewhere.

Zaytūna manuscript folios 21b and 22a, (part of poem 3,3, the whole of 3,4 and part of 3,5)

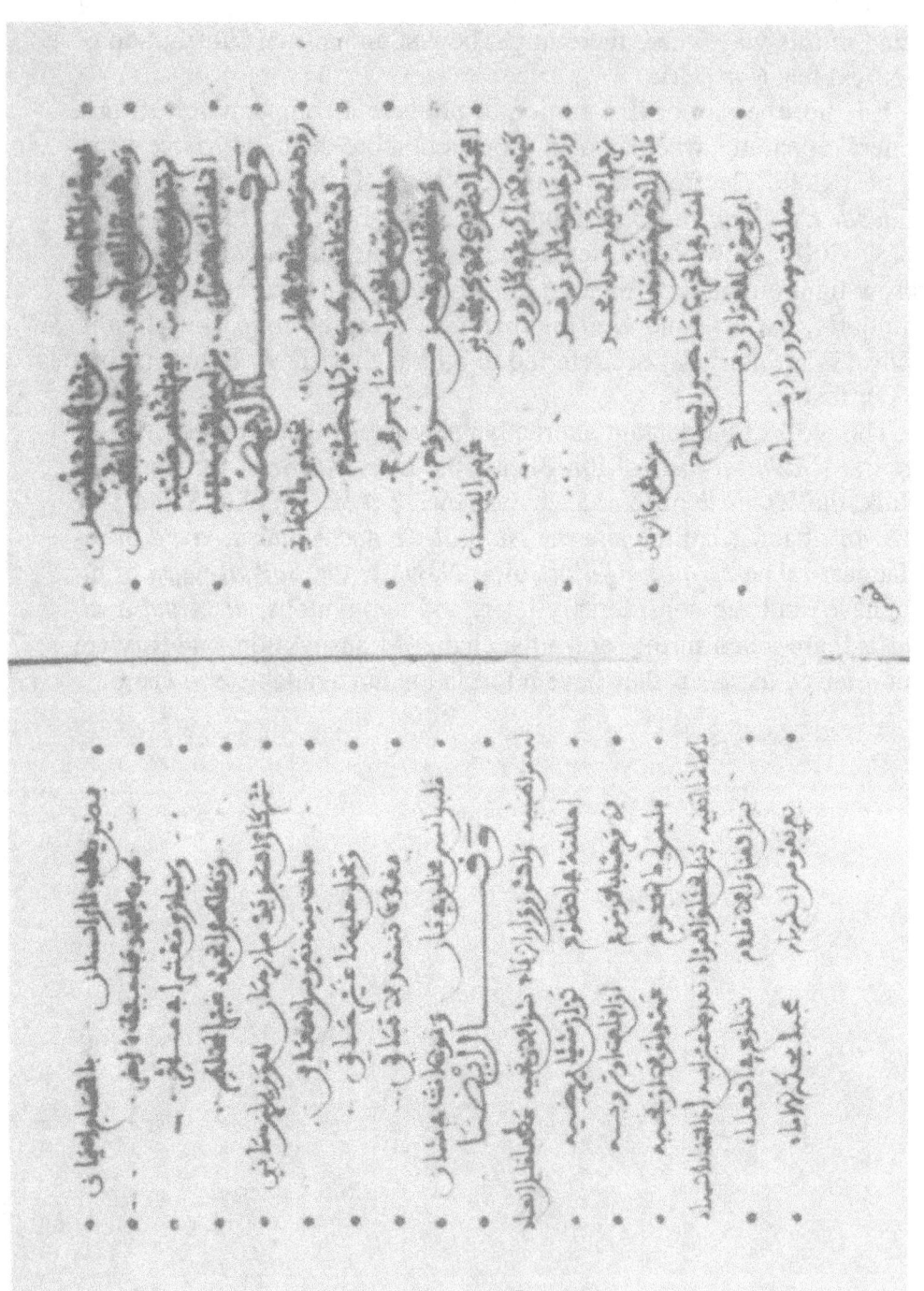

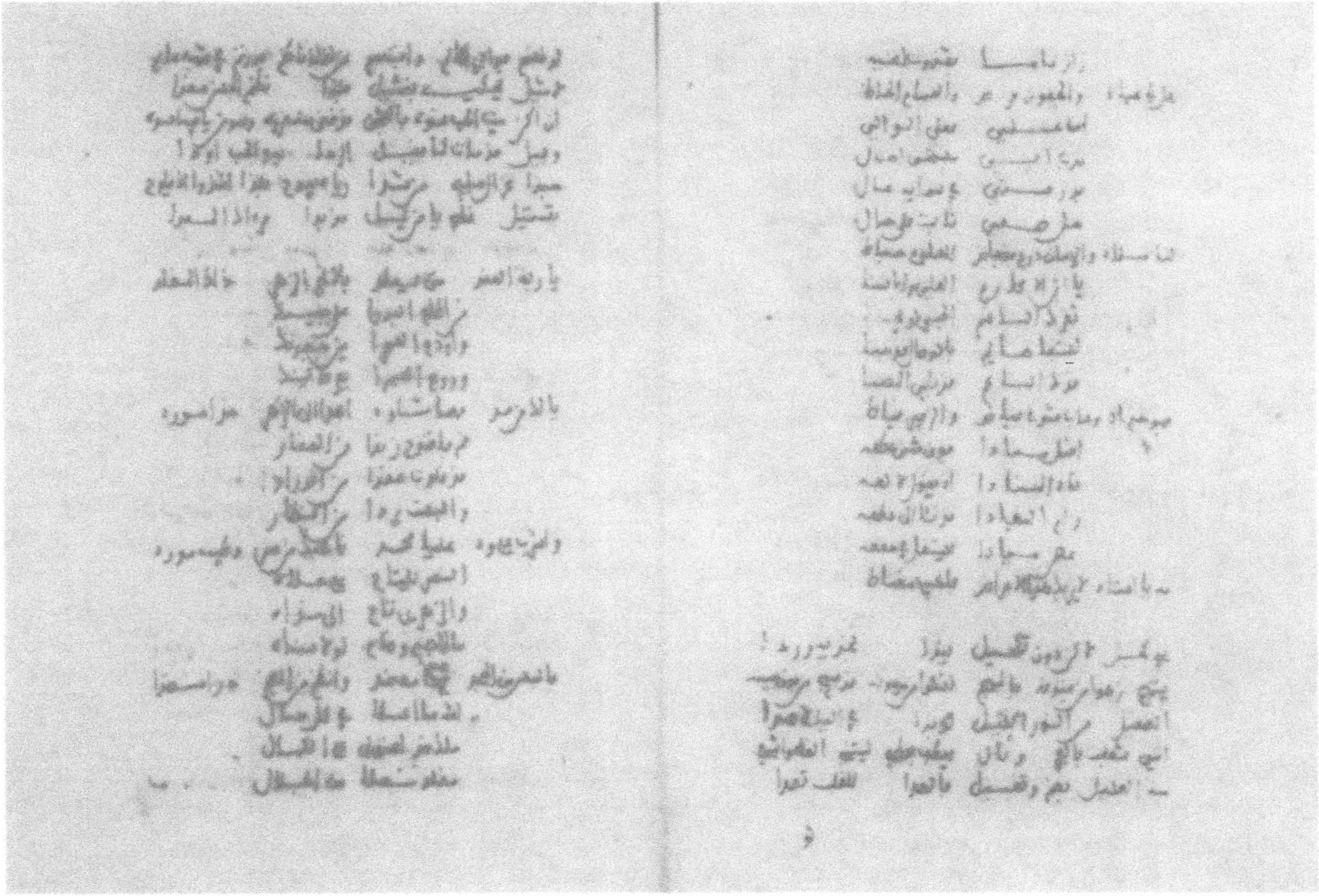

al-Nīfar manuscript pages 71 and 72, (part of poem 7,5, the whole of 7,6 and part of 3,5)

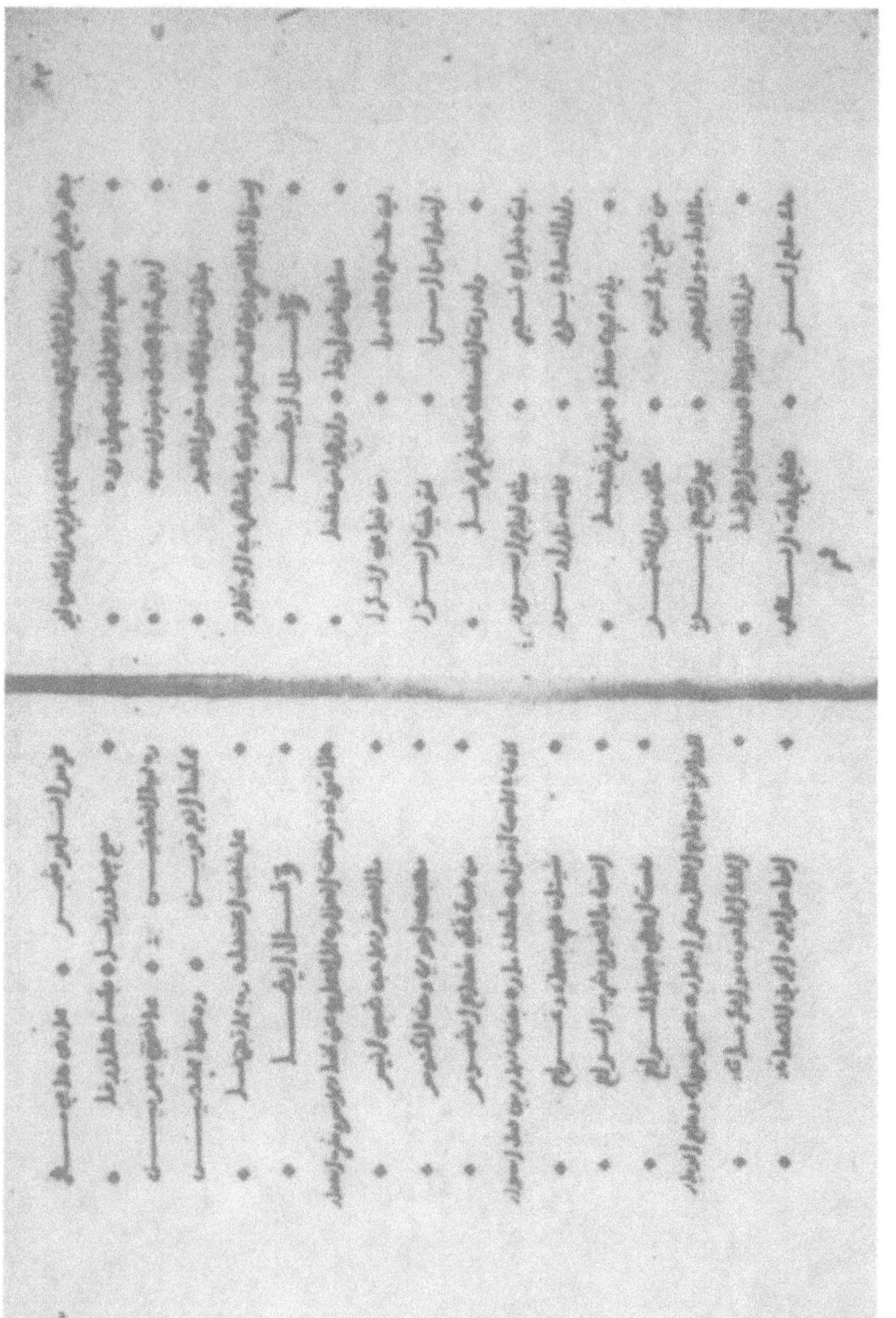

'Abd al-Wahhāb manuscript pages 63 and 64, (part of poem 4,7, the whole of 4,8 and part of 4,9)

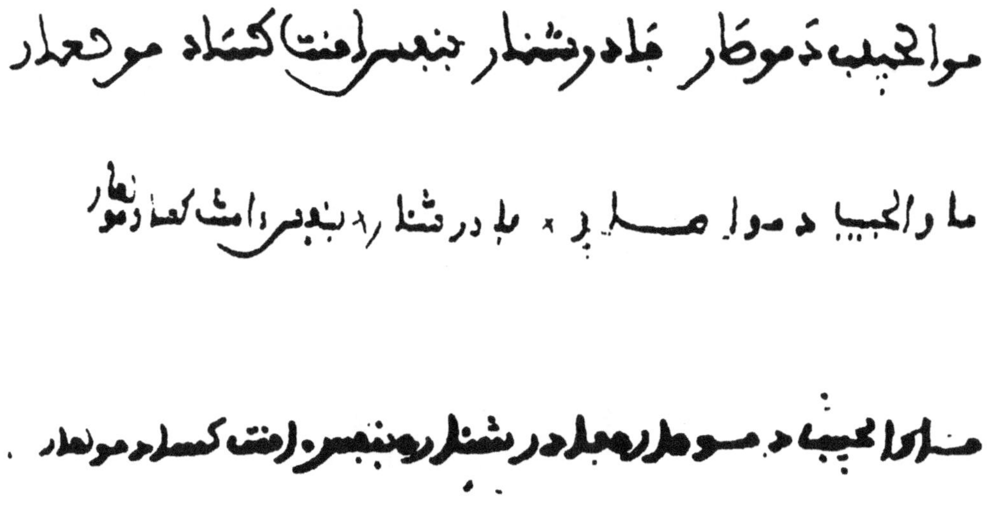

مو الحبيب دموطار غاد رشنار بنعسرافت كشاد موجعدار

ما والحبيب د موا صلبي × با درشنا رہ بنوس دامث كعا زعار

مادا الحبيبة د مسو طار وعدا درشنار د مبنعسرو افت كسا د موتعدار

The text of the *kharja* of 2,6 in the three manuscripts

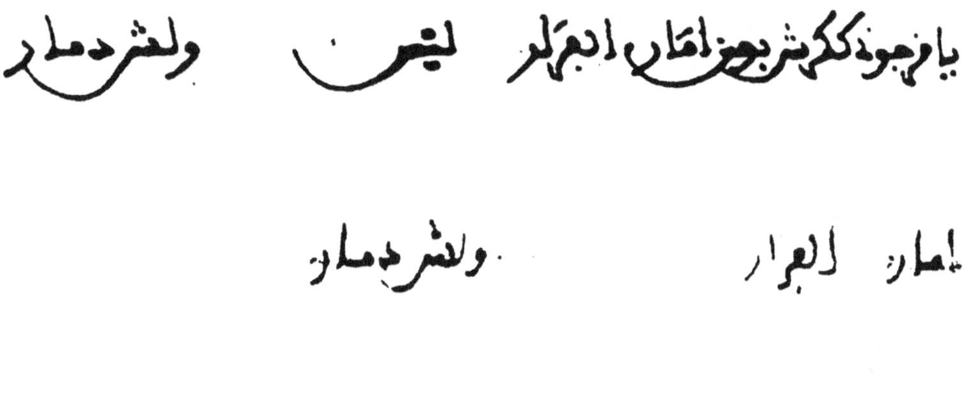

يا مرمود ككم شربوجن اقار ادعر لر   ليس   ولشرد مار

إمار الغرار   ولشرد مار

يا   إمار ابغرار   ولشرد مار

The text of the *kharja* of 4,9 in the three manuscripts

Bibliography

Arabic material

Abū Nuwās, *Dīwān*, ed. Ghazālī, Baghdad, 1963.
Ibn 'Arabī, *al-Dīwān al-akbar*, Bulaq, 1271 A.H.
Ibn Bassām, *al-Dhakhīra*, ed. Iḥsān 'Abbās, Beirut, 1975–9.
Ibn Bishrī, *'Uddat al-Jalīs* (ed. Alan Jones, Gibb Memorial, New Series 31, Cambridge 1992)
Ibn Khātima, *Dīwān*, ed. M.R. al-Ḍāya, Damascus, 1972.
Ibn al-Khaṭīb, *Jayš al-tawšīḥ*, ed. Nājī and Māḍūr, Tunis, 1967.
Ibn Khaldūn, *al-Muqaddima*, Beirut, 1967.
Ibn Sa'īd, *al-Mughrib*, ed. Shawqī Ḍayf, Cairo, 1953–5.
Ibn Sanā' al-Mulk, *Dār al-ṭirāz*, ed. Rikābī, Damascus, 1949; second edition, Damascus, 1977.
al-Sakhāwī, *Saj' al-wurq*, still only in manuscript in Istanbul: vol.1 Topkapi ms. 3918; vol.2 Topkapi ms. 2532.
al-Ṣafadī, *Tawšī' al-tawšīḥ*, ed. A.H. Muṭlaq, Beirut, 1966.
al-Maqqarī, *Nafḥ al-ṭīb*, ed. Iḥsān 'Abbās, Beirut, 1968.
Id., *Azhār al-riyāḍ*, ed. al-Saqqā', Cairo, 1939–44.
al-Nawājī, *'Uqūd al-la'ālī*: in addition to consulting the manuscript, the edition of the text that I have used is that of Haykal; see below.
Anon., *al-Rawḍa al-gannā'*, unpublished manuscript in Rabat, al-Khizāna al-'Āmma: see *Dīwān al-muwaššaḥāt al-Andalusiyya*, vol.3.
Anon., *al-'Adhārā l-ma'isāt*, ed. M.Z. 'Inānī, Alexandria, 1986.
Dīwān al-muwaššaḥāt al-Andalusiyya, vols. 1 and 2, ed. S.M. Ghāzī, Alexandria, 1979; vol. 3, ed. M.Z. 'Inānī, Alexandria, 1988.

Hebrew material

Schirmann, Ḥayyim, *Širīm hadašīm min ha-genīzah*, Jerusalem 1965.
Todros Abulafia (Ṭodros ben Yehūdā Abū l-'Āfia), *Dīwān*, ed. Yellin, Jerusalem, 1932–36.
Yehūdā Halevī, *Muwaššaḥāt*; the edition I have used is that of Tova Rosen-Moked, Oxford University D.Phil. thesis, 1972.

Western material

Corriente, Federico, *Spanish Arabic Dialect Bundle*, Madrid, 1977.

Corriente, Federico and Sáenz-Badillos, Ángel (eds), *Poesía Estrófica*, Madrid, 1991.

García Gómez, Emilio, *Veinticuatro jarŷas romances en muwaššaḥas árabes (Ms. G.S. Colin), al-Andalus*, 17 [1952], pp.57–127.

Id., *Las jarchas romances de la serie árabe en su marco*, Madrid, 1965, second edition Barcelona, 1975.

Heger, Klaus, *Die bisher veröffentlichten Harǧas und ihre Deutungen*, Tübingen 1960 (*Zeitschrift für romanische Philologie*, Beiheft 101).

Haykal, Samir, *The Eastern* Muwaššaḥ *and* Zajal, Oxford University D.Phil thesis, 1983. Vol.2 includes an edition of al-Nawājī's *'Uqūd al-la'āli'*.

Jones, Alan, *Romance* Kharjas *in Andalusian Arabic* Muwaššaḥ *Poetry*, Oxford 1988.

Stern, Samuel, *Les vers finaux en espanol dans les* muwaššaḥs *hispano-hébraïques: une contribution à l'histoire du* muwaššaḥ *et à l'étude du vieux dialecte espagnol mozarabe*, *al-Andalus*, 13 [1948], pp.299–348.

Id., *Les chansons mozarabes*, Palermo, 1953 (reprint Oxford, 1964).

Id., *ed.* L.P. Harvey, *Hispano-Arabic Strophic Poetry*, Oxford, 1974.

Sola-Solé, J.M. *Corpus de poesía mozárabe (las harǧas andalusíes)*, Barcelona, 1973.

كتاب

جَيْش التَّوْشِيح

تأليف

لِسان الدِّين

مُحَمَّد بْن الخطيب السلمانىّ

عنى بتصحيحه

أَلَنْ جُونْز

مطبعة مركز الحَسَّابات لجامعة أوكسفورد

أوكسفورد

١٩٩٧

بسْمِ اللّـهِ الرَّحْمن الرَّحيم
وصلى اللّـهُ عَلى سَيدنا ومولانا مُحمدٍ وَءَ الِه

الحمْـد للهِ الذى انفَـرَدَ بالكمَـال المحْض بى مَلاِ السَّمواتِ وَالارْض وَصْفًـا وَنـعْـتا وَلمْ يخص بالْفَضايل الذاتية وَالْـمَـواهِب اللدنية [١] بلدا وَلا وفتا [١] مطلع شمْس الْبَلاغة والبيَـان تتجلّى مِن اخـْتِلاف اغْراضِ اللسَـان بى مطالِع شتّى وَجَـاعل مَـراتب حَـامِلى [٢] رَاياتهَـا متباينَـات بى التِمَـاس غَـاياتهَـا بَوَاصِلا وَمنبتا وَالصَّلاة عَلى سَيدنَـا وَمولَانا مُحمَّـدٍ الذِى حَـازَ المجْـدَ صرفا وَالشرفَ بحتا [٣] وَنال مِن الكمَـال البشرى غاية لا تحد بالى وَلَا حتّى خيْر مَن ركب وَمَشى وَصَافَ وَشـتَـا صَلاة يجعلهَـا اللسَـان هَجيرا كيْفمـا يمكن لهُ او يتأتّـا وَالرضى عَن ءَاله وَاصْحَـابِهِ الذين اهْـتَـدَوْا بِهِ هَـديًـا وَسمتا وَسَـلكوا من اتباعهِ طَـريقا لَا ترَى بيهَـا عوَجًـا وَلَا امْـتا مَـا عَـلل الغمَام [٤] نبتا وَتعَـاقبت الايامُ احدًا وَسَبْـتا ومَـا وَابَى سعى بختا وَاثارت امَّـهات الْـفرِيحة من الادَاب الصَّرِيحة بنتا [٥]

وَرتبت هَـذا الكِتَـاب ترتيبًـا لا [٦] يخفَـى احْكَـامُـه [٦] وَبوَّبتُـه تبويبًـا يسْـهُل بيه مَـرامهُ كلمَـا ذكرت حَـرفًـا فدمتُ ارْبابَ الاكثار وأولى الاشتهَـار مِن بعدِ الاختبار وَالبَـراءة من عهْـدة النسْبَـة اتهَـامًـا [٧] لِلأخْبار ثمَّ اتيتُ بالمجهُـول منهَـا على الاثار حَتى كَـمل عَـلَى حَسب الوُسْع وَالافْتِدَار بَـان وَابَى الارادة بَشكرا لهُ وحَـمدا وَان ظهَـرَ التفصير بحذيم استعْـبَـد جهدُ [١٠] من اللّـهِ اسئل ان يتغمدَ الزَّلل وَيتداركَ الخلل وَيبلغ مِن مَـرضَاتِهِ الامل بمَـا خاب لديه من سَـال

١ ج[١] «بارا ومفتا» – ٢ كذا ج[٣]. ج[١]، ج[٢] «حامل» – ٣ كذا ج[٣]. ج[١] «نعتا»، ج[٢] غير مقروءة – ٤ ج[١] «المفام» – ٥ ج[١] «نبتا» – ٦ كذا ج، ولعلّ الصواب هو «يخفَى * تخفَى بيه احْكَـامُـه» – ٧ كذا ج، ولعلّ الصواب هو «إتمامه»

[فصل ١]

[1]الشيخ الاديب الاسْتَاذ[1] ابو بكر يحيَى بْن[2] مُحمد بْن بقى رحمهُ اللّه

رَب الصنعة وَمَالكهَا وَناهِج الطرِيقة المثلى وَسَالكهَا جَاءَ عَلى فدر وَاخذ نفْسَه بورد البَدايع وَصَدر بَنظم دُرَرَها اسْلاكا وَادَارهَا نحْو الاحْسَانِ افْلاكا اكْثر باجَاد وَتقلد ذَلِك الصَّارِم المحلى وَالنجاد بما اخترعَ بيه مِنَ الشعرِ وَبَدَعَ وَابتَدع بَما نكل عَن الفخرِ وَلَا ارتدع وكثرة توشيحه[3] وَاحْسَانِهِ بى تنميو الكلام وَتوشيحِهِ دَل عَلى اتسَاع ذَرعِهِ بى المحَاسِن وَركُوب جَادته وَجودة تصَوره للمعَانِى وَوُبُور مَادَّته وَلهُ شعر اجَادَ بيهِ التشبيه وَالتعرِيف والبَديع[4] وَالتنبيه وَهَاكَ مِن توشيحه مَا يطلع زهرا وَينبح بروض الاحْسَان زهرا

١ ج[1] «فال الشيخ الاديب الاسْتَاذ». ج[2]، ج[3] «فال الشيخ الاستاذ» – ٢ الكلمة غير موجودة فى ج[1] – ٣ ج «توشحه» – ٤ الكلمة غير موجودة فى ج[2]، ج[3]

بَمن ذلك فَوْلهُ [مُوَشَّحَة ١]

حَيَّتك ارْبَعٌ هنَّ الْعُمرُ ظل وَمَاء وَالمُدَامُ وَالوتر

اجل جُبُونَك بى لالاء
سَنَا الزُّجَاجة بالصهْباء
ضدَّان من اعجَب الاشيَاءِ
لَهِيبُ نارٍ بى كَاسِ مَاء

مِنَ الحبَاب عَليْهَا شرر لَهَا جلاءُ بى النبُوسِ مُعْتبر

بمهجتى شادن تياه

مِن نور شمْس الضحى مرءَاهُ
مِن ذِكره تعْـذب الافوَاه
فَـد جَـردَت للورَا عَيْـناهُ
سَيفًا كَان ظبَاهِ الفدر او الفضَاءُ لَا يبفى وَلَا يذر

يَرُوق مِنه بصحن الخد
خَال يخال[١] بنفط الند
وَالمسكُ فَوقَ احمرَار الورد
يفتر عَن مبْسم كَالْعفد
فَللافاحِ لمَاهُ العَطر هُوَ الشبَاءُ ان المّ بى ضرر

مَا زَال سحرُ العُيُـون العين
يزرِى باهْل التفى وَالدين
فويل[٢] للعَاشقِ المسْكين
مِن اهيَف سَاحِر الجفون
للرِّيم مِنهُ الطلا وَالحور وَالانثناء للفَضيب والزهر

لمَّا تطلع لِلابْصارِ
كَالبدر فى فَلك الازرَار
فَد مَلك الحسن فى مضمار
شدوت والفلب ذو[٣] اوار
كُن كيفَ شئت فَانتَ الفمرُ لكَ اللوَاءُ فى الملاحِ يَا عُمرُ[٤]

١ ج[١] «يخل» – ٢ ج[١] «ويح» – ٣ ج[٢]، ج[٣] «فى» – ٤ الخرجة معارضة جزئيّة لخرجة موشّحة

للكميت (جيش التوشيح، فصل ٦، موشّحة ٢):

بالله ما انت الا الفمر | يا عمر

وفال أيضا [مُوَشَّحَة ٢[1]]

نبَا مَسْمعى عَن فَال وَفيل وَذَا الهَوَا
كوَا اضْلعِى مِن نارِ الغَليل بما كَوَا
يَا نفْس افنعى بذكر الخليل على النّوَا
وَيَا عَاذلى مَا ذِكْرى له غىْ
بغيلان[2] بى الحىْ فَبْلى[3] تلذَّذ بتذكار مى[4]

بُوزى مُفلتى بهَاذَا السهَاد وَضعبه
بَانت التِى اذْنيت[5] بُؤادى لحتبه[6]
برء علّتِى لوْ عَل بُؤادى[7] برَشبه
بويه حلى[8] يثنى ميتا حى
بَاى منى اى لَوكَان يَاخذ حبى بيَدىْ

فَلب[9] الثابت يرثى مِن وَجيبى وَيشبو
بنى ثابت غزالكم بى برمّفوا[10]
ذما[11] خابت بعَمَّا فرِيب سيملو
بى منكمْ رشى يفطعنى حى
بَاعنوا لَهُ كى يرضى بينبذ مَا شاء عَلى

يَا فاطعتا[12] بذَاك التجنى تَعطَّبى[13]
هَوَاك اتَى ضيبى بهوَ خذنى وَمَالَبى

أَتَـدْرى مَتى　　طَـوَانى مضنى[١٤]　　هَـوَاك بى
ثوب السفم طى　　بصيرنى بى
حَتى عُـدت لَا شى　　بَـفال لـى مذ[١٥]　　نظرت الى

دعوت عَلى　　مَن اهْـوى وَفَـلبى　　يفول لا
بَـفلتُ إلى　　كَمْ أُبلى بجى　　لمن سَلا
عن المبتلى[١٦]　　ادعُـوكَ يَـا رَبى　　يَـا ذَا العُلا
ان تثنى لدى　　سَـريعًـا بلا لى[١٧]
مَـنَـامًـا لعَـيْنى　　من سهده شذ　　الى ناظرى

اذَا اللّيْل جن　　اكَـادُ لحزنى　　بهِ أجَنْ
وَاثـنـى الشّجن　　وَالكربَـة عَنى　　ببنت دن
وَاسئَل منى　　عندى ان يغنى　　على اللّسن[١٨]
وجالس كرى　　من مرت[١٩] لطرى
عارف كل منى[٢٠]　　†اتشذذ†　　باللّـه كبرى

١ مع أنّ هذه الموشّحة موجودة ههنا فى الفصل المخصَّص لموشّحات ابن بقىّ فالارجح أنّ مؤلّفها ابن عبادة القزّاز. ويشير إلى ذلك ذكر بنى ثابت فى الدور الثالث، وذكرهم عبادة فى موشّحتين أخريين، توجد الأولى فى دار الطراز (موشّحة ١٨)، بدون إشارة إلى المؤلّف، وفى عدّة الجليس (موشّحة ٢٣) منسوبة إلى عبادة، مع أنّـها منسوبة إلى ابن بقىّ فى جيش التوشيح (فصل ١ موشّحة ٣)، والثانية فى عدّة الجليس (موشّحة ٢١٤) وخرجتها كما يلى:

إن زرت بى طبير بنى ثابت　　بافراهم السّلام
وفل لهم عباد الذّى تدر　　بافى على الذّمام

٢ ج[٣] «غيان» – ٣ ج[٣] «فلبى» – ٤ كذا قرأ Garcia Gomez، ج «تذكارى» – ٥ كذا ج[٢]، ج[٣]. ج[١] «ادنيتى» – ٦ ج[٢] «محتبه»، ج[٣] «بحتبه» – ٧ كذا ج[١]. ج[٢]، ج[٣] «لوعلل صاد» – ٨ كذا ج[٣]. ج[١]، ج[٢] «خلى» – ٩ كذا قرأتُ، ج «فلبى» – ١٠ كذا قرأتُ. فى ج[١] «برَمَى»، وفى ج[٢]، ج[٣] «برمق» – ١١ ج «دما» – ١٢ ج[١] «فاطعتلى» – ١٣ ج[١] «تَـعْطبى». ج[٢]، ج[٣] «تعطف ى» – ١٤ كذا ج[٢]، ج[٣]. ج[١] «طَوَانى هَـوَاكَ مضنى»، وفوق «هواك» إشارتان إلى خطإ – ١٥ كذا ج[٢]، ج[٣]. ج[١] «فد» – ١٦ كذا قرأتُ، ج «عن ان يتلا» – ١٧ كذا ج[٢]، ج[٣]. ج[١] «بلاى» – ١٨ ج[١] «اللِّسَان». ج[٢]، ج[٣] «اللسان» – ١٩ أو «موت» – ٢٠ كذا فى المخطوطات، وقرأ Garcia Gomez «شى»

وفال أيضا [مُـوَشَّحَة ٣[١]]

بابى   ظبى حمَا   تكنبه   اسْد غيل
مذهبى   رَشب لمَا[٢]   فَرفبه   سَلسَبيل
يستبى   فلبى بما   يعطبه   اذ يميل
ذُو اعْتدَال   يعزا الى   ذى نعمةٍ نابت
بى ظلال   تحت حلا   فطر الندَا بَائت

بَـدر تم   شمْسُ ضحى   غصْن نفا   مسْك شم
مَا اتم   مَا اوْضحَا   مَا اوَرَفَا   مَا انم
لَا جَرم   مَن لمحَا   فَد عَشفا   فَدْ حُرِم
بالخيال   مَا فد خلا   من زمن بائت
وَالوصَال   مَا فد عَلا   مِن نفس خابت

ذو بتور   ذو غنج   ذو مرشف   الْعَس
العبير   بى ارج   والحسن بى   مَلْبس
كَمْ يثير   وجد شج   بالدَّنف[٣]   مكتس

ذُو اعتلال　　لوْ عَـللا　　انطق عَن صامت
وَغزال　　لو مفلا　　لوحظ عَن باهت

كوثـر　　برء الصدَا　　ان تردوا　　ورده[٤]
نيـر　　حد الهدا　　ان يجدُوا　　حدَّه[٥]
انظروا　　محمَّـدا　　وَايدوا　　عنده[٦]
فَـهلال　　ان يجتلا　　جَل عن النَّـاعت
وزلَال　　لو بذلا　　بز تنى الفانت

فاتلـى　　اهن دما　　مَن فد غدَا　　ملحدا
وَاصلـى　　كنت فِـمَا　　عَـمَّا بَـدَا　　فَـد عدا[٧]
سَـايلـى　　مسْتَهِمَـا　　جَيْش الردَا　　لم[٨] عدا
لا سؤال　　عَن مبـتلا　　ينحت فِـى صَامِت
لَن ينَـال　　مَـا امَّلا　　وَالحكم للشَّـامت[٩]

كم يَـتيه　　وَكَمْ وَكـم　　يَـابا الجوَا　　انْ يحول
ارتضيه　　وَان حَكـم　　حكـم الهوَا　　فِـى العقُـول
فُـلتُ فيه　　وَالحسن لَمْ　　يرض[١٠] سوَا　　مَـا افُـول
الجمال　　وَفف عَلى　　ظبـى بنـى ثَـابت
لَا زوال　　فِـى الحب لَا　　عن عَـهْده الثَّـابت

١ هذه الموشّحة موجودة فى عدّة الجليس (موشّحة ٢٣) منسوبة إلى عبادة وفى دار الطراز (موشّحة ١٨) بدون إشارة إلى المؤلّف، وأغصان الدور الثانى موجودة فى عدّة مراجع [المقتطف لابن سعيد (١٥٠ظ) والمقدّمة لابن خلدون (١١٣٩) وازهار الرياض (٢، ٢٨٠) ونفح الطيب (٧، ٦) للمقرىّ] منسوبة

إلى عبادة. ويدلّ ذكر «بنى ثابت» على أنّ عبادة هو المؤلّف. انظر ملاحظة ١ للموشّحة السابقة أيضا.

٢ كذا دط. ج «رَشف كمَـا». ع «منه لما» – ٣ كذا ع، دط. ج «ذُو دنف» – ٤ كذا ع، دط. ج «ورد» – ٥ كذا ع، دط. ج «وجد» – ٦ كذا ع، دط. ج «عند» – ٧ كذا ع، دط. ج «غَـدَا» – ٨ يعنى «لِم». ع «مَن»، دط «اعتدا» – ٩ كذا فى ع. دط «والامر للشامت». ج «لا من الشامت» – ١٠ ج[1] «يرضا» – ١١ كذا ج. ع «الحق»، دط «الحب»

وفال أيضا [مُوَشَّحَة ٤]

مَـا لدى   صَبْر يعين   غيْـر النَّحيب
فَسئلُوا   عَن[1] اصْطبارى   بدر الجيُـوب

كَـيْفَ لَا   يَغدُو لبَـاس   ثوْب السفام
وَطلا   ظبى الكنَـاس   سرُّ الْغرام
مَـا عَلى   مِثلى مِن باسْ   انْ يسْتهَـام

غير غى   حب يزين   ثوْب الشحوب
يجمل   عَـلَى[2] الاحرار   مِن غير حوب

عذلوا   بدر مُـنيرْ   خلى وَهَل
يجهل   لِلبَـدْر نور   اذَا كمل
فاعدل[3]   فيه او جور[4]   غيرى[5] عدل

لو الى   امر يكون   كَـان الذى بى
ينفل   لمن يمارى   عَلى حبيبى

يَـا ضنين   كَمْ ذَا ادَار[6]   فيك السياق
وَتدين   بنَـاى[7] الدَّار   لَا بالتَّلَاق

فليكون[٨] برْء الاوار مِنك العنَـاق

اوْ حلى رشف يلين[٩] حَـر الْـوجيب

سَـلسَل[١٠] من للعفار منْـه بطيب[١١]

بالمنا منها[١٢] بفاء بَـدر اللوَا

مَـا دَنَـا بل بالتَّـنائى[١٣] فلبى كَـوا

فَـانَـا رب اللوَاء[١٤] فِى ذَا الهوَى

بى رشى يثنيه لين مثل الفضِيب

يرسل ثنَـا الازار عَلى كَـثيب

بالكثيب[١٥] وَالغصن اللدن فُل يا مَـلُـول

هل ينيب جَـميل ظنى انى افُـول

وَالرفيب يغَـار منِّـى وَلَا يَـزول

[١٦]كضمى فليول اليين[١٧] [١٨]اذل اميب[١٨]

[١٩]كر ل[١٩] †شيم طَـار† شر الرَّفِيب

١كذا ج٣، وفى ج١ «عن كيف»، ج٢ «كيف» – ٢كذا ج١، وفى ج٢، ج٣ «عن» – ٣كذا ج١ [يعنى «فاعدلوا»]، وفى ج٢، ج٣«اعدل» – ٤ يعنى «جُـورُوا» – ٥ ج٢، ج٣ «غير»، ج١ «عيزى» – ٦ يعنى «أُدَارِى» – ٧ ج٢ «بنائى» – ٨ فى المخطوطات «فليكن» – ٩ ج٢ «يعين» – ١٠ ج١ «سلسلو» – ١١كذا ج١، ج٣، وفى ج٢ «يطيب» – ١٢كذا ج٢، ج٣، وفى ج١ ما يماثل «مننا» – ١٣ ج١ «بالتنا» – ١٤ فى المخطوطات «اللوا» – ١٥ ج٢ «عن كثيب» – ١٦ الخرجة موجودة أيضا فى موشّحة للجزَّار (جيش التوشيح، ١١، ٨) وفى موشّحة عبرانيّـة للشاعر **משה בן יעקב אבן עזרא** (ديوان، ١، ٢٦٩) – ١٧ فى المخطوطات «لين» – ١٨ كذا قرأتُ من نصّ الموشّحة العبرانيّـة – ١٩ كذا قرأتُ، وفى المخطوطات «كذل»

وقال أيضا [مُوَشَّحَة ٥]

شردا عَن جفن ارمد طعم الهجود
اغيد رَقيق الخصر ريا النهُود

الارق لمستهَام جثمانه
لمْ يطق هزم السَّقام فرسَانه
تندفق مِثل الْغمَام اجْفَانه

قد غَدا صَبا مكمد اثر الصدود
توقد منه في الصَّدر نار الوقود

علني رشف الظلمَا من فيه عل
وَسنى وجد الْمَا[1] وَيضمحل
سَامنى بالهجر ظُلما فلمْ يَزَل

سرمَدا ابكي وَانشد شدو عميد
احمد اطَلتَ هجري وَالقلب مودى

احمد بَدر انار رَب الْبَشر
يحسد بَنى عَمَّار فيهِ الْقمَر
اسَد يحمى ذمَار اذَا زَار[2]

فى العدَا يَوْما بمشهَد وَكَمْ شهيد
يوجد بعيد الشر فى كُل بيد

يَا سكن قلبى المعَنَّا قد اسْكنا
وحسن قلبى لينا اذَا انثنَا

ان يَكن　　يُوسُف حسنا　　فَهَا انَا
فى مدا　　نظمى اوْحد　　وَكَم شهيد
يشهَد　　انى فى الشعر　　فَوْق لبيد

حبَّذا　　حلو التثنّى　　مَهْمَا يَميل
انفذا　　لأهْل الحسن[٣]　　ضنك الخمُول
فَلذا　　ظلت اغنّى　　كُل جَميل
فَد بَدا　　حَبيب احْمد　　بَدْر السعُود
فَاسجدُوا　　مِلاح العصْرِ　　فَوق الصَّعيد

١ يعنى «ألمَّا» – ٢ يعنى «زَأَرَ» – ٣ ج[١] «الحسنى»

وفال أيضا　　[مُوَشَّحَة ١٦]

دَعْنى ابَا كِر　　رَاحًا كمسْفُوح[٢] النَّجيع
وَالروْض زاهِر　　نجُومُه ذَات طُلوع
وَاى زَائِر　　اجْمل مِن زَهْرِ الرَّبيع
هلال　　وَسلسَال　　عذب[٣] زلَال　　وَالرَّوض حَال　　نَهيك حَال
وَللْغَزَال[٤]　　فينا جَمَال　　مَا زال　　ذَا اجْمَال

مَهْلا يَا صد　　فَفدْ تَجاوَزت المفدارَا
ومن اود　　مَلكته فَلبى فجارَا
وَلَاحَ الخد　　مِنهُ فاخجَل الْأفمارَا
وَنال　　بالامَال　　فَافا[٥] وَدَال　　لَهُ اعْتِدَال　　وَبى اعْتِلَال

فَـهل[٦] يدَال   يَـا فَـوْم وَال   فتال   فى احْـتِيال[٧]

تجرى الكِرام   عَلى مدا ابى اسْحاق
وَهْـوَ مرَام   صَعْب عَلى اهل السّباق
فـز يَـا غلام   مِنَ الكهُـول باللحاق

افبَـال   وافتبال   يثنى الليَـال   وَهْى لَال[٨]   فَلوْ ينَـال
جرّ الهلَال[٩]   حَـد الكمَـال   اذ مال[١٠]   ثمَّ اختَـال

تبْـريز[١١] مجدكْ   يَـا بن[١٢] عَلى فد تسنّى[١٣]
وَاهل ودّك[١٤]   [١٥]ان انتموا ونحن منّـا[١٥]
فى يمن سَعْـدك   نَـال الجميع مَـا تمنا

لَا زَال   فى اتصَال   حتى يُفال   فَـات الرجَـال   حَسْبى خلال[١٦]
حلو حلال   ليث النزال   صوال   بالابطال[١٧]

الحب سر   لَمْ تَـدره[١٨] الَّا العُـفول
لَا يسـتمر   الا ويبديه[١٩] النحُـول
ترَا تسـرُّ   عواذلى ما ذا افول

عذال   يَـا عذال   فلتمْ مُحال   رمتم ضَلال   لَسْتُ بسَـال
عن ذا الْـغزَال   مَن شَـاءَ فَـال   فَـالْـبَـال   ذو بَـلبَـال

---

١ هذه الموشّحة موجودة فى عُـدّة الجليس (موشّحة ١٨٥) – ٢ ج[١] «مسبوك» – ٣ كذا ع، ج «غَـدت» – ٤ كذا ع، ج «والغزال» – ٥ كذا ع، ج «فاف» – ٦ كذا ج، ع «فهو» – ٧ كذا ع، ج «اعْـتِلال» – ٨ يعنى «لآل» – ٩ كذا قرأتُ. ع «جرّ الملال» ج «ذاك الهلال» – ١٠ كذا قرأ سيد غازى، ج «فال» – ١١ كذا ج[٢]، ج[٣]. ج[١] «تبْـرير»، ع «ندىّ» – ١٢ كذا ع، ج «مَن» – ١٣ كذا ع،

ج «ثنا» – ١٤ كدا ح، ج «مجدك» – ١٥ كذا قرأتُ. ع «ولحن»، ج «ان افيموا فنحن منّا» – ١٦ ج[١] «حلَال» – ١٧ ج[١] «الْامْطال» – ١٨ ج[١] «يَدره» – ١٩ كذا ع، ج[١] «وَبيَده»

وفال أيضا [مُوَشَّحَة ٧]

فَلبى شج[١] ليْس يخلُوا حزنا   طَرفى مُسَهَّد   ليْسَ يالفُ الوسَنا

يَا فَوْم مَا ذَا جَنَاهُ بَصَرى
[٢] يُجَازى بطُول السَّهَر
مَا الذنبُ وَاللّه غَيْر النظر[٣]
اظنه ليسَ بالمغتفَر

فليْسَ ينظر للصُّبح سَنا   وَاليْل سَرمَد   وَالنهَار فد سجنا[٤]

حَال الغرِيب كَمَا فد حكيا
ذل فَكيفَ اذَا مَا هويا
يَا وَيلتا ان هاذين[٥] بيا
انَا الذى بهمَا فَدْ بليا

ايْنَ الحبيب وَايْن الْوَطَنا   كلاهما فَد[٦]   ابْعَدا[٧] فلَا سكَنا

يا [٨] ساهيا عن حرق
مَا الْحظ لى منكَ غير الارَق
ابَاطِل ما تَرى من شفَق
فسد عَنى بَاب الفَلو

فَان ودكَ لى فد اسنا   فَكيفَ اجحد   فَدْ بَدا الذى بَطَنَا

يَا فوْم ليسَ عَجيب امرى
نحرْت صَبْـرى بعِيدِ النَّحر
اما دُموع جُفونى تجْـرى
كَـانهنَّ عبَـاب الْبَحر
فَـالبس اللَّه هَـذا الزَّمنَـا   فبْحًـا وَابعَـد[9]   عِيده بمـا حسنا

أَفِى المروءَ ة ان تنتزحَـا
عمن يحبكَ حَتى افْتَضحا
اشدوا وَفد حشد[10] الناس ضحى
وَالكل فِى عِيده فد[11] فَـرحَـا
للنَّـاسِ عِيد وَمَـا عيدى[12] انا   الَّا مُحمد   فَـهو جل كل منا

١ ج «شجى» – ٢ سقطت كلمة ، والأرجح أنّ الصواب «حَتَّى يُجَـازَى» كما قرأ سيّـد غازى – ٣ ج[1] «النظرى» – ٤ ج[2] ، ج[3] «شجنا» – ٥ ج[1] «هاذه» – ٦ كذا قرأ سيد غازى ، والكلمة ناقصة فى ج – ٧ كذا قرأ سيد غازى ، ج «ابْـعد» – ٨ سقطت كلمة مثل «شادنًـا» – ٩ كذا قرأ سيد غازى ، ج «وَفَـد ابعَـد» – ١٠ كذا قرأ سيد غازى ، ج «حشر» – ١١ ج «وفد» – ١٢ ج[1] «عندى»

وفال أيضا   [مُـوَشَّحَـة ٨]

سَـاعدونا مُصبحينا   نرتشفهَـا فد ظمينا
كَـنضار فِى لجين   نِعْم اجر الْـعَـامِلينا

فُـم بنَـا نجلى الكئوسَـا   تَحْت اظلَال السحَـاب
نتعَـاطَـاهَـا عرُوسا   حليُـهَـا در الحبَـاب
فهوَة تُـعْطى النفُـوسَـا   عِزَّ ايَّـام الشبَـاب

تغضبُ[١] الليث العرِينا   ويرى كسرا فرِينا
حِين تسْنِى باليدين   جَامهَا حينا فحينا

يَـوْمنَـا يَـوْمٌ انيق   يَـوْم شرْب والْـتِذاذ
طرزت فيهِ البرُوق   لَابسًـا اثوَاب لاذ
وَسَـفَـا الغيم الرفيق   مَـاء ورْد برذَاذ

اظهر السحْـر المبينا   حِينَ رَش اليَـاسَـمينا
وَبكَـا مِن دُون عَـيْن   فضحكنَـا فاكهِينا

ايهَـا السَّـاق المحيَّـا   برَيَـاحِين التمنّى
سحر عينيكَ الحميا   فَـاصْرف الصهبَـاء عَنى
لَا تسَـلطهَـا عَـليَـا   فَـالهوَا قَـد نَـال منى

قد نفثت[٢] السحر فينَـا   فَـرضينَـا الحب دينا
فمنَـاءى دُون مين   ان نَـرا ذَاكَ الجبينا

لى حَـبيب يُـوسفى   وصْلهُ فى الحب منَّـهْ
وجهُـه صُبْح وَضى   فَـد تبَـدًّا فى الدُّجنَّـهْ
دلنى مِنه الابى   فَـاعَـادَ النَّـار جَـنَّـه

بذل[٣] الوردَ المصُونا   بَـعْـد مَـا كَـان ضنينا
فكَـانى ذُو رُعَـيْن   او امير المُـؤمنينا

سَـاءَنا لمَّـا اتَّصلنا   كُـل مُـغتَـاب حَسُـود
وَلِذاكَ[٤] الوجْـه قُلنا   لَا لِتدنيس البرُود
لمْ تزد فيما امْـتثلنا   غيْـر اقلاق الحسُـود

قد بلينا وَابتلينا   وَاش يقول النَّـاس فينا

فم بنَـا يَـا نور عيْنى نجْعل الشكَّ يفينا[٥]

١كذا ج ، سيد غازى «تغصب» – ٢ ج[١] «نفثَ» – ٣ ج[١] «بَـدَلُـوا» – ٤ كذا قرأ سيد غازى ، ج «وَكَـذاكَ» –
٥ هذه الخرجة موجودة أيضا فى موشّحة عبرانيَّة للشاعر **אברהם אבן עזרא** [ديوان، ١٩٢]

وفال أيضا [مُوَشَّحَة ٩]

مَـا العتب احْتياط عندى وَلَا صَاحِب العتْب منِّى

ايَـا عَـاذلى جَـهْلا دَعْنى
فَـمَـا يفبَل العَـذْلا[١] ذهْنى
دَمْـعى زَادَه وَبلا حزنى
وصَبْـرِى فد وَلَّا عَنّى
بفلبى احَـاط وجْـدى فَـاجْـراهُ فى سحْب جفنى

سَبَـانى بالتيه ظالِم
غُصْن فى تَـثنيه نَـاعِم
يبْـدى الدرَّ فيهِ باسم
لَمْ يتعب يدا فيهِ ناظم
وَالدر سفاط يهْـدى وَعَن لَفْظهِ العَـذب اكنى

اودا الزَمَن[٢] الخافت وجدا
حتى اشفو الشامت ودا
يَـا ظبى بنى ثابت[٣] صدا
او صل فَـانا الثَّـابت عَـهْـدا

حَسْبى بارْتباط عَـهْدى شهِيدًا وَهَل حَسْب يغنى

بَـدا فَبدَا الغصن يجْنى

وردًا مَـاؤهُ الحسن جفنى

فَنَـادَيتُ يا عَـدن صلنى

فَقَـال كَـذا تدن منى

ان جزت صِرَاط صَدى تمتَّعْت مِن قرب عدْنى

محمَّـد هَل يان[٤] حَـفا

ان تبدل هجرانى روفا

قَـد اضنيت جثمَـانى عشفا

مَـا القِ مِنْ اشجانى الْـفَـا

حَلتَ نِياط كَـبدى فدَاوُك يَـا حب يضنى

فَيا مسبيا حلمى يسئل

عَن هجْرى وَعَن ظُلْـمِى فَـاعْـدل

وَيَـا مسقما جسْـمى تجْـهل

اذَا مت من سقمى فَـاجْـعَل

فيسمِّ الخياط لحدى فيعرب فى التراب دفنى

لما عاق[٥] معْشـوقى صد

وَزاد تشويقى بعْـد

خرجت عَلى السوق اعْـد

فظلت لترفيقى[٦] اشد

نشو السمَـاط وَحدى وَنرَا حَـبيب قلبى بينى

١ ج «العَذْل» – ٢ كذا قرأ سيد غازى، ج «لزمان» – ٣ بنو ثابت ممدوحون فى هذه الموشّحة مرّة أخرى فأميل إلى الرأى بأنّ مؤلّفها عبادة القزّاز (انظر موشّحة ١ وموشّحة ٣ من هذا الفصل) – ٤ يعنى «يأنى» – ٥ كذا قرأ سيد غازى، ج «اعاق» – ٦ القراءة مشكوك فيها. ج[١] «لترفينى»، ج[٢] «ابينى»، ج[٣] «لربينى»

[فصل ٢]

الاسْتَاذ الادِيب ابُو العبَّاس احْمد بْن عَبْد اللّه بْن هريرة العبْسى التطيلى[١] الكاين باشبيلية الضرير رحمَةُ اللّهِ عَليْه

اى ءَاية اعجَاز وَتَطْويل بِى البرَاعَةِ وَايجَاز[٢] وَالْفَاظ ارق مِنَ الهوَا مفسم البدَايع[٣] بالسوَا من اخترَاعِ الطرَايو وَالسَّبْك البَديع وَالمعنَى الرّايو حَتَّى صَارَ توشيحه مثلاً بِى سَاير النَّاس وَشعره مُتَفدمٌ بِى شاوِ الاجَادَة سَابو لَيْسَ بيهِ لاحو معَ اختصاصِه بِى اكثره لِتَواريخ الامَمِ وَتنبيههِ عَلى اكتِسَاب المفَاخِرِ وَالهمَم وَلهُ ارَاجيز حبر اسَالِيبهَا وَاجرَا بِى شاوِ الاعجاز اعاجيبها[٤] مَع تَفدمٍ بِى سرْعَةِ الحفْظ يسبو بهِ مَسْمُوع اللفْظ وَهَاكَ مِن توشِيحهِ مَا يرف نسِيمه وَيَروفك ترصيعُهُ وَتفسيمه

١ ج «البطيلى» – ٢ ج[١] «وَانجاز» – ٣ ج[٣] «بالبدايع» – ٤ ج[١] «يعَاتِيبهَا»

بِمن ذَلِك فَوْله [مُوَشَّحَة ١][١]

ضاحِكٌ عَن جُمان سَافِر عَن بَدْر
ضَاق عَنْهُ الزَّمَان وَحَواهُ صَدْرى

ءاهِ[٢] مِمَّا اجد شفَّنى مَا اجد
فَامَ بى وَفعَدْ بَاطش مُتَّئِدْ
كُلمَا فُلتُ فد فال لى ايْنَ فدْ

وَانثنا خوطَ بَان ذا مهز نضر[٣]

عَـابثته يدَان　　　للصبَـا وَالفَطر

ليسَ لى مِنك بُـد　　　خذْ فُـؤادى عَن يد
لمْ تدع[٤] لى جلد　　　غَـيْـر انـى اجْـهد
مكرع من شهد　　　وَاشتيِاقى يشهد
مَـا لبنت الدنانْ　　　وَلذاك الثغر
اين محيا الزَّمَـان　　　مِن حمَّيا[٥] الخمر

بى هوى مضمر　　　لَـيت جهدى وففُـه
كُـلمـا يظهر　　　ففؤادى افْـفه
ذَلك الْـمنْظر　　　لَا يداوى عِشفه
بأبى كَـيْف كَـان　　　فلكى دُرِّى
رَاق حَـتَّى اسْتبان　　　عُـذره وَعذرى

هَل الَـيْك سَـبيل　　　او الَى ان اياسا[٦]
ذبْت الا فَـليل　　　عبرة اوْ نفسا
مَـا عَسَى ان افُـول　　　سَـاءَ ظنى بعسَـا
وَانفضَى كُـل شان　　　وَانا استشرى
خالعًـا مِن عنان　　　جزعى اوْ صَبر

مَـا عَلى مَن يلُـوم　　　لَـوْ تنَـاهَـى عَنى
هَل سوا حب ريم　　　دينه التجنى
انَـا فيهِ اهِيم　　　وَهو بى يغنى
فد[٧] رَايتك عيان　　　لَـيْسَ عَـليْك سَـتَـدر

سَيَطُول الزَّمان   وَستنسى ذكرى

١ هذه الموشّحة موجودة فى عُـدَّة الجليس (موشّحة ٩٧) وفى دار الطراز (موشّحة ١) وفى المُـغرب لابن سعيد (٢، ٤٥٣) – ٢ ج[1] «ءاهْ» – ٣ ج «نظر» – ٤ ج[3] «ندع» – ٥ كذاع، مغ، دط. ج «محيا» – ٦ كذا ج[2]، ج[3]، دط. ج[1]، ع، مغ «ايسا» [يعنى «آيسا»] – ٧ ج[3] «مذ»

وفال[1] أيضا   [مُوَشَّحَة ٢]

امَـا   وُجدى بَفد عتَـا   فَلا الْنِى مَلاذا   ولَا الِف مَـهلا

احبب   بهِ الى احْـبب

معجب   يَـا له[1] وَهْـوَ اعجب

يذهبْ   بى فِى كُل مذهَـبْ

لمَّـا   عنَّـا وَعنتا   صديت فِلاذا   وَافـبلت فَولا

تَـبّـا   لِنَـهْى مَنْ نهَـانِى

لبا   وجْـدى منَ الغوَانى

غضبَـا   تَـفُـول اذْ ترَانِـى

مصمـا   عَـيْناى اوْجبتا   بان يَـعْـنُـوا هَـذا   لعزتِى ذلا

سُـلطان   الحاظهُ جُـنوده

بُـسْـتَـان   الْفاظه[2] بُـرُوده

ريان   مِن نعمة تووده[3]

الما   فَـان تلمتا   تَـرَا النّـاسَ جذاذا   فَسَـالمه وَالا

أُبْـدع   بشادِن رخيم

يَـرْتع بِى فلبى السَّـليم
يطلع مَطالِع النجوم
يسمـا عَـمدًا لينعتا كلَا الحالين[٤] حَـاذا بهِ ذَاكَ المحَلا

حنَّتْ الى وَهِىَ تجزع
جنَّتْ لمْ تدر كْـيف تصْنع
غنَّتْ بِى امهَـا لتسْـمع
مما يعشفنِى ذَا الفِتا وَلَا ندرى لمَـاذَا ولَا نَـفل له[٥] لا

١ ج[١] «لَيْته» – ٢ ج[١] «الْحاظه» – ٣ يعنى «تؤوده» – ٤ كذا قرأ سيد غازى. ج «الحاكمين» –
٥ الكلمة ناقصة فى ج[١]

وفال أيضا [مُـوَشَّحَـة ٣]

انَـا وَالجمـال وَهُمْ وَمَـا اختَـارُوا

سَلْ بنَـات فلبى هَل تبر اوْ تفر
لَا افُـول حبى يَـا بُكَـاءُ يا سَـهر
خذ اليكَ لبى[١] ليسَ ينفَعُ الحذر
اينَ الاحتمـال لَا هوا ولا دَار

بى وَلَا افول لَـتؤاخذنْ[٢] بدم
خَـدك الاسيل ملء نَـاظِرى وَفِمِ
منظر جَـميل كُـلمَـا ابيح حمِ
لى بهِ مَـفَـال وَعَـليْـه لى ثار

فمَرى وَشمْسى　　كُلمَا دجَى زَمَنِى
لو مَلكتُ نفسى　　لَمْ اهن وَلمْ اهن
دُونَ ذَاكَ امسى　　وَالَيْك فَامتحن
حَبَّذا دَلَال　　لَيْسَ عَنكَ افْصار

زيْن كُل زَين　　والذى[٣] وسمت به
ضَاعَ كُل دَين　　فمت دون مطلبه
فى يديك حينى　　فَافْضِهِ او افض به
صرَّحَ الخيَال　　ليسَ فى الهوَا عَار

لمْ اشب لسنى[٤]　　يفتضى بى الْكبرا
انت فُلت مِنِّى　　مَا رءَا الصبى وترا
ثم ان تغنى　　كى تغرنى الخبرا
استمل ميال　　طَال عَلى خمار

١ ج[١] «لى» – ٢ كذا قرأ سيد غازى. ج[١] «لتوخذنى». ج[٢]، ج[٣] «لتاخذنى» – ٣ كذا قرأ سيد غازى. ج[١] «لا الذى»، ج[٢]، ج[٣] «لا والذى» – ٦ ج[٣] «لسى»

وفال أيضا　　[مُوَشَّحَة ٤]

حث الكووس رَويه　　عَلى رواء البسَاتين
مِن فهوة بابليه　　ارق من دمع محزون
باللّهِ فمْ يَا نديم　　وَانت خيْر نَديم
بَاكِر بنَات الكرُوم　　حَيَاة كل كَريم

مِنْ كف ظبى رَخيم وَاى ظَبى رَخيم
ذُو غرة قمريه يرنوا بالحاظ شاهين
لما رَءَا الحسن زيه صَبا الَيْه عَلى الحين

خلعْت عذرِى ودينى بى اهْيف الْفد لدْنه
يسْطوا بسَيْف المنون مَا جفْنه غيْر جفنه
يَا فسوة الحب لينى وَلَو برُمَّان غصنه
لَمْ يبو منى بفيه ترجى لدنيَا ولَا دين
مَا الحب الا منيه يَا رحمتا للمُحبين

عَبْد المليك احبك وَلا سَبيل الَيْك
مَولاى حسْبك حسْبك فد ذبتُ وجدًا عَليْك
حَتى مَا يضنى محبك وَبروُه بى يَديْك
اللّه اللّه بيه جَررت لى حَرب صبين
كَمْ بيك من امنيه امْسَى بهَا الحتب مَفرون

اللّه بينى وَبينك يا فَاتلى بجفَائه
حملت فلبى بينك وَلَا دواء لِدَايهِ
هَل يفتضى الصب دَيْنك وَالموت دُون فضايه
ربفا بنفسٍ ابيه لولاكَ لمْ تدر مَا الهون
تدعُوك وهى حريه كما دَعَا اللّه ذوا النون

لَا اكتم الحبَّ بَعْد فد ضفت ذرعًا بكتمه
لَا رفى لى من اود ان لمْ اصَرح عن اسْمه
فل لِلرَّفيب سَاشد برده او برغمه

اذَا دَخلتَ الحنيه　　فَـاجْـنح الى حُـورهَـا العين
وَاخصُص باسْنا تحيه　　عَـبْـد المليك بن مرتين

١ ج٢، ج٢ «ذا»

وفال أيضا　　[مُـوَشَّحَـة ٥]

يَـا مَن كتمت غرَامَـه　　حَـتَّى اضَر بىَ الْـغَـرامُ
والى[1] العذُول ملَامَـه　　وَالصبُّ يؤلمهُ الملامُ
هَلا رَعيت ذمَـامَـه　　وَالحب ايْسَـره ذمامُ
وجزيته بودَاده فيبقى اللوم　　مِن دُون بغيتهِ ذمِيمـا

مَـا كُـنتُ اجْـزع للظما[2]　　لوكَـان ترويني الدمُـوع
حبيبى بثغرك كلمَـا　　اعْـيَـا صداى بهِ اللمُـوع
٣　　٣
فعلام يَـا مردى[4] الصدا منعت الحوم　　وَعَـادة لى ان احومَـا

غصن غدا مِلء البرود　　سكر الشبَـاب بهِ يميل
اعْطيتُـهُ مَـا لَا يزيد　　مِن حُـبه وَهْـوَ البخيل
مَـا زلتُ اخضع لِلصدود　　حَتى تكَـنفنى الخمُـول
فمتى ظفرت بوصْلكم فَـذاك اليوْم　　اصبحَـت فى الدنيَـا زَعيمـا

كَـمْ ذَا تفطعنِى النوَا　　شَـوْفًـا الَى ام الْـعلاء
لمْ يبق لى حَـمل الهـوَا　　الَّا بفايَـا مِن ذمَـاء
ابْكيكَ مَـا شَـاءَ الْـبكَـا　　وَانَـا خليق بالبكاء

فلين[٥] منعت[٦] مفلتِىَ لذيذ النوم　　　فَلفد نعمت بيك فديما

حملت نفْسِى حتْفِهَا　　　وَانَـا بموضعها ضنين
بيمن يبين طَـربهَا　　　منه دلَال اوْ مجون
بَـاتَت تخون طَـيبها　　　وَانَـا وَحَـفك لَا اخُـون
نفض العُـهُـود وَخَـانـنى على اش يَـا فوْم　　　وَانَـا عَلى عَـهْـدِهِ مُـفيما[٧]

١ ج[١] «ولى» – ٢ كذا قرأ ناجى، ج «للضنا» – ٣ سقط غصن – ٤ كذا ج[١]. ج[٢]، ج[٣] «مرد» – ٥ يعنى «بَلَـئِنْ» – ٦ ج[١] «منعتك» – ٧ هذه الخرجة موجودة أيضا فى موشّحة عبرانيَّة للشاعر **יוסף אבן צדיק** [Schirmann, *Shirim hadashim min ha-genizah*, 119.] والجزء الأوّل من الخرجة موجود أيضًا فى خرجة موشّحة فى عُـدَّة الجليس (موشّحة ٦٧):

نفض العُـهُـود وَخَـانـنِى عَـلش يَـا فوْم　　　وَمَـا نَـفضتُ لَـهُ عُـهُـودَا

وفال أيضا　　　[مُـوَشَّحَـة ٦[١]]

دَمع سفوح وَضلوع حرار　　　مَـاء وَنار　　　ما اجتمعَـا الَّا لامرٍ كبار

بيسَ لعَـمْـرى ما اراد[٢] العذول
عمر فصير وَعنَـاء طَـويل
يَـا زفَـرات نطفت عَن غليل
ويَـا دُمُـوعا[٣] فدْ اصَابت مَـسيل

امتنعَ النوم وَشَط المزَار　　　ولا فرار　　　طرْت وَلَاكِن لمْ اصَادف مَطار

يَـا كعبَـة حَجَّت الَيها الفلوب
بين هَـوا دَاع وَشـوق مجيب
وكل[٤] اواه الَـيهَـا منيب

لبيْك ° لا الوى° وَقُل لِلرَّقيب

خُذنى بحج عِندهَا وَاعْتمَار　　وَلا اعتذار　　فلبى هدىٌ وَدموعى جمَار

اهْلاً وَانْ عَرض بى للْمَنون[٦]

بمايس الاعْطاف سَاجى الجفون

يَا قسوة يحسبُهَا الصَّب لين

علمتنى كَيف أُسىءُ[٧] الظنون

مذ بان عَن تلك اللَّيَالى الْقِصَار　　نوْم غرارْ　　كانهُ بين جُفُونِى غرار

حَكمت مَوْلى جَارَ بى حكمِهِ

اكنى بهِ لا مفْصحًا باسْمِهِ

فَاعجب لإنْصَافِى عَلى ظلمهِ

وَسَئَلهُ عَن وَصلى وَعَن صرمه

الوى بحظى عن هَوى وَاختيار　　طَوْع النهار　　فَكُل انسٍ بَعْده بالخِيار

لا بدَّ لى مِنهُ عَلى كُلّ حَالْ

مَوْلى تجَّنا وَجَفا وَاسْتَطال

غادَرَنى رهن اسا وَاعتِلال

ثمَّ شدا بَينَ الهوَى والدلَال

مو الحبيب انهرم ذى مو امار　　كان ذا شنار　　†بنهس† ا ميب كشاد مو لغار[٨]

١ هذه الموشّحة موجودة فى عُـدَّة الجليس (موشّحة ١٢٤) وفى دار الطراز (موشّحة ٣٠) – ٢ ج[١] «ارا» – ٣ ج «دموع» – ٤ كذاع. ج، تت «حنت، حنة» – ٥ كذا ج. تت «لا الهو»، ع «لَبَّيْك» مرّة أخرى – ٦ ج[١] «المنون» – ٧ ج[١] «اسى» – ٨ النصّ فى المخطوطات كما يلى

ج[١]　مو الحبيب د مو صار　　بادر شنار　　بنهس امنت كساد مو لعار

ج[٢]	ما والحبيب د مو صار	ڢادر شنار	بنهس امنت كساد مو لعار
ج[٣]	ما والحبيب د مو اصار	بادر شنار	بنهس امنت كما مو لعار
ع	مو الحبيب انهرم ذى مو امار	كانّ ذا شنرا	ينفيس ام بين كشاد مو لغار
ت	مر الحبنب انهرم د مو ار	كان دشتار	بنهس اميب كشاد مو اتار

وقال أيضا [مُـوَشَّحَـة ٧]

الَـيك مِن النَـوَا وَالصَّد　　اسْـعَى وَاجهَـد[١]
ان كنت منتهعا بجهد　　ڢَـاليوم اجهد

انبيكَ عَن دَمْعى المطلُـول
وَعَن جَـوَا قلبى المتبُـول
لبيك مسئلتى وسُـولِ

من مَـازح ڢى الهَـوَا مجد　　ڢى كل مشهَـد
طوته عَـيناك طَى البرد　　وَانت تشهَـد

امَـا هَـوَاك ڢَلا انساه
وَان تَطاول ڢى مَـدَاه
مَـرَّ مِنَ العَـيْش مَـا احْلاه

وليت غى بهِ ورشد　　الحاظ اغيد
لَـوْ انهَـا مِن سُيُـوف الهند　　لمْ تتفلدْ

مجْـد الْـوزير ابى الحسَـين
مَـا شئتَ من اثرٍ وَعَـيْن
طلق الاسرة وَاليَـدَيْن

تلفَاهُ ڢى حَلبَات المجْد   اجرًا واجوْد
كمَا بَدَا ڢى رياض الورد   خد مُورَّد

ابَا الحسَيْن دعاء[٢] يدعَا
اڢت حُبَّك ڢيهِ شرعا
اوْسعته طَاعَة وسَمعا

هيهاتَ[٣] من شاوك[٤] الممتد   ڢوْل المهند
ان كنت ڢيه نسيج وَحدى   ڢانت اوْحَد

مَن ذَا يباريكَ ڢى سُلطانك
ام من يوڢيك كُنه شانك
حتى يُغنيك عَن احْسَانك

ابا الحسَين لواء الحمد   عليك يعْفد
طلعت ڢوْق نجُوم السَّعد   وَانت اسْعَد

١ «وَاجهد» فى نصّ ج[١] و«احجد» فى الحاشية. ج[٢]، ج[٣] «واجهد» – ٢ ج «دَعَا» – ٣ ج[١] «هيهتَ» – ٤ كذا قرأ سيد غازى. ج[١] «مَن سَاو»، ج[٢]، ج[٣] «من شاو»

وفال أيضا   [مُوَشَّحَة ٨[١]]

سَطْوةُ الحَبيب   احْلا مِن جَنا النحْل
وَعَلى الْكَئيب   ان يَخضع لِلذل
انَا ڢى حُرُوب   مَعَ الاعيُن النجْل
ليْسَ لى يَدَان   باحْوَر ڢتَّان

مَن رءَا جفُونه   فَفد افسدت دِينه

ينبَغى التجنى   لمثلكَ فِى الانسِ
لَوْ فبلتَ منى   لَتهْت عَلَى الشمسِ
يَا منَا التمّنى   هَلُم الَى الانسِ
انت مَهْرجَان   وَخَدُّك بُسْتَان
غصن يَاسمينه   ان الناس يجنونه[٢]

خل كل مين   [٣]إلى الحوِ[٣] منفادَا
مَن رَءَا بعيْن   فِى ذَا الخلو مَن سادَا
كَابى الحسَيْن   وَيفْديه ان جَادَا
كُل ذى امتنان   لَا بَل كُل هتان
رَامَ ان يَكونه   جودا فَانثنى[٤] دونه

خطط الوزير   بخطه ايثار
فَانتهَا السُّرور   الى غيْر مفْدَارِ
رُدت الامور   الَى اسد ضارِ
ثابت الْجنان   صَفُوح عَنِ الجانى
فَد حمَا عَرينه   بالزرق المسنُونه

اظهر المفام   فِى الغربَة حرمَانا
فانا الَام   اسْرارًا وَاعْلانا
فلت وَالكَلام   يصرح احْيَانا
فزت بالامَانى   لَو كَان مِن اخوَانِى
صَاحِب المدِينه   اعْلا اللّه تمكينه

١ هذه الموشّحة موجودة فى دار الطراز (موشّحة ٢) – ٢ ج[١] «تجنونه» – ٣ كذا دط. ج «انَّ الحوْ» – ٤ ج[١] «فاتو»

وفال أيضا [مُوَشَّحَة ٩]

جَيش الظلام بالصبح مَهْزوم بَفُمْ يَا نَدِيم

لا بُد لى عَلى الورْد [١]من ورد[١]
بَهاتهَا مُعصفرَة البرد[٢]
نارا مِن الزجَاجةِ بى زند
لمَّا لَثمتهَا لطمتْ خد

ولَا كمثل خَد مَلطوم مِن بنت الكرُوم

ارْكب عَلى اسْم رَبك بى الْفلك
الَى الخليج ناهِيك مِن مَلك
وَالزَّهرُ وشى صنعَاء بى الحبك
وَالورق بى ماتمهَا تبك

وَالروض سره غَيْر مَكْتُوم بى صَدْر النَّسِيم

فُل للامير عَن السن الحمْد
صَابحت باليمَين عن الرفْدِ
بَاسلمْ بَانت وسطة العفد
السَّادَة الكِرَام بنى العبْد

مَدايح تجيز التحكيم بى مَالِ الْكَرِيم

وَردت مِنَ المكَارم بى بحر

احْلا مِنَ الوصال عَلَى الهجْر
فَاشرق بريفكَ الان يَا دَهر
مَا خابت الوسيلة مِن شعرِ
اهديت دره وَهْو منظوم   لِعَبْد الرحيم

وَلَا اعَزَّ من شهر شعبان
شيعته بكاسٍ وندمَان
†وترك نصْح بَعْض الخلان†
عَن فَوْل وَاثق بالرحمان
اشربْ الى غد مَع ذا الريم   فَالمْولى كريم

١ ج[١] «مزورد» – ٢ ج[١] «ابْرد» – ٣ كذا ج

وفال أيضا   [مُوَشَّحَة ١٠[١]]

ادرْ لَنَا اكوَاب   ينسَا بهَا الوجد
وَاستصحب الجلاس   كَمَا افتضَى الْود

دِن بالهَوى شرْعا   مَا عِشت يَا صَاح
وَنزه السَّمْعَا   عَن مَنطق اللَّاح
فَالحكمُ ان تسعَا   الَيْك بالْراح
أَنَامل العناب   وَنفلك الورد
حبَّ بصدغَى ءَاس   يلويهمَا الْخد

لله ايَّام   دَارَت بهَا الخمْرُ

وصل وَالمَـام — وَانجم[٢] زهْـر
وَالروْض بسَّام — بَـاكره[٣] الْـفَطر
وَنحن بى الاحبَاب — فد ضمنَا عفد
بَيَـا ابَـا الْـعبَّـاس — لَا خَـانَك السَّـعْد

خليفَـة مِنكَـا — بينَـا ابُـو[٤] بكرِ
نابَ لَـنـا عَـنكَـا — بى النَّـهْى وَالامْـرِ
لَا نتّقِـى[٥] ضَنكَـا — مِن نوب الدَّهرِ
بَـانتم[٦] ارْبَـاب — مَـا شيَّـدَ المجْـد
وَان بَـلوْنَـا[٧] النَـاسْ — بَـهُمْ لَكُـمْ ضد

حليت[٨] الدنيَـا — مِن بعْـدِ تعْطيل
وَجَاءَنَـا يحيى — بين البهَـاليل
اغر بالعليَـا — مِن فوْق تحْجيل
يختَـال بى اثوَاب — طرَازهَـا الحمد
وَابرط الاينَـاس — بَـمـا لهُ حَـد

بَـينَـا انَـا شارب — لِلفهوة الصرْف
وَبيننَـا تَـايب — لَاكِن عَلى حَـرْف
اذ بَـال لِـى صَاحِـب — مِن حلبة الظرف
نَـدِيمنا فد تَـاب — غَنِّ[٩] لهُ وَاشد
وَاعْـرض عَـليْـه الكَـاس — عَسَـاهُ يَـرتد

١ هذه الموشّحة موجودة فى عُدّة الجليس (موشّحة ٧٩) منسوبة إلى ابن بقيّ وفى دار الطراز (موشّحة

٥) – ٢ كذا ج. ع، دط «اوجه» – ٣ كذا ع، دط. ج «وفد بكا» – ٤ كذا ج، دط. ع «ابا» – ٥ كذا دط. ع «تبغنِى». ج «لم يَبقَ لى» – ٦ ج[١] «فتم» – ٧ ج[١] «يَكُن»، ج[٢]، ج[٣] «يكون» – ٨ يعنى «حُلِّيَتِ»، ج[١] «حلية» – ٩ ج[١]، ج[٢] «غنى»، ج[٣] «عنى»

وقال أيضا [مُوَشَّحَة ١١[١]]

صَبَرت وَالصَّبْر شيمَة العَانى وَلَم افل لمطيل[٢] هَجْرانى
معذِّبى[٣] كهَانِى

هَل كَان غيْرى يَعْتـز بالذله
علفتهُ[٤] ينتمى الى الحله[٤]
[٥]مَلالة النَّاسِ[٥] عنده مله
لَا يحسن[٦] الشعر وَصفَه كله

فى كُل يَوْم اراه فى شانى امَاتنى هجره وَاحْيَانى
باشنب سَفانى

شهَادَتى ان امُوت عَليْه
لمَّا جَنا الوَرد ملء كفيه
تشوَّفت وَردتان الَيْه
فَحلتا[٧] فى رياض خديه

فَاسكرته مُدَام الاجْفَان فمرَّ بى صَاحيا كنشوَان
فى ربرب غزلان

هَـذا زَمَان الرَّبيع يَا يحيى
فَاسقِنى من يمينك العليا

مُدَامة مَلكتنى الدُّنْيا
امَا تَرى الْأرْض الْبست وشيا
وَالزَّهرُ من[٨] فِضة وَعفيَان[٩] | وَالْماءُ يحكى انسياب ثعبَان
فِى مَذنب | بستان[١٠]

يَا كَوكَبًا لَاحَ مِن بَنى القَاسِم
اهْلا وَسَهْلا بسَعدِك الدَّائم
امَا الايَادِى فِمَا انَا قايم
بشكْرِهَا نَاثِر[١١] ولَا نَاظِم
انسَيتنى مَعْشرى وَاوْطَانى | وجدت محلى بكُلِّ هَتَّانِ
مُنسكب[١٢] | اروَانى

بمثل مَا دَانت النهَى[١٣] دنهَا
انهَا رَسُول المهَات مَا انهَا
وَقَدْ بَلغت حَفيظةً منهَا
فاصْبَحَ الشوْق مُنشدًا عَنْهَا
لَا بُدَّ نخطر[١٤] مِنْ حَيث يَرانى | لعَلهُ بالسَّلام يَبْدَانى
حَبيبى | جفَانى

١ هذه الموشّحة موجودة فى عُدَّة الجليس (موشّحة ٢٣٥) وفى دار الطراز (موشّحة ٢٨) — ٢ كذا ج وع. دط «للمطيل» — ٣ ج[١] «معّرى» — ٤ كذا ج، دط. ع «ينثنى الى الجله» — ٥ كذا ج، دط. ع «هالة للناس» — ٦ كذا ع، دط. ج «يحصر» — ٧ كذا ج، دط، ع «فحلت» — ٨ كذا ع، دط. ج «فى» — ٩ ج[١] «عفيانى» — ١٠ ج[١] «بستانى» — ١١ كذا فى مخطوطة عدة الجليس وفى مخطوطة من مخطوطتَىْ دار الطراز، وفى المخطوطة الأخرى لدار الطراز وفى مخطوطات جيش التوشيح «ناثرا» — ١٢

ج[١] «مُنسكبا» – ١٣ كذا فى مخطوطة عدة الجليس وفى مخطوطة من مخطوطتى دار الطراز، وفى المخطوطة الأخرى لدار الطراز وفى مخطوطات جيش التوشيح «المها» – ١٤ كذا ع. ج، دط «نحضر»

وفال أيضا [مُوَشَّحَة ١٢[١]]

اعيَا عَلَى الْعُود رَهين بلبَال مُوَرق
اذلهُ الحب لَا ينكر الذله من يعشو

مَن لى بهِ يَرْن بمفْلتى سَاحِرِ الَى الْعِبَاد
ينثا بهِ الحسن فَينثنِى ناهِر صعْب الفياد
وَتَارةً يدن كمَا احْتسى الطائر مَاء الثماد
فجيدُه اغْيَد وَالْخَدُّ بالخالِ مُنمَّى
تكنفه الحجب فلى[٢] الَى الكله تشوق

[٣]عطا بليتيه[٣] وَمَرَّ كَالظبى لبيده
فدل عَليه تكسر الحلى بجيده
تفْتير عَينيه يسْرعُ فى برْى عميده
فَان اكنْ افصد مِنهُ فَاوْلَى لى اذ يرمو
هَل يسْلم الفلب وَاسْهُمُ الْمفله تفوق[٤]

وَددت مِن خلى ومثل نشر الكَاس من ثغرِه
لَوْ جَادَ بالوصْلِ جُود ابى العَبَّاس بوفره
ذى الجود وَالفَضل وَفل اجَل النَّاس فى فدره
يَا كَعْبَةَ السودد حتَّى على الْمَال لا تشفو
فَمثلك الندب يُسَابو الجلهْ فَيسبو

يَـايهَـا الْحايم　　　هلْ لك بى عذب　　　ملء الدلَا
يمم بنى الْفاسِم　　　وَافصد مِنَ الْغرب　　　الَى سَلا
وَاستمطِر الْواسِم　　　تخال بالركْب　　　وْسط الْفلا
سَفاينا تجهد　　　بى ابحر الال[٥]　　　مَا تغرق
يسْتبشِر الركب　　　وَتشْتَكى[٦] الرحْله　　　الاينو

ادعُـوهُ بالفَاضِى　　　وأَمَلى[٧] يفضـى　　　عَليْـه لى
انَـا بهِ رَاض　　　لأنه يرْض　　　لأملى
فل غير معتاض　　　بمن عَلى الارض　　　منه فل
امَـا تَـرى احْـمد　　　بى مَجْده الْعَـالى　　　لا يلحو
اطلعه الْغَـرب　　　فَبارنَـا مثله　　　يا مشرق

١ هذه الموشّحة موجودة فى عُـدّة الجليس (موشّحة ٣١٨) منسوبة إلى ابن بقيّ وفى دار الطراز (موشّحة ١٧).
الخرجة مشهورة جدًّا، وهى موجودة فى رايات المبرّزين (٤٨) والمقتطف لابن سعيد (١٥١) وفى المقدّمة لابن خلدون (١١٤٠) وفى نفح الطيب (٧، ٧) وازهار الرياض (٢، ٢٠٩) للمقرىّ
٢ ج[١] «فبى» – ٣ كذا ع، دط. ج «اعطى بالتيه» – ٤ كذا ع، دط. ج «توبق» – ٥ يعنى «الآل» – ٦ ج «وَيشْتَكى» – ٧ كذا ع. ج «وَامْرُه»

وفال أيضا　　　[مُوَشَّحَة ١٣[١]]

كَـيْفَ السَّـبيل الى　　　صَبْرى وَبى المعَـالِم　　　اشجان
وَالركبُ وسْط الْفلا　　　بالخردِ[٢] النَّـوَاعِم　　　فَـد بَـانوا

افبلن يوْم الحمَـا　　　بى سندسيات الْحلل
بيض كمثل الدمَـا　　　سُود الفُروع وَالمُـفل

فَيَا معَنا بما   لو نالَـهُ نَـال الامل
دون ذوَات الحلا   تليف بالصَّوَارِم   حرمان
ابْغ النَّجاة وَلَا   يَـغرُرْكَ بالضرَاغِم   غزلان

لمْ يَـدر شيئا سِوَى   تَـعْـذِيبه لصَبه
وَمَـا شكَوْت[٣] الْـهَـوى   الَـيْه خوْف عتبه
وَكُـنت فَبْل النَّوى   مُكتمًا لحبه
فَـعِندَمَـا رَحَلا   فَـاضَتْ بدَمْعٍ سَاَجمِ   اجْفَـان
اطْلعنَ منى علَا   سرى وَهَل للهَـايِم   كتْمان

اهْـدى الَى السُّرور   بحر يفيض بالمنن
ان حَـارَبتنى الدهُـور   فَـهْـو حُسَـامى وَالمجن
فقل لِكلّ فخور   مِثل ابى يَـعْـفوب كن
ذاك الذى كملا   وفى جميع العالم   نفصان
وَطَـال مَـا عَـدَلا   وَلِلزَّمان الظالِم   عُـدْوان

ذو سُـودَد لَا ينَـال   لوْ تبعتهُ الْأَنجُم
اذَا ذكرت النزال   فَـهوَ الجرى المُـفْـدم
وَان طلبْتَ النَّـوَال   فهو الجوَاد المنْعِم
باللّـهِ فد بذلَا   مَـا فَـامَ للغمَايِم   مِيزَان
اضرب بهِ المثلاِ   فَـان جود حَـاتم   بهْـتَـان

ومزمع[٤] للسَّفر   لمْ يَـرْض غيرى مُسْـتَشَـار
فَفال تدرِى نفر   هُمْ عَـلَى البَحر بحَـار
فَفُـلت سِر الْخبَـر   عِندى فَخذه باختصَار

ان جئتَ ارْضَ سَلا   تلفَاكَ بالمكَارِم   فتيان
هُمْ سُطُور الْعلا   وَيُوسُف بْن الْفَاسِم   عنْوان

١ يوجد المطلع والخرجة فى عدّة مراجع [المقدّمة لابن خلدون (١١٣٩) وازهار الرياض (٢، ٢٠٨) ونفح الطيب (٧، ٦) للمقرىّ] – ٢ ج[١] «الحردِ» – ٣ ج «سَلوْت» – ٤ نصّ ج[١] «ومعزم» وفى الحاشية «لعله ومزمّع»

وفال أيضا   [مُوَشَّحَة ١٤[١]]

الى مَتَى   بوَصْلنَا تَبخَل   وَلَا تلين
ولَا تفِى   سيَشمت العذل   بالْعَاشفين

انتَ الْفمَر   يجلو[٢] الدجَا نوره
تَحْت الشَّعرْ   يرف دَيجُوره
اذَا خَطرْ   نَادَاهُ مَهْجُوره

يَا مَن عتَا   طوبى لِمن فبَّل   ذَاكَ الجبين
وَيشْتَفِى   مِن ريفك السَّلسَل   فبْل المنُون

ايْن الامَل   مِن وجنة تكسى
وَرْد الخجَل   وَاكتَسَا الورسَا
ارَا الْمفل   تلحظنِى خَلسَا

يَا وَيلتا   ان افصد المفتل[٣]   سَهْم الْجفُون
مِن اهْيف   ولى[٤] وَفد جَدَّلْ   الفِى[٥] طَعِين

ايْن تُريدْ   يَا ذا الْوزارتيْن
[٦]باس وجُود   عليك فِى هاذين[٦]
ولا مزيد   عليك فِى شيئين

ان تنعتا فانت فى الجحفل ليث عرين[٧]
والمعتفى من جُودك الاجزل[٨] على يفين

معنَـا الزمن وَمنتهَى سَعده
ابُـو الحسَن اذْكَـان من فصده
عَلى سنن من جعفر جده

لَـئِنْ اتَى ومَجْدُهُ الاوّلْ فِى الْغَابِرينْ
فَـانّ فِى بفِيّـة المنْـهَل مَـاء معِينْ

اغرا السهد للاعين[٩] الدعج
بدر البلد وضيغم السَّـرج
فلت وفد مـرَّ على النهج

فل يا فتى من ذا الذى افبل اوش[١٠] يكون
المصحف فمـا رأت اجمل منه العيون

١ هذه الموشحة موجودة فى عدة الجليس (موشحة ٢٦٢) – ٢ ج[١] «يجل» – ٣ كذا ع. ج «المفبل» – ٤ يعنى «وَلَّى» – ٥ كذا ع. ج[١] «الْفا»، ج[٢]، ج[٣] «الفا» – ٦ كذا ع. ج «يا من وجود | حالت فى هذين» – ٧ ج «العرين» – ٨ ج «الاعزل» – ٩ ج «بالاعين» – ١٠ كذا ع. ج «ام من»

وفال أيضا [مُـوَشَّحَـة ١٥]

ما للفؤاد ما له لم يثنه هول الصدود
عن رشا احور لما راى ذل العميد تاه واستكبر

اساء بى صنيعا وما عرفت ذنبى
ولم اجد شفيعا اليه غير حبى

يا شادنا مريعا　　احلل كناس فلبى

وان[١] تكن مطيعا　　مستانسا بفربى

بالموت لا محاله　　يعذب لى عند الورود

وهو بى اجدر　　لا سيا [٢]عين الحسود[٢]　　ببه [٣]لا تبصر[٣]

هيهات تستمال　　او يعتدا عليها

ودونها نصال　　من سحر مفلتيها

وفد مشا الجمال　　حتى انتها اليها

وصبت الحجال　　منها بما لديها

ونمت الغلاله　　بمالك من النهود

لا يتستر[٤]　　اذا انثنا غصن البرود　　بى نفا المئزر

لله اى دنيا　　بفرب من احب

كمثل عهد يحيا　　وللنوال سحب

يسفى العفاة سفيا　　بما يخاف جدب

الاروع المحيا　　يلفاك منه ندب

كالطود بى جلاله　　كالبحر بى اشراق جود

كالحيا[٥] منظر　　كالروض يهدى من بعيد　　نشره الاعطر

يا ايها السرى　　من اشرف الفضاةِ[٦]

فد خصك العلى　　بالحلم والاناةِ[٦]

فلم يمت على　　وانت بى الحيوةِ[٦] [٧]

مجدك الشرى[٨]　　مفابل[٩] العداةِ[٦]

ينمى الى سلاله　　فد ورثوا عن الجدود[١٠]

شرف المفخر　　هم الدرارى فى السعود　　بل هم افخر

وظبية تهاب　　ضراغم العرين
وحولها الشباب　　والشيب فى كمين
اذا دعت تجاب　　من شدة ولين
ففلت حين غابوا　　عنها وخلفونى
نحميك يا غزاله　　بصارمى من الاسود
تبى تعذر　　اذا بدا[11] عجز الجنود　　†وسده السمر†[12]

١ ج «ان» — ٢ كذا قرأ سيد غازى، ج «الحسود» — ٣ كذا قرأ سيد غازى، ج «تبصر» — ٤ ج[٢] «لا يستمر عله فلن يستتر»، ج[٣] «فلن يستتر» — ٥ ج «كالمحيا» — ٦ ج[٢] «..ه» — ٧ ج[٣] «الحياة» — ٨ فى ج ما يماثل «اعشرى» — ٩ قرأ سيد غازى «مفاتل» — ١٠ كذا قرأ سيد غازى، ج «الجود» — ١١ ج «اذا بد» — ١٢ كذا فى ج[٢]، ج[٣] على ما يبدو، أو «وهذه السمر»

وفال أيضا　　[مُوَشَّحَة ١٦]

فد دعوتك بالاشجان　　فكن مجيب
وانتزحت عن الاوطان　　ويح الغريب
وما حدث[1] من سلوان　　على[2] الكئيب
فول فرى　　فلبى الشجى　　مِنْه برى
لا انفض العَـهْـدا　　انى وَفِى

سِهَـامُ البَيْنِ يَـا عُـمر　　افصدن عَـبْـدَك
فَـفل لى كيف اصْطبر[3]　　وَالفلبُ عِندك
اما لَـوْ[4] سَـاق بى الْـفدر[4]　　مَـا سَـاق بعْـدك

فَيا فصى　　انا الرمى　　وَلا فسى
لِلْبين ان جَدا　　الَّا الْـمطى

°انْ جَـادَ° الفطر فى رسْم　　اخلاق عَـهْـده
زَمَان جَـاير الحكم　　من بَـعْـد شده
تسْنى وَابل الْـوسم　　ديار ربده

ثمَّ الولى　　فلى وَلى　　بها صَبى
اهْـدَا الى الوجدا　　وَهْـوَ خلى

لَسْت انهك عن ذكر　　ذا الزَّمَـان
اذكى[6] فى الوجه والثغر　　معللان
اجيل[7] الطرف فى بَـدْر　　وافحُوان

فَذا جلى　　وَذا جنى　　وَالريق رى
لا كن حما الوردا　　طرف ابى

رب مدنفة عشفا　　اليْـهِ حنَّتْ
كنت[8] الشوق لا فرفا　　لما اكنت
لَـوْ لَمْ يَـلو الذى تلفا　　لَـمَّـا تَـغنت

عُـذرى جلى　　وَبى رَشى　　هَـاب الكمى
من لحظِه حَـدا　　وَالمشرَفى

١ كذا ج ، وقرأ سيد غازى «حُـدِّثـتَ» — ٢ كذا ج ، وقرأ سيد غازى «عَن» — ٣ كذا قرأ سيد غازى ، ج «اصْبر» — ٤ كذا قرأ سيد غازى ، ج «ساق الفدر» — ٥ كذا ج ، وقرأ سيد غازى «أَجَـادَ» — ٦ كذا ج ، وقرأ سيد غازى «إِذ لِى» — ٧ كذا ج[1] . ج[2] ، ج[3] «اجيد» — ٨ كذا قرأ سيد غازى ، ج «اكبت»

وفال أيضا [مُوَشَّحَة ١٧]

مَا الشوْق الَّا زناد يُورى بفَلْبى كُل حِين نيرانا
وَمن بلى بالْفِرَاق يبت بهِ لَيْل السَّليم حرانا

يَا ليْتَ شعْرِى وَهل[٢] تندى[٣] وَفَد وَلت اياب
ايَّام حمص الاول اذ[٤] ملبسى ثوْب الشَّباب
مُطرزًا بالغزل[٥] وَاذ افول[٦] للصحَاب
سيرُوا كسَيْر الجياد [٧]وَبَادِرُوا لى للمُجون[٧] ميدانا[٨]
وَمن ارَادَ السّباق معى[٩] الى كَاس وَريم فَالانا

فل اية[١٠] سَلكا عَهْد الشبَاب المسْتحيل
اضل ام هلكا امْ هل[١١] اليْهِ مِن سَبيل
لَا تلحنى[١٢] فِى البكا ان اخذت منى الشمُول
وجدى عَلَى الوجْد زَاد ذكرت وَالذكرى شجُون اخوَانا
ذوى حَوَاش رفَاق عاطيتهم بنت الكرُوم ازمَانا

وَلَيْلة بالخليج وَالْبَدرُ ْفد الفى شعَاع
عَليْه فَهْوَ يهيج وَفِلكنا تجرى سرَاع
احسن بهَا مِن سروج نرْكَبهَا عَلى اندفَاع
بحر اذَا مدَّ كَاد مِن كثرة الْفيض يَكُون طُوفَانا
احْشاؤه فِى اصطفاف ان جردت[١٣] خيل النسيم فُرسَانا

دنيا تجلت عرُوس عَلى بسَاط السُّندسِ
اشرب وَهَات الكُؤُوس فَهِىَ حياة الانفُس

وَان اتَيْت الْغرُوس   فَاعدل اليهَا وَاجْلس

حَيْث الرِّياض نجَاد   لِصَارِم رَاقَ الْعُيُون   عريَانا

وَللكمَام انشفاق   عَن زَاهِرات كَالنجُوم   اَلْوَانا

وَصَاحب صلحا   لِلانس مَحْمُود الْخِلَال

تَلفَاه مُصْطبحا   بَيْنَ المِياهِ وَالظلال

وَان عَذول لَحَا   فِى الفهْوَة الصهْبَاء فال

سكرى[١٤] عَلى شاط وَاد   فَد عَانفت فِيهِ الغصون   اغصَانا

تعدل[١٥] مَلك العراق   عِندى فِسَاعد[١٦] يَا نَدِيم   ندمَانَا

١ هذه الموشحة موجودة فى عدة الجليس (موشحة ٢٢٥)، ويوجد المطلع والدور الثالث والدور الثانى (فى ذلك الترتيب) فى المغرب لابن سعيد (٢، ٢٥) منسوبة إلى ابن بقى – ٢ ج «هَل» – ٣ ج[١]، ج[٣] «تنوى»، ج[٢] «تنوى» مع دال فوق الواو – ٤ ج[١] «اذَا» – ٥ ج[١]، ج[٣] «بالعَدْل»، ج[٢] «بالعزل» – ٦ كذا ع، ج[٢]. ج[١] «اذا فَوْل»، ج[٣] «وذا فول» – ٧ كذا ع. ج «وبادروا للمجون» – ٨ كذا ع. ج «فرسانا» – ٩ كذا ع. «معى» مفقودة فى ج – ١٠ ج[١] «ايه» – ١١ ج «لا» – ١٢ كذا ع، مغ. ج[١] «نَاعنى»، ج[٢] «باعنى»، ج[٣] «تاعنى» – ١٣ كذا ج، مغ. ع «اجرت لنا» – ١٤ كذا ع. فى ج[١] ما يماثل «سكرُوا». ج[٢]، ج[٣] «سكره» – ١٥ كذا ج. ع «يعدل» – ١٦ كذا ج. ع «يساعد»

وفال أيضا   [مُوَشَّحَة ١٨]

اذَا طَلعَتْ انجمُ ازْهَارِى   فَحىّ عَلى حانة[١] خمَّار

وَسِر بى الَى رَوْض ربيعى[٢]

سَفاهُ ولى بَعْده وَسمى

وَالبسته مِن كُل موشى[٣]
وَبث به خُضر زَرَابى

٤ ٤

سبانى[٥] بسحْـر الاعْين النجل
غَـزَال يَشـوب الهجْـر بالْـوَصْلِ
تكَـنَّفنى فيه اولُـوا الْـعَـذل
رويدَكمْ فالعذل لَا يسْلو
خلعْت لكمْ عُـذرِى واعْـذارِى انا سَابق والحب مضمار

ابَـا القلبُ ان يَسْلُـوا عَن ذكرِ
ندَامَى كمثلِ الانجم الزهرِ
عَـلَيْـهم اكَـاليل من الزَّهر
قطعتُ بهمْ وَالدهر لَا يَـدْر
اصَايل سرت بَـعْـد اسْحَارِ كَـان مدامنا[٦] من جلنار

ابَـا القَـاسِمِ[٧] افْـديكَ من ندب
اناملهُ اندى مِنَ السحْب
عَلى معتفيهِ وَعَلى الصحب
وَتَـاللّـه لَا اخشى مِن الجدب
وَلا زمن انكد مِن جوار وَانت عَـليْـه خَيْـر انصار

وَخود لعوب[٨] شفَّـها البعْـد
وَعَـادَ اليهَـا الفهَـا بعْـد
فَعَـادَ الهنَـا وَاستحكم الود

تَـفول وَفد سَاعَـدهَـا السَّـعْـد
دَنت دَار مَن اهْـوَاه مِن دَارِ　　وَزَار وَمَـا كَـان بزوَّارِ

١ ج[١] «خَانِهِ» – ٢ ج[٢]، ج[٣] «ربعى» – ٣ ج[١] «وَشى» – ٤ سقط سمط – ٥ ج[١] «سجَّابنى» – ٦ ج[١] «منا» – ٧
٧ ج[١]، ج[٢] «فَسِمٍ» – ٨ كذا قرأتُ. ج «لعرب»

وفال أيضا　　[مُوَشَّحَة ١٩[١]]

احْلا مِنَ الامن　　يرتاب فِى فُرْب　　وَيفرق
فِى وجههِ سنه　　يشجى بهَـا العذل　　وَيشرق

لِلهِ مَـا افرب　　عَلى محبيه　　وَابْـعَـدا
حُلو اللمَـا اشنب　　اسَـا الضنا فِيه　　وَاسْـعَـدا
احبب بهِ احْـبب　　وَيَـا تجنيه　　طَـالَ الْـمَـدَا

امَـا ترى حزنـى　　نَـارًا عَلى فلبـى　　يحْـرق
[٢]حسبـى بها[٢] جنه　　يَـا مَـاءُ يَـا ظل　　يا رَونو

اَعاذكَ اللّـه　　من كل مَـا الْـفا　　وفد فعل
بى مِنك تياه　　يلتذ ان اشفا　　وَلَا افل
اهوَا بذكرَاه　　من حَيث ما اَبفَـا　　وَلا عَـدل[٣]

اَعيا عَلى ظنـى　　ملئان مِن عجب　　معوق
سطا فَلا جنه　　تفـى ولَا نصل　　يطبق

يَـا زينَـةَ الدنيَـا　　مِن كُل مَـا استهْـوَاك　　ما اوفرك
[٤]فكيف لى[٤] تفيا　　يخَـافُ لَـوْ سَاكْ　　لشهرك

مِنْ اعجب الاشيا   بى الحبِّ ان يهوَاك   مَن لَمْ يَرك
بَان يسل يكنى   وَحَالُهُ ينبى   بَيصدو
بانك الظنه   يومى[5] بها[6] الخبل   اوْ ينطو

لَا تنخدع[7] عَنى   بَانَّه الصَّبْر   اوِ الردا
وثو بأن[8] اكنى   اذا ونى[9] الدَّهر   وبَندا
وا خجْلتى منى   حَتَّى م[10] اغتر[11]   وَلا جدا
مَا لى وللحسْن   عَـهْد[12] من الحبّ   لَا يخلو
ان فلت بى جنه   بَايْن مَا اتل   وَابو

الفاكَ عَن عمر   بَلا اناجيكَا   الَّا اشتياق
وَاللَّـهِ مَا ادرِى   فَد التوَا بيكا   امْرى وَضاق
اشدوا ومَا عذرى   الَّا افَاضيكا   الَى الْعنَاق
[13]يا رب مَا اصْبَرنى   نرا حَبيب فلبى   وَنعْشو
لوْكَان يَكن سُنه   لمَن[14] لفى[15] خل   يعنِّو[16]

١ هذه الموشّحة موجودة فى عُدّة الجليس (موشّحة ٣١٩) منوسبة إلى ابن بقىّ وفى دار الطراز (موشّحة ٣٠) — ٢ كذا ع ، دط . ج[1] «حبيبى بهِ» . ج[2] ، ج[3] «حبى له» — ٣ ج[1] «عَذل» — ٤ كذا ع . دط «ايماء ذى تفيا» ، ج «الا ذى تفيا» — ٥ كذا ع ، دط . ج «يرمى» — ٦ ج[1] «به» . ج[2] ، ج[3] «بلك» — ٧ ج «ينخدعْ» — ٨ ج «فان» — ٩ ج[1] «اذاوْبى الدَّهر» . ج[2] ، ج[3] «اذرابنى الدهر» — ١٠ ج[1] «مَا» — ١١ ج[1] «اغر» . ج[2] ، ج[3] «ا.........ر» — ١٢ كذا ع ، دط . ج[1] «عهدا» — ١٣ هذه الخرجة موجودة أيضا فى موشّحة عبرانيَّة للشاعر יהודה הלוי [موشّحة ١٦] — ١٤ كذا ع وفى الموشّحة العبرانيَّة . ج ، دط «فيمن» — ١٥ ج ١ «لفا» — ١٦ يعنى «يُعَنِّقُه» وكذا فى كلّ المراجع العربيّة ، ولكن نجد فى الموشّحة العبرانيّة יעאנקה (يعانقُ[ـه]) ، ومن الممكن أنّ هذا هو الصواب

[فصل ٣]

الاديب الاسْتَاذ ابو بكر مُحمَّد الابْيض رحمَهُ اللّهُ تعالى[١]

اى سحر ظَهَر ببَهَر بحث عن[٢] المعْنَى الرّايو واسْتَفْصَا وَمَلكَ الستر الاحْمد ورَمَى الْغرض الافصَا صَفل البَاطَهُ وَجلا[٣] وَهوَ بى التَّوشيح ابْن جلا بَفلدَ الزَّمَان حليه وَامْطر برَوْض الاحْسَان وسميه ووليه بَاخترَعَ وَولَّد وَاشتمَل بالسِّحرِ وَتفلد ونظم شعْره وتوشيحه بى فالب[٤] الاعجاز مُتَصرّفًا بيه بالحفيفة وَالمجاز وَلهُ بى هَزْل الكلامِ الْعَامى نَظم حسَّنَ افسَامَه وَتَفلد بِيه مِنَ الْغرِيب حُسَامَه وَهَاكَ مِن رايو توشيحهِ مَا يكسبك ارْتياحا وَيدير عليْك مِنَ الفبُول رَاحا

١ ج «تعلى» – ٢ ج١ «على» – ٣ ج١ «حَلا» – ٤ ج١ «فَال بى»

بمن ذالك فَوْلهُ [مُوَشَّحَة ١[١]]

مهجتى عِندى أعَز سَادَارِى الموْت ايَّامْ
خالِعًا بى الحبِّ فَيدِى مَا الَذ العيش لَوْ دَام

جنة المشتاق هَل لى غَيْر ان اشفى وَتنعم
فَل مَا يَرتاب مِثلى ان يرى شيئا بَيحرم
ايهَا المغرَا بفتلى مَيْتتى بالسيْف اكرم
بَجراح السَّيف وخز وجراح الحب الام
اهْلكت حَزمى وَايدى بَبنَات الحب ايْتام

كَيف لَا تحْسن دنيا سنَّ بيهَا العدل سِيرُ
ملك طلو المحيا كُله بشر وَنور

فَد افرت كلٌّ عليا　　انّـهُ العلو الْخطير
فَـاذا مَـا الخَيْلُ[٢] تنز　　بالْـفنَا بَـاسًـا وَافدَام
عفَّ عَن طَعْن الوريد　　وَمَشَـا بالرمْح فدَّام

لَك بالعلياء همٌّ[٣]　　عِندمَا يحمى الوَطيسُ
وَشراب الفوْم سُم　　اترعَتْ[٤] مِنهُ الكؤُوسُ
بابى يَـوْم اصم　　بُـذلت[٥] فيهِ النفُوس
وكلام الحرب رمز　　اوهمت من بَـعْـدِ اعجَام[٦]
فَـابلت[٧] كيدًا بِكيد[٧]　　بَـفرعت الهَـامَ بالهَـام

ايهَـا الملك السَّعيد　　باه فِى يوْم الرهان
فَـافـتنص بيمـا تَصِيد　　شاعِرًا حلو المعَانى
يفـتنـى السَّـهْم السديد[٨]　　لمهمَّـات الزَّمَـان
انا لِلايَّـام كنـز　　لَا يخاف الدهـر اعْـدام
فَـاغتنم بالجاهِ صَيْـد　　انَّ للاحْـرارِ اسْـهَـام[٩]

[١٠] مَـلِكٌ وَارى الزناد　　فبة العليا سرِيره[١٠]
لَم يحد[١١] عَن السداد　　من ابُـو يحيَـى وزيره
اى[١٢] رَاى فِى الجهَـادِ　　وَانا ساستشِيره[١٣]
مَع وَلى العَـهْـد نغز　　غزوَة مصر بالشّـام
نهزمُـوا الجيش العبيد　　ونـردُّ الشّـيعه[١٤] اسْلام

١ هذه الموشحة موجودة فى عُدة الجليس (موشحة ٢٢١) – ٢ كذا ع. ج «الحرْب» – ٣ كذا ع. ج[١] «وهْم»، ج[٢] «وَهم»، ج[٣] «وسم» – ٤ كذا ج[٢]، ج[٣]، ع. ج[١] «انزعت» – ٥ ع «بلدت» – ٦ ع

«اعْجَمتْ من بعدِ افْهَام» – ٧ كذا ع. ج «كَـدا بكد» – ٨ ع، ج «الشديد» – ٩ ع «اسْوَامْ» – ١٠ النص من ع. الغصن ناقص فى ج – ١١ ج «يخب» أو «يخف» – ١٢ ع «لِىَ» – ١٣ ج[١] «وَانَا سَتشيرُه» – ١٤ ج[١] «الشبع»

وفال أيضا [مُوَشَّحَة ٢]

فِى مُفلةِ الغزَالِ الاحوَر دَمْع كَـاذب
كَان مَاءَ فلبى يعْصر عَنهَا ذَايب

للشَّوْق فِى ضُلوع[١]
نَـار مِن الولوع
شرَارهَـا دُمُوعِ

فَبَات فِى جفُونِى يسْهر وفد[٢] ثافِب
ارى[٣] الظلام حَتَّى اسْفَـر مِنهُ الجانب

حَنت الَى المزاج
نورية السِّـرَاج
تلتاح فِى الزجَاج

كانما العَـفيو الاحْـمر فِيهَـا ذَايب
عَـليْه مِن نبيسِ الجَوْهر سمط لَاعب

يَـا جَـامِعَ الْعِنَـان
شرفْ وَلو مَكَـانى
حَـملا عَلى الزَّمَـان

فَوجهُك الانيو المنظر حسب[٤] الطالِب

وَذكركَ الرَّبيع الاعْطر   زَاد الرَّاكِب

اذكى الوَغا شهَابك
فَاسْدُهَا تهَابُك
ومَا انتهى شبابُك

يَايهَا الهمَامُ الأزهر[٥]   سن الكَاعِب
وَلَا بَدا[٦] الطِّراز الاخضر   فَوْقَ الشارِب

يَا نَازِحًا يُزَارُ
لوكان لى خيار
مَا غنت الديارُ

باللَّهِ يَا نسِيم الاعْطر   بَلغ غايب
تحيَّة الْوزير جَعبر[٧]   ابن الحاسِب

١ كذا ج[٣]. ج[١] «طُلوع»، ج[٢] «ظلوع» – ٢ كذا قرأتُ. ج[١] «وتد». ج[٢]، ج[٣] «ونر» أو «وند». ومن الممكن أن يكون الصواب «نجم»، كما قرأ سيد غازى – ٣ كذا قرأتُ، ج «ارد» – ٤ ج «حَبْ» – ٥ كذا قرأ سيد غازى، ج «الازور» – ٦ ج[١] «بُدَّ» – ٧ ج «الجعبر»

وفال أيضا   [مُوَشَّحَة ١٣[١]]

وَجنة الرَّوض المحَلا   تغتذى[٢] السِّحرَ المبينا
صَبغت شبَاه احْوى   بدُمُوعِ الْعَاشفينا

نزلُوا الَى التلاق   مَنزلاً رحْب الجنَاب
وَمشوا الَى العنَاق   فى الدجَا مَشى الحباب

وبكا خَوْف الفِرَاق رَشَا غَض الشباب
مَلا اللثامَ كحْلا بَعْد كَتمِ الدَّهرِ حينا
وَالهوَا ينشر شكْوى ينظم الدرَّ الثمينا

يابا حفْص اشاره حرة مِن اهْتِبَالك
بابى اخجى عِبَاره صرَّحت عن بيت مَالك
وَالذى تفوَى[٣] الوزاره هوَ فى اسْتِعجَال ذَلك
خلو الرماح اعْلا عزة الا تلينا
يَا سَماءً كُل جدوَى امْطر المجد المعينا

اسد فَدْ لَان لمَا ادرك الشبلان[٤] باسَه
كُلمَا يهيم يظمَا[٥] شربا فى الحرْب كَاسَه
اى يَوْم فدْ اهَمَّا نكسَ الجبَان رَاسَه[٦]
نهْلا وَالبيض تصلا[٧] باكف الضاربينا
هزج السُّيُوف افوَا مِن رُءُوس الدارعينا[٨]

رب وَفعَة عَظيم صَعبت بالافتباضِ
ضمهَا ضم الغرِيم عنوَةً الَى التَّفاضِ
ايمَا حَمْل[٩] كريم علفت عِند المخَاض
عجبًا من صَبر حبلا تحمل الرّادى جَنينا[١٠]
وَفعَة فى الدهرِ ترْوَا مثلا للسَّائرينَا

هجمَت عَلَى افتتاح ظبية فيد العُفول
مزجت رَاحًا براح من لما كَالسَّلْسَبيل
وَسطت عَلى اللواح باختيالهَا النَّبيل

لم نبس[١١] حبيبى وَالله[١٢] يهتر النَّاس عَليْنا
انما فبلت عضْوا من أمير المُومنينا

١ هذه الموشحة موجودة فى عدة الجليس (موشحة ٢٢٧) – ٢ ج «تعتدى» – ٣ ج «يَفُول» – ٤ ع «ادْركَا شِبلاهُ بَاسَهْ» – ٥ ج «نظما» – ٦ ع «وفى الْجبَان نَحْسَهْ» – ٧ ج[١]، ج[٣] «نصلا»، ج[٢] «بصلا» – ٨ ج «الضَّارِبينا» – ٩ ج «حبْل» – ١٠ ج[١] «حَنينا» – ١١ ج[١] «تبس» – ١٢ كذا ع. ج «واللا»

وفال[١] أيضا [مُوَشَّحَة ٤]

روْضة وَسْمِيَّة[١] الافحُوان تجتنى بالامَانى

لسْتُ انسى [٢]ذكرَ طِيبِ[٢] الصُّبُوح
اذ مَزَجْتُ[٣] الخمْر رَاحًا بِرُوح
وَتغنَّا فوْق غصن مرُوح

اعجَمى الصَّوْت لاكِن شجانِى عَربى اللسَان

كَيْف لا اكرَعُ فى كُل ورد
وَابُو خَالِدها[٤] اى زند
فرع الأيَّام حدا بجد

فَاذل الدَّهر حَتَّى سَفانى من خطوب الزمَان

اسَد فى الحرْب مَاضِى السِّلاح
اى يَوْم للعَوَالى وفاح
هلكت فيه صدُور الرمَاح

فمضى يطلب ثارَ السنان بالحسَام اليمَان

طرت لِلمجْد فَما جئْتُ ءاخر
وَتبارَى معشر° فِى مئاثِر
وَتعَاطَى الجودُ٤ غيْر المخاطِر
ثمَّ كَانَ السَّبق يَوْم الرهَان | للوَزير ابن هَانى

علفت مِنه نفُوس المعَالى
وَتحلى حليهَا غَيْر حَالى
فغدَت تنشد لا تبَالى
فَلبى انس مخلو فِى بَان | وَتموت انت فِى شان

١ كذا ج٢، ج٣. ج١ «وسيمة» – ٢ كذا ج٢، ج٣. ج١ «طيبَ ذكرٍ» – ٣ كذا قرأ سيد غازى، ج «من جنى» – ٤ كذا ج – ٥ كذا قرأ سيد غازى، ج «معشرا»

وفال أيضا [مُوَشَّحَة ٥]

لله من اجتبيه[1] | وَالشوق وَارا الزنَاد
†شو الثان تحيه†[2] | عَطفا فليل العناد

احللتهُ فِى الضلُوع | لَوْ ان شيئا يرضِيه
لَا مَرحبًا بالدمُوع | ان افلعت او ترويه
فليس لى بالهجُوعِ | عَهْدا وَلَا ارْتجيه
يا ظالمًا اتفيه | بَين الحشَا وَالفؤاد
تفديك عيْن ابيه | اذللتهَا بالسهاد

بين الفنا والافلام | تنازع فِى العلاء

يعرى نفُوس الكرام عجبا بحكم الاباء
حكمت يَوْم الْخصَام عليهما[٣] بالخلاء[٤]
فضيت بالحكم بيه عَلى الْوشيح المنادِ
من ايْن للسمهَريه اسنة مِن مدَاد

للمشرف الحضمرى بى العزّ بَيت فَديم
اينَ السهى من ندى لَا يرتفيه النجُوم
نمت بالمشربى اليه رهط كرِيم
اسد المفامِ الكريه تلتذ حَر الجلادِ
فَد ضمنوا للمنيه تحتَ السيُوف الحداد

هَل كان يكبيك مَشهَد وَالدهرُ ذل وجاه[٥]
انَا الحسَامُ المهنَّد معطل من حلاهُ
بَاضرِبْ بهَا يَا مَحَّمد لعَله اوْ عسَاه
مَا ضرَّ لوْ تنتضيه سَيْبا[٦] ربيب الجهاد[٦]
تبلى لهُ المشربيه توجعًا بى الاغمادِ

اللَّهُ يرعى ابتهَالِى بحبظ هَاذى الوزاره
بَاجْرر ذيُول الكمال عجبا بدَار الامَاره
حَتَّى تغنى الليَالى لَفْظا بهَا اوْ اشارَه
يَا دَوْلة الْعزّ تيه بحَسْبك اليوْم ناد
بالدوْلة الحضرميه عَلى جميع الْبلاد

١ كذا قرأ سيد غازى. فى نصّ ج[١] ما يماثل «اظبيه»، وفى الحاشية «اخصيه». ج[٢]، ج[٣] «اخصيه» – ٢

كذا ج[١]. ج[٢]، ج[٣] «شو الار نحيه»، وفى ج[٢] فوق «الار» ثلاث نقط تشير إلى خطإ – ٣ كذا ج[٢]، ج[٣] ج[١] غير مقروءة – ٤ ج «بالحلاء» – ٥ ج «رجاه» – ٦ ج[٢]، ج[٣] «رنيت الجهاد»، ج[١] «ربت الجلاد»

وفال أيضا [مُـوَشَّحَة ٦]

مَـا ءان[١] من نخْـوه   جر الجلابيب
نَـازعَـته الاسماط   تندا من الطيب

للهِ مذعُـور   لَـيلة ايناسِه
حشاهُ مَـبهُـور[٢]   ڢى طيب انڢَـاسِه
وَالفرط مَـاسُـور   ڢى ڢيد احْـراسه[٣]
ڢَـان يَكن هڢوه   للحلى تعْـذيب
ادِّبت الافراط   احسن تَـادِيب

كَمْ لى مِن نيل   يَـوْم الندا المشهُـود
ڢبڢَـارِس الْخيْل   وَحضرمى الجُـود
اجْـود[٤] مِن ذيل   ڢى ظلهِ الممدُود
ڢڢاز بالخُظوه[٥]   حَتى وَتڢريب
اوى[٦] الى ڢسطاط[٧]   ڢى العزِّ مَضروب

يَـا كَـاتِب الرڢيَـا[٨]   وَمشرڢ الدَّهْـرِ
اڢلامك العليَـا   تنڢث ڢى السحْـرِ
وَغـاطس يحيى   من نطڢ الحبر
حَـال بلا كسوه   كَـالرمْحِ مَسْـلوب
نَـاط العلا مَـا ناط   ڢى كل انبوب

لى سَاعد عبل　　　بفومك الشم
اسَد اذَا حل　　　فى مَوْطن الحزم
وَالموْت ينهل　　　عَن عَارض جهم
غضبَان ذو[٩] سطوه　　　كَالنَّارِ مَشبوب[١٠]
شدوا على الاوساط　　　بكل شُؤبوب[١١]

وَذَات اشوَاق　　　وجدى بهَا برح
تسح ءامَاق　　　وَدَمْعُهَا سح
غنتْ لمشتَاق　　　مَوعدهُ الصُّبح
ان جئتَنِى غدْوه　　　وَصحَّ مَرغوب
نعمل سَلامًا سَاط　　　مَعك يا محبوب

١ ج[١] «ان» — ٢ كذا قرأ سيد غازى، ج «مهجور» — ٣ ج «اخراسه» — ٤ كذا ج[١]. فى ج[٢]، ج[٣] «اجود» وفوقه «اجر» — ٥ ج[١] «بالخطوة»، ج[٢]، ج[٣] «بالخضوه» — ٦ يعنى «آوِى». ج[١] «او» — ٧ ج[١] «البسطاط» — ٨ ج[٢]، ج[٣] «الدنيا» — ٩ ج[٣] «ذوا» — ١٠ ج[٢] «مشوب»، ج[٢] «مشروب» — ١١ كذا قرأ سيد غازى، ج[١] «شبوبا» ج[٢]، ج[٣] «اشبوب»

وفال أيضا　　　[مُوَشَّحَة ٧]

من سفا عينيك كَاس المُدَام　　　يَا منى المسْتَهَام
رَشا اسْهَرنى وَهوَ نايم
رق لى وَالموْت بيْن الحيَازم
عَجبًا مِن دَمْعهِ وهوَ باسِم
خنث [١]يمْزجُ تحتَ[١] اللثام　　　عبرَة بابْتسَام

فلب دنيَـاى تسفى برويد[٢]
تَحتَ احْسَـان الوزير بْن زَيد
فَـانا اربع فِى خير فيد
بَين بر وَعطايَـا جسام اخوَات الْـغمام

فائت[٣] الغور بعيد المسَـافَـه
فَـد كفِى فرطبة كُل ءَافه
كَمْ يَـد اوليت دَار الخلافه
طوفت جيدك [٤]طوق الحمام[٤] فِى حلى الكِرَام

بكَ يَـا مشرف صَحَّ اليفين
انت صبحُ †المشطات†[٥] المبين
اى نَصْل سله ما ٦
مَـلك شَـرفه فِى الانام حَـمل ذَاكَ الحمَـام

شرف الملك به حين حَـاطه
فشدت وجدًا بهِ غرنَـاطه
اذ توخى بسِوَاهَـا ارتباطه
كُل يَـوْم افريك يَـا حبيب سَلام وَنسيت انت ذِمَـام

١ ج[١] «يمزج لى تحت» – ٢ ج «رويد» (بدون الباء) – ٣ كذا قرأ سيد غازى. ج[١] «فات»، ج[٢] «تابت»، ج[٣] «نابت» – ٤ الكلمتان ناقصتان فى ج[١] – ٥ كذا ج[١]. ج[٢]، ج[٣] «المشطات»، وقرأ سيد غازى «المشكلات» – ٦ سقط لفظ

وفال أيضا [مُوَشَّحَة ٨[1]]

صل يا منَا[2] المتيم من رَاح مَفصُوص الْجنَاح

صَاغ الجمال مِن كل لالاء
خد ادِيمهِ من الصَهْباء[3]
ذُو وجْنة ارَقّ من الْماء
كَانَّهَا شفيفة تفاح لمْ تلمسْ[4] برَاح

اعْيَا عَلى المكارِم وَالمجْدِ
مَا فِى الزَّمَان[5] مِن فدم العَهْدِ
مَلك حَوَى السيادة فِى المهْد
ليث عَليه بردَة امدَاح[6] من نسج الرمَاح

يَا كَوكبَ الزمَان اذ لَاح
نَادَى الزَّمَان باسمك افصَاح
فَاهتز بيت مَالِك وَارْتاح
علمت عطفيْه كَيْفَ يرتاح لصَوت السماح

لله وَففَة لك بالامْسِ
وَالحرب فِى غلايل كَالورْس
عميَاء[7] لَا ترَى فرصَة الشمْسِ
جلوتها وَوجْهُك وَضَّاح †عدد†[8] الكماح

لمَّا صَدرت مِن مَوفف الزَّحف

غَـازَلت شَـادنا جائر الطَّـرف
وَفلت تَـابعًـا سنة الظرف
بالحرمَـه٩ يَـا رَشـا من سفَـا الراح عَـيْـنيْك الْـمِلَاح

١ توجد قطع من هذه الموشّحة [المطلع والدور الأوّل والدور الخامس] فى المُغرب (٢، ١٣٧) منسوبة إلى عبادة، والمطلع خرجة موشّحة لابن العربىّ [موشّحة ٢٧] – ٢ الكلمة ناقصة فى ج٢، ج٣ – ٣ كذا مغ، وفى ج «صَنهْباء» – ٤ ج١ «تلتمس» – ٥ ج١ «الزّمَن» – ٦ ج٢، ج٣ «امتداح» – ٧ ج «عميا» – ٨ ج١ «عددا». ج٢، ج٣ «عدد» – ٩ ج١ «بالحرمة»، مغ «بالحَرَمْ» –

وقال أيضا [مُـوَشَّحَـة ١٩]

ءَاهِ من ضنِين بى الفُـؤاد مَكنُـون
كَـيْفَ بالخلاص وَهوَ بَين انفَـاس

بابى نفُـور لَا ينال بالختل
بَـارِع غَـرِير يَسْتَـريبُ مِن وصل٢
بَـات يسْتَشِير رَايه عَلى فتْلى
بيس٣ الظنون مطرفا الى حِين
صَادَه افتناصى بحبَـائل الكَـاس

ايْن من غرَامِى نَـازع الَى البَحر٤
مَـائس٥ الفوَام كَـالْغلامَـة الْـبكر
عَب بى المُـدَام وَارْتَـوى مِنَ الخمر
نفلت جُفُـون عزَّتى الى الهون٦
مَـا انَـا بعَـاص حرفى وَوَسْـوَاس

يَـا ابَـا الحسَين هَـبْ دَمِى لأنصَارِ

انّ[٧] بعد عينى   حَافِزا[٨] على ثارى
لَيْسَ كُل دَيِنى   مثل دين اوْ ثارِ
يرتضى مَنُون   لا تخاف مِن دون
حكمة[٩] الفصَاص   انصَبت مِنَ النَّاسِ

كَيْفَ لا يُهَاب   شادِن هُوَ الليث
كفهُ السحَاب   وَنوَالُهُ الْغيث
بطل يصاب   حيث لا به[١٠] حيث
اسد العرين   بَات غَيْر مَامُون
لَابس الدلاص   حذرا[١١] من الْبَاس

جَعَلت هَوَاها   بيهِ كُل حسناء
خضبت يدَاها   بخضاب حناء
وَلَفد تناهَا   بيهِ فَوْل عذراء
ليلة تجينى   وَانَا بتحنينى
نهْديك النواص   وَالضفير من رَاس

١ هذه الموشّحة موجودة فى عُدّة الجليس (موشّحة ٣٢٤) منسوبة إلى الأعمى – ٢ ع «خبل» – ٣ ع «سىء» – ٤ ع «الهجر» – ٥ ج[١] «مَا بَينَ» – ٦ ج[١] «حوانى» – ٧ ج «انا» – ٨ كذا ج. ع «طالبا» – ٩ ج «حُكمه» – ١٠ كذا ع. ج «بها» – ١١ كذا ج. ع «خلفا»

وفال أيضا   [مُوَشَّحَة ١٠]

كَاد غيرة بالخيلان   بى المَنَا تسيل
بَوْق مرشف للمرجَان[١]   عَنبر فليل[٢]

ظبية يفطع اشوَاق	ليْل هجْرهَا
وجرَت دُمُوع لاشبَاق	فوْق نحرهَا
وَترفرق الاثمد الْبَاقى	بَيْن شعرهَا
ايفنَت بحكْم الهجْران	اننى فَتيل
ومحَت بدَمْع الاجْفَان	طَرفهَا الكحيل

كَيْف لَا يحل[3] منَ الجاه	موضع النجاد
من اميره عَبْد اللّه	بدر كل ناد
وَهو يوم عصب الافواه	ضيغم الجلاد
فَد اعد فبْل الميدَان	رَايَةَ الاصيل
وَانتضى لِطعن الفرسَان	رايه الصَّفيل

انتَ يَا مَناط الامَال	خذْن كُل روع
هبَة سرت بالاجَال	والفنَا هجُوع
مَزّفتْ فلُوب الابْطال	دَاخل الضلوع
وَاشتد بصدر حران	كُلهُ غليل
لَمْ تجدْ نفُوس الشجعَان	لِلْبفا سَبيل

سمت[4] فى رفاب الاعْدَاء	سَيْفكَ الْمطاع
وَافتدحْتَ نارَ العليَاء	حرة[5] الشعَاع
ربّ ليلةٍ مِن ظلماء	كلهَا فناع
فَانارهَا للضيفان	مَجدكَ الاثيل
وَلنا بوجهِ الاحْسَان	مَنظر جميل

سَاءَنى وَعز عن[6] المجْد	شادِن وصُول

برجع يعَـاتب من وجد   الفِهُ الملُـول
هَل سمعَت مولَاتى بعد   التِى تَـفُـول
فد غدر حبيبى وخلانى   ليس نطع خليل
يا حَـبيبى ايْن الايمان   الوفَـا فليل

١ كذا قرأ سيد غازى. ج «المرجَـان» — ٢ كذا ج ، وقرأ سيد غازى «بَـلِيل» — ٣ ج[١] «تحل» — ٤ ج[٢] ، ج[٣] «سما» — ٥ ج[١] «جره» — ٦ ج[١] «على»

[فصل ٤]

الوَزِير ابو بَكر بن عيسَى الدانى المَعروف بابن اللبانة

بهرت بَـدَايعه وظهرت روائعه وَطلع مِن جو الاحْسَـان بَـدرا وَجَل بيه فَـدْرا رَافَتْ الفَـاظُـهُ وَمَعانيه [١] †فواس† [١] كَلامه وَمَبَانيه وجلا مِنَ التوشيح الرَّايق مَـا تلا سورا وَاجتُليتْ مَحاسِنُـهُ صورا وَلهُ شِعر اجَـاده انتفَـاء [٢] وَانتحالا وَاطلعه وِى وَجْـهِ الزَّمَـانِ خَـالا مع تواليف حبر تصنيفهَـا وَاجَـادَ تنظِيمهَـا وَتكييفهَـا وِى اخبَـار بنى عبَّـاد شهِدَت لهُ بالوفَـاء وَفضت لهُ من [٣] مُـرَاعَـاة الذمم بالاستفصَـاءِ وَالاستيفَـاء وَهَـاكَ مِن رَايق تَـوْشيحه مَـا يشهَـد بسَـبفه وَيريكَ فِى جَـو الابْـدَاعِ وَميض برْفه

١ النصّ غير صحيح – ٢ ج[١] «انتقـاء» – ٣ الكلمة غير موجودة فى ج[١]

ومن ذالِك فَوْلهُ [مُوَشَّحَة ١[١]]

عَلى عُيُـون العين رعى الدرَار من شغف بالحب
وَاستعْـذبَ العذاب وَالتذ حَـاليه من اسَف وَكرْب

نجل العيُـون سَفت نفوسَنَـا كاس الرحيق
احْـدَافهَـا احْـدفت بكل بسْتَـان انيق
وَوجنَـة شففت عن سَوسَن وَعَن شفيق

وَتحتَ نُـور الجبين ءَاس عذار ينعطف كى ينب
بان مَـاءَ الرضاب حَـام حَـواليه منصَرِف عَن فُـرْب

لَاكَـان يَـوْم النوَا من ملبسى ثوب الضنا
الوَا غزَال اللوَا فيهِ بصَبرى اذ رَنا

وَظنَّ ان الهَـوَا ذنب[٢] بَفضن[٣] بالمنا

بفد اسَارَ الضنين نور اصْطبَارِى بى سَدف من نحبِ
وَالفلب خوْف العتاب رَجَا حنَانيه باعترف بالذنب

شرد عَنى الكرَا بَبت اشكُوا مَا اجد
الى جياد تَرَا مُتونُـهَا بى تطرد
وَمَا حمدت السرَا حَتى رَايْتُ المعْتَـمد

بى كل دنيَا وَدِين به تبارِى من سَلف بَيرب
وَكُل من بيهِ عَاب يَلفاه جنانيه بى شرف من حب

مؤيد نَصْره لدن الفنَا عضب الحمام
يندى به دَهْرُه ندا الرياض بالغمام
كَانما ذكره[٤] ءَايَات ذِكر بى الانَام

حلاه شد وَلين بَفل حذار ان وَفف بى حَرْب
وَفل بان السَّحَاب لو شام كفيه لمْ تَكفْ من رعب

وَطير حسن نزل بمنزلى عِندَ الْغرُوب
حوْل شباك الحيل يلفط حبَّات الفلوب
مَا حَل حَتى رَحَل بكان مِن شدو الكئيب

لو رَايتم مُفلتين نزل بدَار ووَفف بجنب
لما رءا المحناب سَاوَا جناحيه وَانصَرَف بفلب

١ هذه الموشّحة موجودة فى دار الطراز (موشّحة ٨) – ٢ ج «ذنبا» – ٣ ج[١] «بظن» – ٤ ج[١] ما يماثل «كَـلذاذ كرُه»

وفال أيضا [مُوَشَّحَة ١٢]

كَـذا يفتاد[٢] سَـنا الكوكب الوفاد
الَى الجلاس مشعشعة الاكواس

افمْ عذرى بَفد ءانَ ان اعكف
عَلى خمرى يَطوفُ بهَـا اوطف
كَما تدْرى هضيم الحشا مخطف
اذا مَا مَـاد بى مخضرة الابراد
رَايتُ الاس باورَافِه فد مَـاسْ

مِنَ الانس وَان زَادَ بى النور
عَلى الشمْسِ وَبَـدر الديجُـور
لهُ نَبسى وَمَـا نبس مهجُـور
غزال صَاد ضراغمة الاسَـاد
بلحظ جَـاسْ خلال ديار النَّـاس

الا دَعْـنى مِنَ الصدّ وَالهجْـر
وَخُـذ عنى حَـدِيثين بى الفخر
وَفل انـى احَـدث عن بَحْـر
سَطا وَجَـاد رَشـيد بَنِى عَبَّـاد
بَـانسى الناس رشيد بنى الْعباس

جلا الاحْلاكْ بنُـور الهُـدَا[٣] مرْءَاه
بمَـا الافْلاك تدير سوَا عليَـاه

كَذا الامْلاك	عبيد عُبَيد اللّه
فَمن ارتاد[4]	فياسَك بالامْجاد
فَجهلا فَاس	سَنَا الفجر بالنبراس
لَك الفَضل	وَانكَ مِن ءَالِه
رَءَا الكُل	بكمْ نيل ءَامَالِه
فَما يخل	من ينشد فى حَالِه
بنى عَبَّاد	بكُم نحن فى اعيَاد
وَفى اعراس	لَا عدمتم للناس[5]

١ هذه الموشّحة موجودة فى عُدّة الجليس (موشّحة ٣٣٦) وفى دار الطراز (موشّحة ١٢)، ويوجد فى المغرب (٢، ٤١٥) المطلع والدور الأوّل والسمط الثالث – ٢ كذا مغ ودط. ع «ينفاد»، ج «يعْتاد» ع «سنى» – ٣ كذا دط. ع «العلا»، ج «الدجا» – ٤ ع «ارتاد» – ٥ ج «يا ناس»

وقال أيضا [مُوَشَّحَة ١٣[1]]

فى نرجس الاحْدَاق	وَسوسن الاجْيَاد
نبت الهوَا مَغروس	بيْن الفنا المياد
وَفى نفا الكَافُور	وَالمندل الرطب
وَالهودج المزْرُور	بالوشى وَالعصب
فضبٌ مِن الْبلُّور	حمين بالفضبِ
نَادَى بهَا المهجور	مِن شدة الحب
اذَابت الاشوَاق	رُوحى عَلى اجْسَاد[2]

اعَارَهَا[٣] الطاووس مِن ريشهِ ابرَادْ

كَوَاعب اتْراب تشَابَهتْ فدا
عَضَّتْ عَلى العُناب بالبَردِ الاندَا
اوْصت بى الاوْصَاب وَاغرت الوجْدا
وَاكثر الاحْبَاب اعدَا مِن الاعْدَا

تفتر عَن اعْلاق لئالِى[٤] افرَاد
فيهَا[٥] اللما مَحْرُوس بالسنِ الاغماد

مِن جَوْهرِ الذكرَا [٦]عَطِّلْ نحُور[٦] الحُور
وفلد الدرَّا سلَالة المنصُور
جَاوز به البَحْرا وَاخرق حجَاب النور
وَفل لَهُ فخرا بفَضلِك المشهُور

جمعت فى الافَاق تنَافُر الاضداد
فَانت لَيث الخيس وَانت بَدرُ نادْ

خرجت محتَالا ابغى سَنا الرّزْق
افطع امْيَالا غرْبًا الَى شرْق
موملا[٧] حَالا يَكُونُ مِن وفى[٨]
فَفال مَن فالَا وفَاه بالصدْقِ[٩]

دع فطعك الافَاق يَايهَا المرتَادْ
وَافصد الَى بادِيس خَيْر بَنِى حَمَّادْ[١٠]

يَا مَن رَجَا الطلا وَءامر[١١] التعْرِيسْ
ان شيْت ان تحلا بطايل التَّانيس

لَا تعتمدْ الَّا　　　　عَلَى علا بَاديسْ
مَن فومه اعْلا　　　　فدرا مِنَ البرْجيس[١٢]
مَوَاطن الارزَاق　　　　اوليك الانجَادْ
فَاحْطط رحَال العيسْ　　　　وَانفض بفايَا الزاد

١ هذه الموشّحة موجودة فى عُدّة الجليس (موشّحة ٨٠) وفى فوات الوفيات للكُتُبىِّ (٢، ٥١٥) — ٢ كذا فى فوات الوفيات. ع، ج «الاجساد» — ٣ ج «اعادها» — ٤ ج[١] «لَا عَلى»، ج[٢] «لالا على»، ج[٣] «لالا عى» — ٥ ج «بيه» — ٦ كذا فى فوات الوفيات. ع «عَطلنَ حُور»، ج «اعطى نحور». ولعلّ الأصل كان «غَطّى نحور» — ٧ ج «مومل» — ٨ ع «ومى» — ٩ ع «مَفَال ذى صدْقٍ» — ١٠ ج «عبَّاد» — ١١ كذا ع. ج وفوات الوفيات «أَمَّل» — ١٢ كذا ع. ج «الرحليس»

وفال أيضا　　　　[مُوَشَّحَة ٤]

مَا لاعتسَاف البيد　　　　الا المهَارى الفود　　　　ذرهَا تخد

يَا نَافتِى الكُومَا　　　　جُوبِى عَلَى اسْمِ اللّه　　　　وَاطْوى اليبَاب
وَاستعملى[١] العوما　　　　فَليْسَ مِن امواه　　　　الا السَّرَاب
لَا تطمعى نوْما　　　　مَا دَامَ مَن اهـوَاه　　　　ناءى الْفِبَاب
لمثلهَا صيخود　　　　ذخرت من فيهود　　　　لا تتئد[٢]

من اسْكَن الظلها　　　　حومَانة الدرَّاج　　　　فِى الرفتين
حينَ[٣] انتضت حَرْفا　　　　يوحى به الْادلاج　　　　عبْل اليَدَيْن
وعممت وَحها　　　　مِن جنح ليْل دَاج　　　　غصن اللجين
فَاثمر الاملود　　　　مِنهُ عَلى التَّوريد　　　　بدرا يفد

دَع ذكرَكَ الايَـاد　وَالمنزِل الطاسِم　وَالفدفدا
وَامدح بنى عبَّـاد　اعْنى ابَـا الْفَـاسِمِ　مُحمَّـدا
مؤيد[٤] الاجْـنـاد　ملكا[٥] عَـلَى الْحَـاكم　مُعفدا
حَـازَ العُلا وَالجُـود　عَن الجدود الصيد　وَالمعْـتضد

لَا غرو ان بَـارَا　بى الجود وَالافْضال　هوج الرياح
وَافتَـاد جرارا　بجيشه[٦] اذْ فال　فف لا براح
ليث اذَا سَـارَا　بى حَـوْمَـة الابْطال　يَـوْم الكفاح
لمْ يغن ضرب الجيد　مَـا حَـاكهُ دَاوُود　مِن الزرد

فد ارخ الرخَـام　مِن ذكرِ مَـوْلَانا　بى المَـرمر
مَـا حَـاكَـهُ النظام　دُرا ومَـرْجَـانَـا　وَجَـوهَـر
يَـا حَبَّـذا الالْـهَـام　منْـهُ وَان كَـانا　لمْ يَشـعر
النَّصر والتَّـاييد　وَالمجد وَالتمهيد　لِلْـمعتمد

١ ج «وَاستعمل» – ٢ ج «تتاد» – ٣ كذا ج[١]. ج[٢]، ج[٣] «حتى» – ٤ ج[١] «مايد» – ٥ ج «ملك» – ٦ ج[١] «بجيسه»

وفال أيضا　[مُوَشَّحَة ٥]

بى الكَـاس وَالمبْسم الْبرُود　انس الْعَـميد

بَـاكِر الَى البكر وَالدنان[١]
وَابَضض ختامِيْن بى اوَان[٢]
وَاجْن الامَـانِى بى امَـان[٣]
بَفد وَصلنَـا الى زمَـان

ينظم بيه †شمل† السعود　　　نظم العُفود

مَلك تزين العُلا حُلاه
وَفيمة الشعْر من نداهُ
وَكَعْبَة اللّهِ من رضاه
سَالَت فَطابَت لنا يَداه

فَليس ينبك عَن وُجود　　　بَاس وَجود

يَا شاسعًا شسعَة[٤] منيف
وجَنة كلهَا فطوف
وَنيرًا مَا له كُسُوف
اوفِى عَلى عَبْدك المصِيف

فَصَار من ظللكَ الْمدِيد　　　تحتَ البرود[٥]

طَالعنى كَوْكبًا سَعيدا
وَعَادَ دَهْرى عَلى عيدا
مُذ لحظت عينى الرشيدا
اتيتهُ مُنشدا فَصِيدا

فَلمْ يخب[٦] عِنده فصِيدى　　　وَلا فصود

لمّا[٧] علوت المُلوك شانا
وَاتَّضح الملك وَاسْتبَانا
وَصححَ النَّاظِر الْعِيانا
شدوت لَا التَوى لسَانا

لمْ يمش خلو عَلى الصَّعيد　　　مِثل الرَّشيد

١ ج «وَالدنانى» – ٢ ج «اوَانِى» – ٣ ج[١] «امَانى» – ٤ كذا ج، وقرأ سيد غازى «بيته» – ٥ ج «برود» – ٦ ج[١]، ج[٢] «تخب»، ج[٣] «نخب» – ٧ ج[١] «اما»

وفال أيضا [مُوَشَّحَة ٦[١]]

همْ بالخيال	ودن بالوجد	وَحث الادمع
اثر الركاب	بَحال البعد	حَال التفجع

وَلتطو منك عَلى شجوين
فلبا[٢] يُعَذب مِن وَجهين
بطُول صَد وَطُول بين
وَلتسو مِن عَبَرات العَيْن

عهد الوصَال	بمثل العَهْد	ذَوَا فَايْنع
صنع السحاب	بروْض الورْد	ابان يهمع

ان كنت مُغرا بمَن تهْوَاه
بَصل سرَاك الى لفيَاه
وَفل لَهُ سَايلا رحماه
يَا مَن تضوَّع من رياه

شذا الغوَال	وَعَرف الند	باللَّه مَتع
من الاياب	رَهين الوُد	بالوعْد يفنع

برد جوَا الشوق من حوْبايه
بَالنَّارُ تفعَل بى احشايه
بعْل المؤيد بى اعْدَايه

وَبعل كبيه بِى نعمـايه

بذل النوَال   وَصون المجْـد   بيهِ تجمع
بَكل صَاب   وَكل شهْـد   مِنهُ يجرَّع

ملك لهُ بِى العُلا ءاثارُ
هِىَ الكَـوَاكبُ والاقمـار
اذْنَـا مَـوَاهِبه الاعمَـار
جَـرت عَلى حُكْـمِهِ الاقْـدَار

بِى كل حَـال   سَما عَن ند[٣]   وَان تطَـلع
مِنَ السحَـاب   لشمس السَّعد   ظنته[٤] يوشع

وَغادة اغرت الاشنَـاقا
لِطَير حُسن[٥] هوَاهَـا عَـاقَـا
بامنتهُ الذى قد خَـاقَـا
وَكَـان من شدوهَـا اذ وَاقَـا

خبل دلال   وَمعك[٦] نهد   طيرا مُـرَوع
وارشف[٧] رضابى   وقَـبل خد   ايَّـاك تجزع[٨]

١ هذه الموشّحة موجودة فى عُـدّة الجليس (موشّحة ٢٩٦) – ٢ كذا ع. ج «قلب» – ٣ كذا ج. ع «سَـمَت عن حدّ» – ٤ ج[١] «ظنه» – ٥ كذا ج[١]. ج[٢]، ج[٣] «بطيرحسن». ع «لحسن طير» – ٦ كذا ج. ع «وخمِّش» – ٧ ج[١] «وَشب» – ٨ الخرجة موجودة أيضًا فى فصل ٩، موشّحة ٥. انظر أيضًا خرجة موشّحة فى عُـدَّة الجليس (موشّحة ٢٩٩):

الَى مَـتى حَـبيب   تَـدِينُ بالقُطُـوع   طيرًا مروَّع
القُطْ حَبّ القُـلُـوب   واسكُن طىّ الضُّلوع   وايَّـاك لا تَجْـزعْ

وفال أيضا [مُـوَشَّحَـة ٧]

للدمُـوع اذ تفطر | بى الخد اسْطر
تحبظ الهوَا ظَـاهِر | مِنهَـا النَّـواظر[١]

سر لَـوْعَتى يبديه | مِن صَوت عَـبْـده
ليسَ لى بما[٢] افْـديه | وَالفلبُ عِنده
لو شممت ريا بيه | اوْ شمت خده
كُـنت انشو الْـعَـنبر | مِن ثغرِ جَـوهر
وَارَا سَـنَـا زاهِر | مِنَ الازَاهر

غصْن بَـانة هَـزه | صَبا وَلين
ينثنِى عَلى عزه | لهَـا اهون
لى بخده منزه | وَلى مَـنُـون
بَـاذا جَلا مَـنظر | بالعيْش اخضر
وَاذَا رَنَـا نَـاظِر | بَـالمْوت حَـاضِر

رَشـا مِنَ الانسِ | لَا يستْمال
حَل رتبة الشمس | بَـمـا ينَـال
زَارَنى عَلى يَـاس | مِنْـهُ الْخيَـال
بَـلوْ اننى[٣] افدر | لذاك[٤] افدر
لاستعرت لِلزاير | جَـنَـاح طاير

انَـا عَـبْـد عَـبْـد اللّـه | من ءَال رزق
بَضح الدجَـا مرءَاه | بكُـل افو

وَسـمَـا عَلَى الاشبَـاه   خلفا بخلو

فَـهْـو ضيغم فسور[٥]   وَالخيل تذعر

وَهو شادن جَـاير   وَالكاس داير

وَخَضيبة الانمل   هيْفا مرود

ابْصَرته فِى جحفل   بَين البنود

فَشـدته دُونَ الكل   شدو الْـعميد

اللّـه زانَك يالاسمر[٦]   زَين كُل عَسْكر

فَـد خرجت يا شاطِر   فِى الحرب ظَـافِر

١ ج «النّـواضر» – ٢ ج[١] «ممّـا» – ٣ ج[٢]، ج[٣] «انى» – ٤ ج[١] «اذ ذَاكَ فدر» – ٥ ج[١] «فصور» – ٦ ج[١] «بالاسمر»

وفال أيضا   [مُـوَشَّـحَـة ٨]

سَـامروا من ارفا   وَارحمُـوا مَن عَشـفا

لَـيتَ شعْـرى هَل دَرَا
مَن نَبَـا عَـنِّـى الْكَـرَا
انهُ لو امـَرَا
لتوخيت السرَا

وَادرعت الغسفا   مثل نجْم طرفا

لَـيت دُنيَـاىَ تعير
مثل ايَّـام السرُور
وَارَا السَّـافِى يدير

كَاسهُ نارًا وَنور

يا له[١] كيْفَ سَنى　　　بَدر تَم شفَفا

من شَجِىٍّ[٢] بالخرد

مثل وجد المعتمد

بالايَادى وَالصفد

فيد تتبع يد

فد اضان الافقا　　　وَملان الطرفا

مَلك سَام اغر

ضيغم بَاد الظفر

غرسَ الناس شجر

عَارض هامى مطر[٣]

سح فيهَا ورفا　　　فكسَاهَا وَرفا

رب لميا الشفتين

عَانفتنى بَعْد بين

فحكينا الفرفدين

وَدَعَونا مخلِصين

عَاشقين اعتنقا　　　رب لَا يفترقا[٤]

١ الكلمتان ناقصتان فى ج[١] – ٢ ج[٢]، ج[٣] «شج»، ج[١] «شنتج» – ٣ كذا ج، وقرأ سيد غازى «المطر» –

٤ هذه الخرجة موجودة أيضا فى موشّحتين عبرانيّتين، ألّف إحداهما **שמואל הנגיד** – وهو اقدم من ابن اللبَّانة – وألّف الأخرى **יוסף אבן שהל** [انظر Stern عاشقين اعتنقا al-Andalus, 28 ,1963, 155-170]

وفال أيضا [مُـوَشَّحَـة ٩]

هَلا عَـذولى فَـد خلعتَ العذار لا اقصار عن ظبية[١] الانسِ وَشرب العفار

مَـا العيش الا حُب ظبى اِنيس
مهفهف احوَى وَحث الكؤوس
مِن فهْوة تحكى شعَـاعَ الشموس

كَـانهَـا بِى كَـاسِهَـا اذ تدَار شعلة نار يعتلهَـا الابريو فبل السوار

شيئان فلبى بِيهمَـا ذُو غرَام
الفوْل بالغيد وَشـرْب المدَام
بَـلستُ اصْغى بِيهما لِلّوام[٢]

لَا وَالذى توج تاج الفخار بَحر البحَـار ببحر جدوَاهُ وَحَـام الديار

الملك المَـامُـون ذُو المكرمَـات
الواحِد الفَـرد الجزيل الصبَـات
كمْ مادحٍ أحْيَـى وَهمٍّ أمات[٣]

تنهَل يمنَـاهُ عَـليْنا نضار[٤] ثمَّ اليسَـار تجلُـو دجَـا العسر ببذل اليسَـار

بِى اسْـمهِ لِلنَّصرِ وَالفَـتح فَـالْ
فَـد عَـمَّ اهْل الارض طرا نوَال
اصبح بِى الجود بغير مثال

انجد ذكرُه[٥] الكَـريم وَغـار بِى الامصَار حَتى حدت بِيه حداة الفطار

وَغـادة تشكو بعَـادَ الخليل
غدوهَـا تبكـى وَيوم الرَّحيل

بضبَّـةٍ[٦] البحر وَظلَّت تفُـول[٧]

يا فرجونى ككرش بون امَـار   الفرار   ليس[٨] ..... ولش ذ مار[٩]

١ كذا قرأ سيّـد غازى ، وفى المخطوطات «ظبا» – ٢ ج[١] «للوَّام» على ما يبدو – ٣ كذا قرأ سيّـد غازى من ج[٢] ج[٣]. ج[١] «كم مدح احيا وهم امات» – ٤ ج[١] ج[٣] «نظار» (يعنى نضار) ، ج[٢] «بحار» – ٥ كذا ج[١] ، وفى ج[٢] ، ج[٣] «ذكراه» – ٦ فى المخطوطات «بصفة» – ٧ بعد هذا الغصن يوجد فى ج[١] غصن قد سبق «مهفهف احوى وحثّ المدام» مع علامات خطإ فوقه ، وسبب التكرار أنّ الغصن المكرّر هو السطر الأوّل للصحيفة ، وبدأ الناسخ به مرّة أخرى ، ثمّ رأى أنّـه أخطأ – ٨ أو «ليتس» ، فإنّ الخطّ غير واضح – ٩ هذا ما يوجد فى ج[١] ، وأمّـا ج[٢] وج[٣] فهما ناقصان للغاية :

ج[٢] «يا..... امار | الفرار | ... ولش دمار»

ج[٣] «........ امار | الفرار | ولش دمار»

وفال أيضا   [مُـوَشَّـحَـة ١٠]

طل النجيع   وَبل الاسر   غربى مهَـند
وَكَـان من منتضَاه الدهر   وَمَـا تفلد

صَبرًا عَلى مَـا فَضاه اللّـه
حط المؤيد من عُـلياه
وَعَطل الملكَ من مرءَاه
افُـول شوفا الى لفيَـاه

ءان الطلوع   فَلح يَـا بَـدر   فَـالجو اربد
وَعُـد بشارفة يا فجر   فَـالعوْد احْـمد

يَـا سَـايلى عَن بنى عبَّـاد

حَدا بهمْ بى ذكرِهمْ حَاد
بَالبيت بيت بلا عماد
وَمَا لنا بعْدهُم من هاد
بَلى دمُوع عَليْهم حمرُ تنهَل سَرمَد
وَطى مَا ضم منى الصدر جمر توقد

ايْن المؤيد قطْب المجْد
اينَ الرشيدُ[١] مَعَ المعْتمد
ايْن اللذان همَا بى اللحْد
اين القرابَة زين العقد
وَلى الجميع وَوَلى الصَّبر بَليْسَ يُوجد
من ذَا وَذلكَ الا ذكر وَجد[٢] تجدد

افْديهم من نجاد[٣] محض
تفرقوا بَعْضهم من بعْض
وَصَار مَا ابرمُوا[٤] للنقض
كَانُوا اذا ما مَشوا بى الارض
احيَا الربيع وَجاء الزهر بيهَا منضد
وسَال بَوق رباهَا بحر من ذوب عَسْجد

جيش كريم محاهُ الدهر
ابكيهم مَا تراخا[٥] العمرُ
قصر مشيد وَرَوض نَضر
ورُبما قَال بيه الشعر

بكَا البَديع وَنَاحَ الفَصْر على المؤيد

†ولم يبو سروری سر†[٦] بَعْدَ مُحمد

١ ج[٢]، ج[٣] «المويد» – ٢ ج[٢]، ج[٣] «وجذب» – ٣ ج[٢]، ج[٣] «انجاد» – ٤ ج[٢]، ج[٣] «ابرموه» – ٥ ج[١] «تواخا» – ٦ كذا ج[١]، ج[٣]. ج[٢] «ولم يبو سرور ياسر»

[فصل ٥]

الاديب الاسْتَاذ ابو عبْد الله محمَّد بن رَافع رَاسه

رَفع بى التَّوشيح رَايَته وَبَلغ مِنهُ غايَته وَاستوفا امدَه وَنهايته فَجَلا برَايو مَبَانيه انوَار مَعَانيه فَجاءَت الْفَاظهُ يرف رَوْنفها وَيشف تَانفهَا ان مَدح جَاءَت المدَايح اليهِ تترا[١] اوْ تغزل رَايْتُ جَميلا[٢] بوَادِى الفِرا حزرا[٣] جدد بنى مَاء السمَاء المتفدمين فى التميز وَانضوا بهِ الى الملُوك وَالتحييز من سبو فى البلاغة موصُوف ....[٤] معروف وَهَاكَ مِن بَدائعهِ مَا هُوَ عَذب زلَال وَسحر حَلَال

١ ج[١] نثرا – ٢ ج[١] حميلا – ٣ الكلمة غير موجودة فى ج[٢]، ج[٣] – ٤ فى المخطوطات بياض

بَمن ذالك فوْله [مُوَشَّحَة ١][١]

فد كنت بى عَدن بَاختلسْت وَا لهبى
كَانّ ابليسا فد وَشى الَى الف

وَصل ايحاشى من عهدته انس
بَدر بَدَا ماش كى [٢]يحلّ بالشمس[٢]
بان وشا واش يا حبيب النبس
عودت[٣] من ظنى لخليلك المصف
من نعمة بوسَا وَسَعيت بى حَتف

الخلف للوَعْد نافض عُرَا الْوُد
بَاذكر عَلَى العَهْد اذ بَذلت للعَبْد
الفا منَ العد من مفبل الشهْد

حَاشاك يا خدنـى ان تدين [٤] بالخلف[٤]
فيوسنى بوسا وحدة من الألف

يَـا سَـائِلِى عَـنه الصبَـاح والدجن
استرفا مِنه الكَـثيب وَالغُصْن
ليسَ لى كنه غيْـر انهُ الحسن
احْلا مِن الامن ريفهُ لذى الرشف
بريفه يُـوسَـا من يشج[٥] بالطرف

[٦] يا اشبه القوْم بالفتى ابْن رَاحيل
فَصِّرْ عن لَـوْمى مُـذ رءَاكَ عَـذولى
هَبْ لى مِن نومى كهبَـات بَـاخيل[٧]
اجَل الحسن فبل رجعة الطرف
من عَـرش بلفيسا فَـد فنعت بالنصف[٦]

كَـم فلت للسفم اذ اضرَّنـى[٨] فيه
يَـا جَـائر الحكم هَـا انَـا افديه
دُونَكَ ذا جسم فدية لفاديه[٩]
فَكَم شفَـا منى برضابهِ الصرف[١٠]
مَـا لمْ يَكن عيسَى يستطيع ان يشف[١١]

١ هذه الموشّحة موجودة فى عُـدّة الجليس (موشّحة ٣٠٥) – ٢ كذا قرأتُ. ع «يخل»، ج «يكسب الشمس»، وقرأ سيد غازى «يكسب شمسى» – ٣ كذا ج. ع «عوصت». ولعلّ الأصل كان «عوضت» – ٤ ج[١] «بالعَـهْـد لخلف» مع إشارتين إلى خطإ – ٥ كذا ع. ج[١] «سح»، ج[٢]، ج[٣] «سحر» – ٦ هذا الدور غير موجود فى عُـدّة الجليس – ٧ كذا ج – ٨ كذا ع. ج «اذ ضر بى» – ٩ ج «لباديه» – ١٠ ج[١]

«الطرف» – ١١ فى عدّة الجليس الدور الأخير كما يلى:

فد طابت النبس　　عندما اباريها
ولاحت الشمس　　واختبت دراريها
وفلْت والكاس　　خاب من يداريها
يا فادة الحسن　　والجمال والظرف
حل بنا موسا　　بارجعوا الى خلْفِ

وخرجة هذا الدور موجودة أيضا فى موشّحة عبرانيّة للشاعر יהודה הלוי [موشّحة ٢٩]

وفال أيضا　　[مُـوَشَّحَـة ٢[1]]

من عَلو الفرطا　　بى اذن الشعرا
وَالحف[2] المرطا　　الغصن النَّضرا

الحسنُ مَـرْجُـوم[3]　　عِندى وَمَـاثوم
وَالطرب ظلُـوم　　وَالْـفلب مَظلُـوم
وَبابى ريم　　يعشفه الريم
لمْ يَـاكُل الخمْطا　　وَلَا رَعَـا السدرَا
وَلَا دَرَا الارطا[4]　　مذ[5] سكن الفصرا

يَـا فوْم بى تياه　　لَـمَـاهُ مَعْـسُـول
الهجْر هجّيراه[6]　　وَالذنب مَحْـمُـول
يَـدْرى الذى يهوَاه　　انه مفْـتُـول
امَـاتنِى عبطا[7]　　وَمَـا اتفَى الوزرا
لَمْ اعْـرِب الشرطَا　　بكنت مغترا

فد همتُ بى وَسـنَـان　　اسد الشرا يسْبى

بلحْظهِ الفتَّان　　　فى معْركِ الحبِّ
على[٨] الظبا سُلطان　　　بفدرَة الرب
سُبحَانْ من اعْطا　　　جُفُونك النَّصْرا
وَالفبض وَالبسطا　　　والنهى والامْرا

على مَا اعدا　　　سُيُوف عينيْكَا[٩]
كَمْ انب الاعدَا　　　بالعَذل عليْكا[١٠]
وَالحسْن فَد ابْدَا　　　عُذرى بخدَّيْكا[١١]
باحرف خَطا　　　لَمْ تَعرف[١٢] الحبْرا
ابدعهَا نفطا　　　بالمسْك كى تفرًا

ضن[١٣] باسْعاد　　　وَالشمس تحكيه
مِن بَعْد ميعاد　　　ابْدَا الرضى بيهِ
فَكان انشادى　　　خوف تجنيه
[١٤] محْبُوب[١٥] فَد ابْطا　　　من امسك البَدرَا
عَنى لفَد اخطا　　　وَاشغل السرّا

١ هذه الموشّحة موجودة فى عُدّة الجليس (موشّحة ٩٢) وفى توشيح التوشيح (موشّحة ٤٨) منسوبة إلى الحصرىّ – ٢ كذا تت. ع «الْبس». ج «وا كف» – ٣ كذا تت. ع، ج «مرحوم» – ٤ كذا ع، تت. ج «الابطا» – ٥ كذا ع، تت، ج[٣]. ج[١]، ج[٢] «فد» – ٦ ج «من هرجَاه» – ٧ كذا ع، تت. ج «غبطا» – ٨ ج[١] «اعْلا» – ٩ ج «عيْنيك» – ١٠ ج «عليْك» – ١١ ج «بخدَّيْك» – ١٢ ج[١] «يعرف» – ١٣ ج[١] «ضر» – ١٤ هذه الخرجة موجودة أيضا فى موشّحة لابن الصيرفىّ (جيش التوشيح، فصل ٩، موشّحة ٩) وفى موشّحة عبرانيَّة للشاعر יהודה הלוי [موشّحة ٢٢] – ١٥ ج[١] «حيث»

وفال أيضا [مُوَشَّحَة ٣]

فل للذى رَامَ بالعتب وَبالعذل
صْرفى بالفوْل عن حب وَبالحيل
خذ فى الدُّعَاء[١] الى رَبى وَدَع مَن بلى
اى عميد بلا منه عَلى ذَاكَ اى
فَكف عتبك يا عَاتب فَعتبك غَى

مَا لى وللحدق النجل وللِّمم[٢]
عَمْدًا تجاهد فى فتلى وَسَفك دَم
كَمْ فد فتلن كَذا فبلى مِنَ الامَم
وَيْحى[٣] مثالٌ[٤] بلا سُنه فضاه[٥] على
مذ جَرهُ[٦] الفدر الغالِب فَلم ينج شى

بالْحاجب الملك الاسنا ابى الحسَن
ارْجُوا السماحَة والامْنَا مِنَ المحن
نجْل الذين هُم معنا بنى[٧] الزمن
عموا وَلم يظهروا مِنه لدى كُل حى[٨]
حَتّى غَدَا شكرهُمْ وَاجب عَلى كُلِّ شى

يهْنيك يَا صَاحِبَ الدَنيا وناصِرَهَا
فَد فُفْتَ بالمجد وَالْعليَا ٩
مِن بَعْد يحيَى الذى احْيا مثائِرهَا
فَاهنا فَان مردت[١٠] جنه فَانت لوى
[١١]وَانت ان لمْ يَكن[١١] طالب[١٢] بحَاتم طى

وَرب خود محيًّا كا   سبَا عفلهَا
فَلوْ تَفُوز بلفيَا كا   شبا خبلهَا
ابْدت تناشد فِى ذَاكا   لام لهَا
[١٣] يا ممَّ †شو ليس† الجنَّه   †اللسموى†
تدرى †خمريا† من الحاجب   عسى[١٤] شنرى[١٥]

١ ج[١] «دعَا» — ٢ ج[١] «وللمم» — ٣ ج[٢] «ويجلى» — ٤ كذا قرأتُ، ج «مثله» — ٥ ج[١] «فضا» — ٦ ج[٢] «جدده» — ٧ كذا قرأتُ، ج «بين» — ٨ ج[١] وحى — ٩ فى ج بياض ، وسقط لفظ مثل «عبافرها» او «منائرها» — ١٠ كذا قرأتُ، ج «وردت» — ١١ ج[١] «وَان لمْ يَك» — ١٢ كذا قرأتُ، ج «و إن لم يكن الطالب» — ١٣ الخرجة موجودة أيضا فى موشّحة لابن مالك (فصل ١٦ ، موشّحة ٦) — ١٤ كذا قرأتُ من نصّ موشّحة ابن مالك، ج «عيشى» — ١٥ كذا قرأتُ من نصّ موشّحة ابن مالك، ج «شيرى»

وفال أيضا   [مُوَشَّحَة ٤[١]]

الراح وَالرضاب   مَا فيهما حَرج
الا لكل بدع   عَن دِيننا خرَج

طُوبى لمَن ترَوى   من ذا وهَاذه
مَع مَن يميسُ زهْوا   فِى ثوب لاذه
والفلب منى يهوى   سرَّ التذَاذِه

مراشف عِذاب   من ثغر ذى فلج
فيهَا دَمى وَدمعى   هَذا بذَا مُزج

يَا حُسْن كل حسن   اليَاس بى اسَا
يا جنتى وَعَدنى   عدنى وَفل عَسَا

ان تلتقى[٢] بجفنى　　　وردًا ونرْجسا
تحميهما عضاب　　　سلت مِنَ الدعج
وَعَقرب للسعِ　　　دبت منَ السَّبج

قد حَارت الرياض　　　قِى رَوْض خده
اجْقَانه مِراض　　　بامرِ اسدِهْ
صعبٌ قِمـا يراض　　　مِن طُول صَده
مَا طَاعَت الصعَاب　　　الا عصا وَلج
قِى عزة[٣] وَمنع　　　ليتلفَ المهج

كمْ قلتَ والْعَذول　　　لو كان يسْمع
حَسْبى انا الملُول　　　ارْضا وَاقنع
لاَكن انا الحمُول　　　مَا شاءَ يَصْنع
اكقِف كمْ ذَا العِتاب　　　عاتبتنى حجج
ان الهوَا لشرع　　　لى قِى الهوَا حجج

مَا يُوسُف بْن هُود　　　الا كيُوسُقا
قِى اليمن وَالسعُود　　　وَالحسن والوقَا
وَكَم وَكم يجود　　　لوْ جاد كم شقَا
كانهُ السحاب　　　وَالروْض وَالارج
من شمهُ بسمع　　　وَابْصَر ابتهَج

ان الرضا لغَالى　　　مَا لِلرضا ثمن
من سَيد الموالِى　　　وَخير مُؤتمن
تزهى به المعَالِى　　　وَالمُلكُ وَالزمن

لِلرزق مِنهُ بَاب　　من[٤] امَّـهُ وَلج
او فال[٥] ضَاق ذرع　　لبَّـاهُ بالفرج

لَا انسى اذ تغنت　　هَـيْفَـاء بى السمَـر
بشدوهَـا وَحَـنت　　لعزة الوترِ
تشكُـوا الذى تشكت　　من هجر من هجر

يا مم تنت لاب　　ذَا الوعْـد ذَا الحجج
دَع هجْـر مم فطع　　فَـالفطع لى سمج

١ هذه الموشّحة موجودة فى عُـدَّة الجليس (موشّحة ٤٩) منسوبة إلى الحصرىّ، بدون الدور الأخير – ٢ ج «نلتنى» – ٣ ج[١] «عزه» – ٤ ج[١] ما يماثل «حَن» – ٥ ج[١] «وَفال»

وفال أيضا　　[مُـوَشَّحَـة ٥[١]]

ابْـدت البدر بى دُجَـا الوحف[٢]　　ربّـة[٣] المِخر[٤]
وَافَـامتْ مَـذهب الشنف　　عَـوْض المشترى

ذَات فد تهزْ ارمَـاحا　　بى ذرا فدهَـا
شرعَ الحسن مِنه تباحا　　فَـهْـو بى خَـدهَـا
وَخجر[٦] الجمال فد لاحا　　عَـنهُ بى بُـردهَـا

غرسته بى مثنى[٧] الحفف　　رَاحَـة الاخضر
وَلوت مِنهُ مَـوضع الردف　　لية[٨] المازر

لسْـتُ انسَـاك وَالدجَـا يرنوا　　نحْـونَـا فَـدْ سَـرا
وَالربا فَـدْ اعَـارَهَـا المزن[٩]　　مَـلبسًـا اخضرا

حين سلمت انت وَالحسن   جَـاير بالكرَا
بتنسمت مِنك ىى العرف   ناضح العَـنبر
وتامَّـلت مِنك ىى الرشف   وَاضِح الجوْهر

يَـا فَضِيبًـا حوَتهُ افْلاك   بالهوا[١٠] مُـثمرا
فَـلدَ الجيد مِنه اسْلَاك   نظمت جَوْهرا
وَكَـذا اللحظ منهُ سَبَّـاك   فَـد سَبا الفسورا[١١]
عجبى من محير الطَّـرف   فَـاتك المنظر[١٢]
صَاد عن فدرة وعَن لطف   اسد العَسكر

تمَّ لى يَـا مسَـاعِدى سَـعد   بك ان تسعدى
من غدا راضيا عنِ الوجْـد   وَطَـوا الموعد[١٣]
زَادَ كَمَا فَـدمْـعُـه يبدى   فَـهْـو كَـالمنشد[١٤]
مُـفلتى اعْـلنتْ بمَـا اخىى   عَـنْك ىى مضمر
وَبَـدَا مَـا اكن من لهْىى   حين لَمْ يشعر[١٥]

سَـمحَ الدهرُ مِنك بالفرب   لَمْ تكُن منصبا
حين عودته مِنَ الحب   وَبطُـول الجفَـا
انشدت كى تفول من عجب   ان تلو مدنبا
احتملهَـا رَاية من خلف   ىى الهوَا وَاصْبر
ان تكن عَـاشِفا حلا طرف   وسنا منظر

١ هذه الموشّحة موجودة أيضا فى سجع الورق للسخاوىّ (١ ، ١٣٥) ، منسوبة إلى ابن بقىّ – ٢ ج[١] «الوصف» – ٣ ج[١] «ربّت» – ٤ ج[١] «المبحر» – ٥ ج[٢]، ج[٣] «تهتز» – ٦ ج[١] «وَخفَـا» – ٧ ج[٢]، ج[٣]

«متنى» – ٨ ج[١] «ليت» – ٩ ج[٣] «جنونى» – ١٠ ج[١] «الحيا» – ١١ ج[١] «القصُورا» – ١٢ هذه الكلمة ناقصة فى ج[١] – ١٣ ج[١] «الموعدى» – ١٤ ج[١] «كَـالمنشدى» – ١٥ ج[٢]، ج[٣] «اشعر»

وفال أيضا [مُـوَشَّحَة ٦[١]]

عينَـاكَ فَـوفَـا مِن جفنيك سَـهْـمَـىْ[٢] نَحْبِ
هَـاذَا جَـزاء صبرى عَـليْك ءَاه واكَـرب

ذر[٣] الجفُـون تهمى
يَـا شهْم كل شهم
لَـفد غصبت جسم

فَـوَاهِ[٤] يا حَـمـامَـة[٥] الايْكْ اى عضب[٦]
مذ عود التثَـنِّى[٧] عطفيك شو الفضب

يَـا حَـاجب المعَـالِى
وَفمر الكمال
وَضيغم النزال

البدرُ بعده مِن نعليك بعد الترب
فته فَـانتَ خلى[٨] يوْميك سرّ[٩] ترب

الرزْق مِن بنانك
وَالسحْر من بيَـانك
والموت مِن سنانِك

وَالجود هَـاطِل من كفيْك عَـام الجدب
وَالليث باسِل فى برديك يَـوْم الحرْب

افسَـمْتُ بالمثانى
وَمُـنتهَى الامَـانى
مَـا لِلاجَل ثانِـى

السَّـيف لَا يُـفاسُ بحديك   عِندَ الضربْ
وَالسحْب لَا تبارى كَفِيك   عِندَ السَّكْب

كمْ مِن فِتَـاةِ خدرِ[١٠]
يَـا بدر كُل بَـدْر
تشدوك[١١] دُون سِتْـر[١٢]

مَـا ذَا لقِيت حَـاجب[١٣] عَـليْك   مِنَ الكرب
بحوِّ عَـفربَـى[١٤] عَـارضيك   اردد قلبى

١ هذه الموشّحة موجودة فى عُـدّة الجليس (موشّحة ٩) منسوبة إلى الحصرىّ – ٢ كذا قرأتُ. ع «سهمِى»، ج «سَـهمًـا» – ٣ كذا ع. ج «ذُو» – ٤ كذا ع. ج[١] «فاه»، ج[٢] «فناه»، ج[٣] «فثاه» – ٥ كذا ع. ج «حمامات» – ٦ كذا ع، ج[٢]. ج[١]، ج[٣] «عضب» – ٧ كذا ع. ج «المثنا» – ٨ كذا ع. ج «حولى» – ٩ كذا ج. ع «بلَا» – ١٠ كذا ع. ج[١] «عروس خدرى». ج[٢]، ج[٣] «عروس خدر» – ١١ كذا ع. ج «يشدوك» – ١٢ كذا ع. ج «شكرى». ج[٢]، ج[٣] «شكر» – ١٣ كذا قرأتُ [يعنى «يا حاجب» – انظر الغصن الأوّل للدور الثانى]. ع «الحاجب». ج «حبّى» – ١٤ كذا ع. ج «عَـفرَب»

وقال أيضا   [مُـوَشَّحَـة ١٧]

بسَـيفِكَ امْ لحظك البَـاتِر   سَفَكت دَم الاسَـدِ
٢امَـا لقتيل الحب مَـفتولَا٢
اظنك سَـيف اللهِ مسْـلولا

ليفضى امرًا كَـان مَفْعُولا

امير لهُ مفلتا سَاحِر يُطاعُ بلا جند

تعَالَوا انظرُوا مَا صَنَعَ اللّـه

امير الهوَا سَيْفَاهُ عَيْناه

افُول وَفد سَالَتْ عذاراه

جَرَا الماء بِى خدك الزَّاهِر فَنمَّ عَلى الورْد

[3] فَتِى رَاح فتك المسْك من ذكره

وَهَبَّ نسيم الروْض من نشره

وانفو سوى الحمد من شكره

فَلمْ ار ارْبح من تاجر تجهَّز بالحمد[3]

امَا وَعلى الحاجب مَوْلَانَـا

لَفد عمنا جُودا وَاحْسَانا

وَرَاحَ لَنَا رَاحًا[4] وَريحانا

فَـذفنَاهُ بالسَّـمعِ وَالنَّاظر الَـذ مِنَ الشهْدِ

كَـتمت الهوَا فِى مضمَـر الْفلب

وَلاكن جرا سكبًا[5] عَـلَى سَكبِ[6]

دمُوعى مِثل اللؤلؤ الرطْب

فَـدل على بَـاطِنِى ظاهِر وَان كُـنتُ لَا ابدى

١ هذه الموشّحة موجودة فى عُـدّة الجليس (موشّحة ٧٦) – ٢ كذا ج.ع «اما لفتيل الحب مَطلُولا». وتوجد مشكلة نحويّة فى نصب «مَفتُولَا» أو «مَطلُولَا» – ٣ فى عُـدّة الجليس دور آخر، كما يلى:

الَمَّ بنَـا فِى جنحِ دَيجُور
فَاغنَى عَن المصبَاحِ بالنُّور
وَقلتُ لَـهُ يَـا قَـائد الحُورِ
متَى لَاحَ فِى خدِّكَ الزَّاهِر   سنَـا قمَـر السَّعدِ

٤ ع «وَعَـادَ لَنَـا روْحًا» – ٥ ج[1] «سلبا» – ٦ ج[1] «سلب»

وقال أيضا   [مُـوَشَّحَة ٨]

خلعْت عذرى   †وَفحت بالغزلَان†
مُـذ بَـان صَبْرى   فِى الاوجه الزهر الحسان
مِن كل بدر   يَـلوُح فِى غُصْن من بَـان
اوطف   قَـد ادَار   لحظا يصيب   حب الْقلوب   بسَـهم احورَار

قَضيب رند   يميسُ فِى دعص رجرَاج
وَبَـدر سَعْـد   يريك تحت اللّيْل[1] دَاج
رمَّـان نهْـدِ   اينع فِى لبات عَـاج
يقطف   بافكار[2]   فَـوْقَ قضيب   لدن رطيب   من ذوب البلار

اوْدى بصَبْـرى   لَامَـا عَـبير فِى شفتيه
خطا بالسحْـرِ   فِى صفحتى خد انيه
وَسمط ثغر   قد نمَّ بالمسْك الفتيه
يوصف   بالنضار[3]   المَـا شنيب   مِثل الضريب   يزرى بالعُـفار

حمَانى[4] الظلمَـا   من لَا يبَـالى كيف اظمَـا[5]
اذ راش سهمَـا   اصاب[6] قلْـبِى وَادْمَـا

رَضيت السفما　　　ڢى حبه حظا وَفسما
†بملتف† بمدرار　　　مَا للكَـئيب　　　حين يصوب　　　كالمزن اسْـرَار

اضاق ذرعى　　　بالصد عنى يَـوْم زَارا
يهڢُـوا بِروعى[7]　　　كطاير ڢى الجو طَـارَا
هم بوَفعى　　　وَريع من انس ڢحارَا
رىرف　　　ثم طار　　　طير غريب　　　حلو عجيب　　　بالعهد غرار[8]

١ يعنى «اللَّـيْل» – ٢ كذا ج ، وقرأ سيد غازى «بابتكار» – ٣ كذا قرأتُ. فى ج ما يماثل «وصف بالنظار» – ٤ كذا ج ، وقرأ سيد غازى «جهانى» – ٥ كذا قرأ سيد غازى. ج «ظلمَـا» – ٦ كذا ج ، وقرأ سيد غازى «اصمى به» – ٧ كذا قرأ سيد غازى. ج «عَن روعى» – ٨ فى ج[1] الخرجة مكتوبة فى الحاشية

وفال أيضا　　　[مُـوَشَّحَـة ٩]

سُـفيًـا لليَـالِى الْـغرّ　　　وَعَـهْـد الشباب
ايَّـام فطعت عمْـرى　　　ڢيهَـا بالتصَاب
مَـرت طَـيبَـات الذكرِ　　　كمرِّ السَّحَـاب
ايَّـام هنى[1] العشق　　　ايّـام يسيره
وَسَـاعَـات صَاڢى الود　　　سَـاعَـات فصيره[2]

الَا هَل لذاكَ الدَّهْـرِ　　　الَيْـنا ارْتجاع
وَهَل لنجُـوم الزهرِ　　　عَـليْـنَـا اطّلاع
ڢُـؤاد اسْـتعِن بالصبر　　　الى كم تَـرَاع
ان جزعت مِنَ الشَّـوق　　　ڢَـاحْـمل بالضرُوره

بجور الزَّمَان عندى   على الحرف سيره[٣]

ابَا جعْفر مُذ بنتا   عنى بَان صَبرى
ابَا جعْفَر مُذ غبتا   عَنى غَاب بَدرى
ابَا جَعفر لَا زلتَا   بى عِز وَبر[٤]
ولحت بذاكَ الابو   يَا شمسًا منيره
بَما لَك غيْر السَّعد   ابلاك بديره[٥]

لين[٦] نات الديار   بَثمَّ ودَاد
يجددُه التذكار   وَعندى زناد
بيهِ مِن هوَاكَ نَار   يذكيهَا الْبعَاد
بَبل كَيف لى بالعتق   للنفْسِ الاسيره
بطول النَّوَا[٧] وَالبعد   ولاكن صَبوره

بلتُ للخليل لمَّا   اجَد الرَّحَيلا
ابث الَيْه الهمَّا   وَالوجْد الطَّويلا
بَيَا ليت انى لمَّا   علقت خَليلا
يَا منْ امَّ نحْو الشرق   وَحَث مَسيره
بَلغ مَا ترَا مِن وجد   لأرض الجزيرَه

١ ج[٢]، ج[٣] «مينى» – ٢ ج[٢]، ج[٣] «منيره» – ٣ كذا قرأتُ. ج[١] «على الحرْسيره»، ج[٢] «على الحرسيره»، ج[٣] «على الحريسيره» – ٤ ج[١] «برى» – ٥ ج[٣] «مديره» – ٦ كذا ج[١]، ج[٢] (يعنى «لئن»)، ج[٣] «لان» – ٧ ج[٢]، ج[٣] «الند»

وفال أيضا [مُـوَشَّحَـة ١٠]

للهَـوَى[١] بِى الفلوب اسْـرَار اوَضحتهَـا الدمُـوع
وَبجسْمِ المُحب ءاثار مكنَت[٢] بالوُلوع
ارفت مفلتى لهَـا نار كمنت بِى الضلوع
اى[٣] نَـار بحرهَـا بت لمْ ارح مُـفلتى
فلفا كلمَـا تفلبت زَادَ بِى الفلب كى

بابى مَنْ انَـا به صَب وَهْـوَ لَا[٤] يشعر
سنة[٥] فد فضى بهَـا الحب منة توثر[٦]
حسب فلبى وَمَـا له حسب[٧] حَيث لَا يفدر[٨]
ثمَّ نار[٩] العاشفين حولت بتفطعت[١٠] حى
وَبهَـا ضاعَ حين ضيعت كُل مَـا بِى يدى

حَل نفْسى بَصحتُ وَا نبسى عَـلهُ يَـرْحَـم
فمرٌ لَا ينال باللمسِ[١١] بَل هُـوَ الاكرَم
جَل عن ان يُـفاس بالشمس وَهُـوَ الاعْظم
ان بَـدا فلت مَـا لذا نعت حِينَ لمْ يرْض[١٢] شى
او رنا فلت صَارم[١٣] صلت حيث لم يبو حى

مَـا افُـول وَفلمَـا يجدى بِى الهَـوَا مَـا افول
ضاق ذرعى يَـا مخلف الوعْـد بالجوَا وَالنحُـول
سَـوْف افضى ان تطع بعد مَـا ادعاه[١٤] العذول
وَهـو فد حَـاز[١٥] ثم مَـا حزت[١٥] وَرَءا الرشد غى
مَـا ابالى[١٦] اذَا بهِ[١٦] مت كَـان لِى ام علىْ

انت حبى يَا غايَة الحسن   وبمـا[١٧] تَسْتريب
نمْ هنيئا لا زلتَ فِى امْن   انت انت الحبيب
كَمْ فتَاةٍ[١٨] لامهَا تكنى   عِند خَوف الرقيب
†بعنايش† لمحن ان لحت   كم ملش من يدى
بون بلاشى متَّار اوشكت   ممَّ غر كـبرى[١٩]

١ ج[١] «الهوى» – ٢ ج[٢]، ج[٣] «كمنت» – ٣ ج[٢]، ج[٣] «الى» – ٤ ج[٢]، ج[٣] «رسولا» – ٥ ج[١] «سنه» – ٦ ج[٣] «توتر» – ٧ ج[١] «حب» – ٨ ج[٢]، ج[٣] «يغرر» – ٩ الكلمة ناقصة فى ج[١] – ١٠ ج[٢]، ج[٣] «وتفضعت» – ١١ كذا قرأتُ، ج «باللعس» – ١٢ كذا ج[١]. ج[٢]، ج[٣] «ارض» – ١٣ ج «صَارمًا» – ١٤ ج[١] «ادعَار» – ١٥ كذا ج، وقرأ سيّد غازى «جاز... جزت» – ١٦ كذا ج[٢]، ج[٣]. ج[١] «به اذا» – ١٧ كذا ج[١]، ج[٢]. ج[٣] «فيما» – ١٨ فى ج[١] «فتات» – ١٩ النصّ مصحّح من نصّ ج[١]. أمّا ج[٢] وج[٣] فنجد فيهما

ج[٢]   بعنا يش لمحت ان لحت | كم هلش من يدى | بون بلاش متار اولحت | ممن عن كفرى

ج[٣]   بعنا يش لمحت ان لحت | كم هلش من يدى | بون بلاش متار اولحت | حمن عن كفرى

[فصل ٦]

ابو عبْد اللهِ محمد بْن الحسن البطليُوسى المَعْروف بالكميت

احيَا مِنَ الاحسَان ميْتا وَبنا فِى سَاحَة الاعجَاز بيتا فَجاءَ بمَا ابدَع وَاودْعَ فِيهِ مِنَ المعَانى الرَّايفة مَا اودع[١] ونظم دررها وَاحتلب دررها وَاتى بالبَديع ولا واستحفهَا[٢] نسبا وَولا وَهَاكَ مِن بَدايعه شهبًا متفدة وَدرا لا يخاف منتفده

١ ج[١] «ابدع» – ٢ ج[١] «وَاستحبهَا»

فمن ذالك فوْله [مُوَشَّحَة ١]

رَاحَة الادِيب سلاف كَالنور
يشعل الزجَاجَه[١] بضوءٍ[٢] مبين

المدَام رَاح وَوصْل الظبا روح
وَاللمَا افتراحى وَحب الصبُوح
فَاعص كُل لاح فَالعَذل كَالريح

ليسَ للكئيب وَلا للمَهْجُور
بالسلُو حَاجَه وَذَا العَذل يغرينى

دنت بالحسَان وَبالخردِ العين
رَاضيا هَوَانى وَعزّى[٣] فِى الهون
كَيف بالامَان وَليْسَ بمَامُون

صَوْلة الرَّفيب بسيف مَهجُور[٤]
يَالَفُ اللجاجه بفتل المحزون

دُون مَـا اريد   مِن وَصْل الضنين
ضعف مَـا يزيد   عَلى حَـرب صبين
وَصْلهُ بَـعيد   بمن ايْن يدنينى
وَهْـوَ كالحروب   بوَصْلٍ عَسِير
مضرم هياجه   بنَـارِ الشجون

زَارَ بِى الظلام   وَفد زَال مصبَاح
اذ شكَـا غلام   ببعد الصبَاح
وَهْـوَ بالمدَام   يَـرُومُ ارتياح
فَـامَ كَـالفضيب   مِن تحت دَيجور
جاعلاً[٥] سرَاجه   منْ وَجْـه سَبَـا دينى

بابى بخيله   هِـيَ الشمسُ بِى الطلعَـه
افبَـلت بخيله   وَفوْلة بدعه
دُون مَـا وَسيله   تسَـايل[٦] بِى الرجعهْ
بَـانه[٧] عند ميبى[٨]   †شياش مسطور†
†طرهيره† سماجه   امنت اد ونون

١ ج[١] «الزجاجة» — ٢ ج[١] «بضو» — ٣ ج «عزتى» — ٤ كذا ج ، ولعلّ الأصل كان «مشهور» — ٥ كذا قرأتُ. ج[٢] ، ج[٣] «جاعل». ج[١] «عاجل» — ٦ ج[١] «يسايل» — ٧ ج[١] ، ج[٢] «فانه» ، ج[٣] «بانه» — ٨ كذا قرأتُ. ج[١] «حبيبى». ج[٢] ، ج[٣] «حبّى»

وفال أيضا   [مُوَشَّحَة ٢]

مَـا ضَر مَن عَـافَـبُـوا اذ[١] فَـدروا   لو غبفَـروا

فضوا[٢] عَلى نظرَات العين
بطول صَد وَطُول بين
يَا رَب كُن بَينهمْ وبينى
فَما جنيت بغَيْر العين
فَاى ذنب لفوم نَظروا   فَاعْتَبرُوا

ان هزَّ فَدا وَابَدا خدا
رَايت غصْنًا وَبَدرا سَعْدا
لَو ارْتضى بالنجُوم جندا
لعَدَّهم فِى يَدَيه عَدا
وصار[٣] بَين يَدَيه الفمَر   ينتثر

اتى بمَا لَيْسَ فِى العُفول
كَانَّه غَيْر هَذا الجيل
خلا الانام بلا عُفول
فَما استطاعُوا عَلى تاويل
وَكلهُم بَعْد ذَا ينتظر   مَا الخبرُ

فد وَلى الملك فِى ابّانه
موطدا لِبنا[٤] ارْكَانه
فَانج بنفسكَ من سُلطانه
فَما انتظارك مِن اجْفانه
لَوْ مَات مِن مُفلتيهِ الْبشر   مَا انتَظروا

لمَا بَدَا وجْهُهُ الْبَدرِى

فلتُ لهُ اى حسن اى
بَفَال لى بَشر انسى
بَفُلتُ ذَا بَاطِل منفِى
باللّـهِ مَـا انْتَ الَّا الفمرُ   يَـا عمرُ[٥]

١ ج[١] «اذَا» – ٢ ج[١] «خذوا» – ٣ كذا قرأ سيد غازى. ج «صيرت» – ٤ كذا قرأ سيد غازى. ج[١] «موطر الينا».
ج[٢]، ج[٣] «موطرا لينا» – ٥ انظر خرجة الموشّحة الأولى لابن بقىّ:
كُن كيفَ شئت بَانتَ الفمرُ | لكَ اللوَاءُ | بى الملاحِ يَا عُمرُ

وفال[١] أيضا   [مُوَشَّحَة ٣]

يَا لَائمًا جفَا   مَلامى[٢]   زَادَ بى سفمى
برحت بى خبا[٣]   سَفامى   فَدْ[٤] بَرا جسمى
والبكر فد نبا   مَنامى   ومَحا رسمى
بهَا انا لفا   انينى   فد كبَانى اللوم
وَالدمع احرفا   جبونى   وحَمـاهَا النوم

لو تالف الظبا   وكُنتا[٥]   تعْربُ الحبَّا
لدنت[٦] بالصبَا   وظلتا   تعذر الصبَا
مَاكُل مَن صَبَا   مذ بنتا[٧]   يَحتوى لبا
من اينَ لى تفا   ودينى[٨]   فد سبَاه اليوم
غصن عَلى نفا   مصون[٩]   مبطر بى الصوم

انى بفاء مَن   نئَا عَن   عينه حبه
بَبَات ذَا شجن   يعنون[١٠]   سره كربه

حتى [١١]يَود من[١١]   اسا ان   ينفضى نحبه

يقُول لَا بفا   خدينى   فد نثا يا فوم

هَل ينفع الرضا   وَدونى   المنايَا حوم

فَككْتُ للهوا[١٢]   سُطورا   لَمْ يكن يفرا

صَليت للجوَا   سَعيرا   زادَنى جمرا

بَلوْت للنَّوَا[١٣]   امُورا   انبطت[١٤] بَحْرا

فَالجفن اغرفا   سَفينى   مَا استطعت العوْم

مِن حيث يتفا[١٥]   مَنونى   ان يسومَ السَّوم

يا فرحتى وَفد   بَدا لى   وَجْه مَحبُوبى

واذهب الكمد   وَحَالى   حَال يعْفوب

فَفلت وَالسهد   يوَالى   جفن مَكروب

طيرا محلفا   حَنينى   اين غبْت اليوْم

بَاتت مورفا   جفونى   لم تذوق النوْم

١ هذه الموشّحة موجودة فى عُـدّة الجليس (موشّحة ٢١٥) منسوبة إلى عبادة — ٢ ج[١] «مَا امى» — ٣ ع «بالكفَا» — ٤ كذاع. ج «وَبَرا» — ٥ ج[١] «كُنتا» — ٦ كذاع. ج[١] «ادنت»، ج[٢]، ج[٣] «اذنت» — ٧ ج «ميت» — ٨ ج «دينى» — ٩ كذاع. ج «مصونى» — ١٠ يعنى «يُعَنْوَنْ» — ١١ كذاج. ع «لودمَن»، ولعلّ الأصل كان «لود من» — ١٢ كذاع. ج «الهوا» — ١٣ كذاع. ج «النَّوَا» — ١٤ كذاع. ج «انتضت»، وقرأ سيد غازى «افتضت» — ١٥ كذاع. ج «تبنى»

وفال أيضا   [مُوَشَّحَة ٤]

من لى بمستهتر   فى الحب مسْتكبر

اطعته ذله		فتاه وَاستكبر

يَا موفيا كيلا		مَلامهْ نصحا
اسْرفت لَا ميلا		فى الحب لَا[١] تلحا
امَا ترا اليْلا		فَدْ عَـمَّمَ الصُّبْحَا
من ذا الذى يصبر		مِن بَعْد مَا ابْصَر
هَـذا السنا كله		لا صبْـر لى فَاعذر

مَـوْلى بهِ دنت		عَلى تجنيه
حَتى لفد ذبت		محبَّـة فيه
اذَا بَـدَا فلتُ		سُبْحان بَـاريه
انَّ الذى صور		هَـذا لمستفدر
انظر بحو اللّـه		مَـا احْسَن المنْظر

علفت يعْفُـورا		ابَـاحَ لى حَتْفا
احسن تصْويرا		بعربى وَصفا
كَـانَ تفتيرا		مُـفلته َالوطفا
فى الفلب اذ ينظر		سَيْفَ ابى جعفر
يومًـا اذَا سَـلهْ		للضرب فى العَسْكر

مَـلك له فضل		فى النَّـاس مَعْلوم[٢]
صفَـاته شكل[٣]		فى المجْد معْدُوم[٢]
لو علمت فبْل		بملكه الروم
لَمْ يتخذ فيصر		تاجًـا وَلمْ يذكر
وَلَا ادَّعَى الحله		†مزيفيا†[٤] حمير

فل للذى اودا　　بيسْره العسر
حتَّى انزوا[٥] جدا　　عَن ملكه الوَبر
وَجَاوَز الحدَّا　　بى ظلمه الدَّهر
ان شئتَ ان تظبر　　بالمكسب الاوبر
يَا مَن بهِ فله　　افصد ابَا جَعْفَر

١ ج٢، ج٣ «ان» – ٢ كذا ج، ولكنّ فى حاشية ج١ ملاحظة تشير إلى
مَلك له بضل　　بى المجْد معْدُوم
صبَاته شكل　　بى النَّاس مَعْلوم
٣ ج١ «شكلا» – ٤ كذا ج١. ج٢، ج٣ «مريفيا» – ٥ الكلمة ناقصة فى ج٢، ج٣

وفال أيضا　　[مُوَشَّحَة ١٥]

سَرا طَيف الخيال　　من ام جندب
بتجديد الوصَال　　وَالعَهْد الاوَّل

بَطال مَا مَنعت　　طَيف خيالهَا
وَعزَّ مَا حُرمتُ[٢]　　عَطف وصَالهَا
حتَّى اذَا خَطرت　　يومًا ببالِهَا
هبَّت رِيح الشمال　　من نشر طيب
بالمسْك وَالغوال　　وَبالفرنبل

سلمتم لا عدمتم　　يَا اهْل مسلمهْ
وليتم بَاوليتم　　نعمًا[٣] وَمَكرمه
وَمن هَذا لبستم[٤]　　ثيابا معلمهْ

من الطراز الْعَالى　　من عَـهْـد يعرب
بيهَـا لطخ الغوَالى　　وَعرف المندل

ْبى رَوْضة° وَطيب　　وَظل بارِد
رجَعت للحبيب　　وَفرب خالد
وَالحاجب النجيب　　نجْل الامَـاجد

ولى الثان وَال　　بلاد المغرِب
باليمْن وَالكمال　　وَالسَّعْد المفبل

لما هزوا المواكب　　الى المواكِب
بى يَـوْم ذى كواكب　　بلا كوَاكِب
نادى منَـاد الحاجب　　امَـام الحاجب

هزوا تلك العوَالى　　صَلُّـوا عَلى النبى
لكمْ عطيت مَـالى　　وَسرج الحلى

١ يوجد المطلع والدوران الأوّل والثانى فى المُـغرب لابن سعيد (١ ، ٣٧٠) – ٢ ج[١] «حزمت» – ٣ مغ «نُـعْـمَى» ، ج[٣] «بغما» – ٤ ج «البستم» – ٥ ج[١] «نحن بى روض»

وفال أيضا　　[مُـوَشَّحَـة ٦]

†افبرت†[١] مغَـانى الحما من بعد　　بَـالربع خَـال　　من امية وَمن هند

لهْبى عَلى زَمَن فَـد بَـانَـا
تخالهُ بهجة بسْتانا
فطعْتهُ ناعمًـا جذلانا

كمثل عَـهْـد زَمَان الورْد   كَمْ بالوصَال   من يد له عندى

ايام امنح رَوْض الحسن

من خد خود[٢] نمت فى عدن

تبدُوا فاجعل طَـرْفى يجنى

زهرًا تفتح[٣] وسط الخد   مِنَ الهِلَال   بتمامِهِ السَّعد

†الحصر† عندى منهَا برح

صحَا الزمَان ولمّا صبح

صدا بقلبى مَا ان يصح

الا برَشف لمَاكَ الشهْـد   عَـذب زلَال   دُونهُ شذا الندِّ

كَمْ قـد ظفرت بها فى خلوَه

امص منهَا الثنايا الحلوه

حَـتَّى انثنيت صَرِيعًا نشوه

وَهَل عَلَى السكر لِى من بد   بَـيْن الدلَال   وَرَشـافة الْـفد

لما اطلت الجفَا وَالعتبا

وَلمْ اجد لاطرَاحى ذنبا

شدوت اسئل مِنْـهُ القُـربا

يا مَوْلتى بذمَـام ِ الوُد   رفى لحَـال   وَاذكرى لى عَـهْـد

١ كذا ج. وقرأ سيد غازى «اقوت» – ٢ ج[١] «خوص» وفوق الصاد إشارة إلى خطإ وبعد الإشارة دال – ٣ يعنى «تُفَـتَّحُ»

وقال أيضا [مُوَشَّحَة ١٧][1]

اوقد[2] عقارك وَاطف السِّراج الازهَر
وَاملا كبارك وَهات سرا[3] مضمر

اللَيل وَلَّى وَابتلج الصبَاح
فَاسق[4] وَامْلا قد نمت الْبطاح
فَليْسَ الَّا كُئوسنا اقتراح

خل[5] اعتذارك عنهَا فليْسَ تعْذر
ان ابتكَارَك اوْلى بهَا فَبكرْ

لَا راى عِندى لِتَارِك الصبُوح
فى رُوض وَرد مَع شادِن مَليح
كبَدْر سَعْد فى غصْن مروح

فَاخلع عِذارك كما اشتهيت وَاجهر
وَاترك وَقارَك فَالكَاس لَا توقر

يا غصن تبر[6] يثنيه لين عطفه
يرمى ويَبرى بلحظهِ ورشفه
قَصر[7] شعرى عَن كنهه وَوَصْفه

قُل مَنْ اعَارَك لحظ الغزَال الاحور
هَل لا ازارك من بات فيكَ يسْهر

يَا مَن اهيمُ بهِ وَلَا يلين
كمْ ذَا احُوم عَليْك يَا ضنين

صل يَا ظلوم   مَن فَلبُه رَهين

فَد اسْتجارَك   وَمَن اسا فَليغفر[٨]

وَبَات جَارَك   وَالجارُ لَيْسَ يهْجرْ

جرا[٩] عذاره   فِى خدِّه سيالا[١٠]

وَجلنَاره   زَهَا بِهِ جمَالَا

لوْلَا ازوراره   غنيْته ارتجالا

مَا امْلح عِذَارك   حَبيبى يالاسمَر[١١]

فل ايْن دَارك   عجل وَلا تفَكر[١٢]

١ هذه الموشّحة موجودة فى عُدة الجليس (موشّحة ١٢٨) – ٢ ج[١] «افد» – ٣ ج[١] «سر» – ٤ ج[١] «فَاسنى» – ٥ ج[١] «خلى» – ٦ كذا ع. ج «اغصن تبرى» – ٧ ج[١] «فَصرت» – ٨ كذا قرأ سيد غازى. ج «فَيغفر» – ٩ كذا ج. ع «بدا» – ١٠ كذا ع، ج[٣]. ج[١] «سالا»، ج «فسالا» – ١١ ج[١] «بالاسمر» – ١٢ كذا ع، وفى ج نجد «ترا ايْن دَارك | فلها وَلا تفَكر»

وفال أيضا   [مُوَشَّحَة ٨]

لَاحَ لِلروْض عَلى غر البطاح   زهرٌ زاهِرْ

وَثنا جيدًا مُنعم الافاح   نوره الناضِر

زَارَنى مِنهُ عَلى وَجهِ الصَّبَاح   ارج عَاطِر

نثر الطل عليهَا حينَ فَاح   ايما عفد

حبذاك البشرى حِينَ افتتاح   وجنة الوَرْد

يْضحك الروض مسَايل السَّحاب   ملء اجْفَانِه

وَمَشت فِيهِ لالى الحبَاب   فَوْق غدرَانِه

فتَراهُ كيفَ يكْشفُ النقاب عِند تهتانه
ينتهى طُول تنَازح الرياح وَسط الرعد
وَتَرا البرق كصَارم مشاح سُل مِن غمْد

رفصت وسط رياضهَا الغُصُون رَفص نشوَان
وَارَتنا مِن لَطايف المجُون كل احْسَان
فنسَينا عِندَ وَشيه المصُون وَشي صَنعَان
كنجوم اطلعت وَالجو صَاح فى ذرا سعد
فسَعا النَّاس بالسن فصَاح نِعَم الحمد

فَاغتنم مَا فَد صَفا مِنَ الزمَان وَاخلْع العذرَا
وَاشرب الراح عَلى سَمع الفيان مرَّة صَفرا
وَاغتبفهَا مِن سلافة الدنان عُتفت دَهْرَا
كَاسهَا مبسم طفلة رداح ناعِم الفد
تمزج الراح بريفها الفراح شِيبَ[1] بالشهْد

وَفتات فتلت بحسْنهَا وَتثنيها
تشتكى طُول جفَاءِ خدنها[2] حين يؤذيهَا
وَتغنى برفيع لحْنهَا وَاغانيها[3]
ذبت[4] وَاللَّه اسًا نطلو صياح[5] فَد كسر نهْد
وعمل لى فى شفيفَات جراح وَنثر[6] عفد

١ ج[1] «شبيهًا» – ٢ ج[1] «خدها» – ٣ كذا قرأ سيد غازى. ج[1] «وَامافيها». ج[2]، ج[3] «ومغانيها» – ٤ ج[1] «ذاب» –
٥ ج[1] «الصياح» – ٦ ج[1] «وَنثره»

وقال أيضا [مُوَشَّحَة ٩][1]

لواحظ الغِيد تيمت[2] قَلبى
فَمن مجيرى من لَوْعَة الحب
حَسْبى غرامى اقْضى بهِ نحْبى
كَان قلبى جَناح عصْفُور مصما
باسهم فوقت لمذعور حَتما

فَهَل عَلى فى الحب مِن بَاس
وَقد فتنت بغُصْن مياس
عَذب الثنايا عطرى[3] الانفاس
لو نال ميتٌ[4] مِن تلك الثغُور لثما[5]
لَعَادَ حَيا كَالرَّوْض المَمْطُور[6] بالما

عقيلة بَين خرَّد اتراب
ابْصَرتهَا عِند غفلةِ الرقاب
شمسًا[7] تنير فى سندس الاثوَاب
فَخلتهَا اقبلت مِنَ الحُور لمَّا
نَظرْت بَدرا مِن تَحت دَيجور تما

اشكو اليهَا جُفُونها المرْضى
لَعَلهَا ان ترقَّ او ترْضى
فَصرت كَالمستجير بالرمضى
مِن حَر نَار فمن[8] للسَّعير يحما
يطفى لظاهُ رمان الصدُور ضما

خذى فؤادى رَهين نهدَيْك[٩]
لَا تمطلينى بلثمِ خدَّيك
فَفلت والنوم حَشْو عينيْك

لَا كان فى بون †اسامدورى† فاما
†الوذ سنى نون مو سرى مور† يما[١٠]

١ هذه الموشّحة موجودة فى عدّة الجليس (موشّحة ١٩٣) – ٢ كذا ع. ج «فَد تيمت» – ٣ كذا ع. ج «عطر» – ٤ كذا ع. ج «ميتا» – ٥ ج[٢]، ج[٣] «لما». الجزء ناقص فى ج ١ – ٦ كذا ع. ج «مَمْطُور» – ٧ كذا ع. ج «شمس» – ٨ كذا ع. ج «بهل» – ٩ كذا قرأتُ على مقتضيات السياق «نهديك ... خدّيك ... عينيك». ع، ج «لديك» – ١٠ فى عُدّة الجليس الخرجة كما يلى

نشى كيذى نمكير ذ غرير كلما
نزاى شر شوط درمير مما

وفال أيضا [مُوَشَّحَة ١٠]

رشو السهَام مِنَ الاعين العين
يُدنى[١] الحمَام الَى فلب مَحْزُون

ظبىٌ اغر رعَا فلبَ مَن يَهْوَاه
يحكى الفمرْ بمَا لَاحَ فى مرْءاه
جيش الحور غَزَتنى[٢] به عَيْناه
فَبالسِّهَام[٣] بَيْنَ الشد وَاللين
مِنهَا يسَام ردى حرب صفين

عَيْنى تصوب دَمْعًا دُون مَا عين

فلبى يَـذوب   مِنَ الهجْـر وَالبين
وَلى حَـبيب   يفرب لى حين
مولى الريام   عَـيْـنَـاه تسَـافيني
كَـاسَ الغرام   فَيفضِـى عَلى الحين

عَـبْـد الالَاه   فد جَل عَنِ الذكر
فَـمـا سِوَاه   للمجْـد وَللفخر[٤]
ارْبت يَـدَاه   عَلى ديم الفطر
فطب الكِرَام   غيَّـاث المسَـاكين
بَـدر التمام   منير الريَـاحين

منسبة   مِنَ الحسن طراز
وَبهجَـة   لهُ الوعْـدُ انجاز
يَـا بغيتِى   جَلالك اعجَـاز
انتَ الهمَـام   وَزير السَّلاطين
لكُـمْ دَوَام[٥]   فِى عز وَتمكين

لَـمَّـا الَاح[٦]   كَـالْـبَـدر اذْ لَاحَـا
وكَـاس رَاح   فد مَـد لهَـا الرَّاحَـا
فلتُ مُـباح[٧]   وَغنيت مفْـصَـاحا
رد السَّلام   عَـلَى البُـعْـد يكفينى
فَـفِـى السَّلام   اجر غيْـر ممنون

١ ج[١] «تدنُ»، ج[٢] «تدنى»، ج[٣] «ترنى» – ٢ ج[١] «غَـزَّتنى»، ج[٢] «عزتنى»، ج[٣] «عرتنى» – ٣ كذا ج[١]. ج[٢]، ج[٣]

«بيا لسهام» – ٤ كذا قرأ سيد غازى. ج «وَالبحر» – ٥ كذا ج^{١}. ج^{٢}، ج^{٣} «دام» – ٦ كذا قرأ سيد غازى. ج «لَاح» – ٧ كذا ج^{١}. ج^{٢}، ج^{٣} «تباح»

[فصل ٧]

الوزير الكاتب ابُو عَبْد اللهِ ابن الوَزير ابْن الحكيم ذى المعَارِف ابى الفَضل بْن شرف

اى حبْر متفلسف مهتد فى طُرق البَديع غيْر متعسف لهُ حكم خوَالد وَامثال شوَارد بَارِع الشعرِ مفلق طَالِع فى افْق الاجَادة مُتانق وَلهُ فيهِ مُقدمة من ابيهِ جرا عَلى سنته وَاستن سنته وَقد فَضل على ابيه طبعًا قصَد بشعرِه المتقدمين منَ الملوك وَقلد[١] اجيَادَهُم مَا رَاق مِن تلكَ السلُوك فقد رافع[٢] راية الشعر وَعلمه وَاهتدى فيه الى سوَاء امه فجَاءَ منهُم[٣] بمَا خلد عَلى البعد وجَادَ فيه السبق وَاستَوْلى على الامَد وَلهُ فى الطلب امتِداد بَاع وفى التهدى الى دَقايقه كرَم طبَاع وَهوَ فى التوشيح مقل وَعَلى قَدَم الاحْسَانِ فيه مستقل وَهَاكَ مِن توشيحهِ مَا يَشهَد لهُ بالاجَادَة وَيُقلدهُ صَارِم الطبع وَنجاده

١ ج١ «وَنظم» — ٢ ج٢، ج٣ «فرفع» — ٣ ج٢، ج٣ «فيهم»

فمن ذالك قوْله [مُوَشَّحَة ١]

هَاجنى طَيف طرُوق فى الدَيَاجى يطرق مخبرى عَن مَنزلى هِند مُحقق

قد[١] ربع شوْقى بالربْع وَقرَّق[٢]

اذ[٣] لمَع بَرْق مِن الجزع[٤] وَالابْرق

فَاجْتمع وترا الى شفع من حرق

فَفُؤادى للبُروق اذَا حَداهَا الاينق بجناح هز للورْد فيخفق

ما[٥] اخذ بموْثق العَهْد من ضيعا

اذ نبذ وَدَايع الود فِذيعَا
لَيتَ اذ جرَا الَى الصَّدِّ فَاسْرعَا
وَرَمَى فلبى المشوق بسِهَامٍ ترشو فَاصَابَت غرضَ الكبد لو يرْفو

الْوجيب هجرانه اجد فِى اضلعه
هل يجيب يا فوم[٦] بالحجَّه عَن مَصْرَعه
فَالكئيب يَعُومُ فِى لجه[٧] مِن ادْمُعه
خايضا بحرا غريو[٨] وَالمرَاد الاوْفِى لوْ دَنا من عصمة[٩] الورد لَا يغرق

عذلى لفَدْ بَدَا العذر[١٠] فِى فَابل
مَفولى ابحمهُ سحر مِن بَابل
كيف لى صَبْر وَهَل صَبْر[١١] يَا عاذل[١٢]
ان بدَا غصن وَريو مصْبَاح[١٣] مشرق وَظلام وَسَنَا خد ورَونى

نظما مِن دُرَر اللَّفظ سلك الثغور
وَرمَا باسْهُم اللحْظ طى الصُّدور
وَحَما بفلبه الْفَظ رَوْضا نضير
فَتَرا سلكا انيو نَظمه متَّسو غيْر ان اللَّفْظ للعفد يتوو

لَا مَلام فد لبسَ الزين[١٤] من خدِّه
السفام وَالبرء[١٥] وَالحين من جنده
كَمْ حسَام ازرت بهِ العين[١٦] مِن غمْدِه
فَالحسَام لَا يريو وَهوَ عضب[١٧] طلو وَلهُ جلو عَلى العَهْد تَالَّو

مَا افال مَن جَارَ فِى الحكم لجنسِه
حينَ فَال وَزاير العَزْم فِى نفْسه

وَالغزال   فد مَرَّ كَالسهم[18]   من فوْسه

[19] الغزَال شو الحريو   والسلالو[20] ترهو   مَا †خرنى الا حرير ادى†[21] لمْ تلحو

١ ج[3] «مذ» – ٢ كذا ج، ولعلّ الصواب «يبرق»، كما قرأ سيد غازى – ٣ ج «اذا» – ٤ ج «الاجرع» – ٥ كذا قرأ سيد غازى. ج «يا» – ٦ الكلمتان ناقصتان فى ج[1] – ٧ ج[1] «الجقِ» – ٨ كذا قرأ سيد غازى. ج «بروق» – ٩ ج[1] «عصمه» – ١٠ ج[1] «الغدر» – ١١ ج[2]، ج[3] «اصبر» – ١٢ ج[1] «عذل» – ١٣ كذا ج[1]. ج[2]، ج[3] «ومصباح»، وقرأ سيد غازى «وصباح» – ١٤ كذا قرأ سيد غازى. ج «الدين» – ١٥ ج[1] «البرء» – ١٦ ج «الحين» – ١٧ ج[1] «عذب» – ١٨ ج[1] «كَالنَّسَّهِيم» – ١٩ الخرجة موجودة أيضا فى فصل ٩، موشّحة ٢ وفى دار الطراز، موشّحة ١٤ وفى زجل لابن قزمان (زجل ١٦) وفى موشّحة عبرانيَّة للشاعر **אברהם אבן עזרא** [ديوان، ١٩١] – ٢٠ ج[2]، ج[3] «السلاق» – ٢١ الظاهر أنّ النصّ غير صحيح فى كلّ المخطوطات، وما نجد كما يلى:

فصل ٧، موشّحة ١	ج[1]	مَا خرنى حق حريراه
	ج[2]	ما ضرنى الا حو
	ج[3]	ما ضرنى الاحو
فصل ٩، موشّحة ٢	ج[1]	مَا خرى الان مُرادى
	ج[2]	ما نرى الاة مرادى
	ج[3]	ما نرى الاف مرادى
دار الطراز	مخطوطة ليدن	ما حر لى الا حرير ادى
	مخطوطة القاهرة	ما حزنى الا جرير ادى
ابن قزمان		ما حزنى الا حرير ادى
אבן עזרא		ما حزنى الا حرير ادا

وفال أيضا   [مُوَشَّحَة ٢[1]]

فضت خمْر الثغور   بسُكر الصَّائمينا   وَصحْو المطرينا

الا بابى شراب تَطُوف بِهِ كُئُوس
ثنَايَاه الحبَاب لمَاهُ الخندريس
وَقَد عَبث الشباب باعْطاف تميس
يعتقها القُتور ويشبهو ان يَكُونَا يقطعهن لينا

لقد نشط الْخليع الى تِلك الهنات
وَقَد بَسَط الرَّبيع درانك من نَبات
وَطرّزت الربُوع فجَاءَت مذهبَات
رياض فى غَدير قد انفجرت عيُونا تسُر النَّاظرينا

فبَاكرْها خمُورا تدين بها الدنان
وَلَاكِن الاميرَا لهُ فى المجْد شان
فقلدها امُورا يَضيق بهَا الزَّمَان
فَفى تِلك الامُور هلاك المشركينا وَامن المومنينا

الَيْهَا يَا عَلى فَانت لهَا زعيم
فَليْسَ لَهَا وَلى سوَاكَ وَلَا حميم
فَانت الاوحدى[2] وذا الملك العَقيم
فكم دلى[3] الغرور الَيْهَا ءَاخِرينا فجَاءوا[4] ءَاخرينا

تقر لك الامَاره بانك[5] مِن ذويهَا
وَانجاب الادَارَه تكُون كمجتليها[6]
كَانَّ المُلْكَ دَاره وَانتَ البَدْر فيهَا
فَاعْوَاد[7] السَّرير طَرين[8] فينثنينَا كَمَا كانت غصُونا

امرت على البرايا فكن كابيك ءامر

وصرفت المنايا　　　كتصريف المفادر
بنادتك السرايا　　　وغنتك العساكر
بالحرمة الامير　　　والحرمة عطينا　　　وتم الله علينا

١ هذه الموشّحة موجودة فى عُدّة الجليس (موشّحة ٢٢٩) – ٢ ج «الاحدى» – ٣ يعنى «دلّى». ع «ادنى» – ٤ ج[١] «بجَاء» – ٥ كذا ع. ج «لانك» – ٦ ج[١] «كمحتنيها» – ٧ ج[٢]، [٣] «باغْوَاد» – ٨ كذا ج. ع «طرّنا»

وفال أيضا　　　[مُوَشَّحَة ١٣[١]]

عَفارِب الاصدَاغ　　　بى سوسن غَض
تحمى تفا مَن لاذ　　　بالعفه والوعظ

من فبْل ان تعدو[٢]　　　عيْناك لمْ احْسب
ان تخضعَ الاسْد　　　لِشادن رَبربْ
وَبدَمى خد　　　مُفضض مذهَّبْ
منْ اغيَد ورد　　　خدَّيه فدْ عَفربْ
رفة زهْر البَاغ　　　بى جسْمه البض
وَفسْوة العولاذ　　　من فلبه العظ

فَدكنت بى امن　　　حَتى سَبَا دِينى
بَدرٌ عَلى غصْن　　　بى كثب[٣] يبْرين
لهُ الرضا منى　　　وَلَيْس يرْضينى
يَا مُعْرضا عَنى　　　اسْرفْت بى هونى
حتَّى مَتَى الابلاغ　　　تَرضا وَلَا ترضى

يَـا نَـاسيا لواذ عَـهْدك فِى حمظ

مهَفهف بدع اصبَحْت مُغرى به
فلبى لهُ بَـرْع مُـذ دنت فِى حُـبه
اصَابنى صَدع مُـذ لج فِى عتبه
السهد وَالدَّمع حَظِّىَ[٤] مِن فربه
فِالعين[٥] لَا ينسَـاغ لهَـا جنا[٦] الغمض
والدمع ذو اغذاذ اذ ذَاكَ مِن حظ

مُحمَّـد جُـدْ لى بالْـبَـارد العَـذب
تطفى لظا خبلى اصْليته فلبى
وترتضى[٧] فتلى مِن غيْـر مَـا ذَنب
تُروغ[٨] عن وصلى منَـافِرًا فرْبى
يَـا نَـافِرًا رواغ[٩] فدكنت مَـا تفض
مَـا ضرك الانفَـاذ وصَلت فِى لفْظ

الفْـته كَـيمَـا الحظ عَـيْـنيه
يَفتر عَن المَـا[١٠] يَـزهُـوا بسمطيه
وَاللحظ فَـد ادمَـا سوسن خدَّيه
فَفلت اذ اصمـا فلبى بسَـهْـميه
محمَّـد الصبَّاغ يَـا فمر الارْض
خدَّك مثل الذاذ تدمى مِنَ اللحظ[١١]

١ هذه الموشّحة موجودة فى عدّة الجليس (موشّحة ١٤٥) منسوبة إلى ابن سهل، والظاهر أنّ ذلك

خطأ. ويوجد المطلع والدور الأوّل والدور الثانى فى نفح الطيب (٧، ٨٨) – ٢ ج[١] «تحدو»، ج[٢] «تخدو»، ج[٣] «تحد» – ٣ ج[١] «كتب» – ٤ كذاع، نط. ج «اعطيت» – ٥ كذاع، نط. ج «فبالنوْم» – ٦ ج «جر» – ٧ ج[١] «ترتضا» – ٨ ج[١] «تزُوغ» – ٩ ج[١] «زواغ» – ١٠ ج[١] «اللما» – ١١ ج[١] «الحظ»

وقال أيضا [مُوَشَّحَة ٤]

شمت بالبيضاء[١] بَرقا وبهَا برق ادكار
وَاسَال المزن ودقا فَاستهل[٢] الدمع جَار

ءَاه من قلب يراع بلوامع[٣] البروق
وَجُفونٌ لا تراع لسوى البرق الخفوق
من دمى لهَا انتجاع وهْى حمر كالعقيق
عجبًا للجسْمِ يَبقى بين مَاء وَاوار
مقل بالدمْعِ غرقا وَضلُوع فَوْق نار

هَاكَذا تطْوى الضلوع فوق جَمْر بالْبعَاد
وَكَذا تذرى الدمُوع هَاطلات كالعهاد
فَصُدود وَخشوع فَالهوَا للموت حَاد
ركبَ الوعر الاشقا عَاشِق ناء[٤] الديار
حَمل القلب الارقا متلف الاسد الضوار

ذُو سفُور عَن لجين وَابتسَامٍ عَن اقاح
ه ه
ه ه
تحسبُ الدهر الامقا بعض يَوْم من نهَار

وَترا الشهُـور طلفا　　غررا بلا سرار

لمْ اذق مِن بَعْـد رَشب　　ريفهَا ريا مَشـورا
لَا وَلَا ابْصَر طَـرْبى　　بَعْـدَهَـا غصْنا نضيرا
مَـايسًـا مِن بَوق حَـفب　　حَـامِلا بَـدرًا مُـنيرا

كَم سرت الى[٦] طرفا　　وَالدجا مرخى الازَار
تخرق الظلمَـاء خرفا　　بى لدات[٧] كالدرَار

كُل ظلم يتناهَى　　غيْـر ظلم ِ الرفباء
خبروا الام[٨] تراهَـا　　حجبتهَـا عَن لِفاء
بَشـدت ما فد دَهَـاهَـا　　بَين ذل وَعناء

هاكذا يا ام نشنى　　والحبيب ساكن جوارى
ان امت يا فوم عشفا　　بخذوا منى بثارى

١ ج[٢]، ج[٣] «بالزوراء» — ٢ ج[٢]، ج[٣] «استفل» — ٣ ج[١] «بلواميع» — ٤ يعنى «نَـائِـى» — ٥ فى ج بياض — ٦ ج[٢]، ج[٣] «ليلى» — ٧ ج[١] «لذات» — ٨ ج[١] «خبروالام»

وفال أيضا　　[مُـوَشَّحَـة ٥[١]]

نم[٢] يَـا رذاذ　　هَـذه[٣] الربَـا وَالرياض　　مِن ندَاك ايفاظ

طَـاب الصبوح　　بى حَـدَايق الزَّهر
وَهَـبتْ رِيح　　عَـنبرية النشر
بَـاليمن رُوح　　بى مجسم البشر[٤]
يَـا مَن يبُـوح　　فل لِكاتم السر

مَا الالتذاذ   [5] بى هَوَا[5] النفُوس انفبَاض   وَاللسان لظلاظ

بى رِيم رَامَا   فتنة[6] محبيه
ذر الملامَا   يا مؤنبى فيه
غر[7] تساما   وَالجمال يحميه
زَار لماما   فَشدوت اغنيه

هَل لى اعياذ   وَالجفُون مِنهُ مرَاض   وَالسهَام الحَاظ

اما عَلى   فَعلى[8] الوَال
ندب ابى   مستحو اجلال
بَدر سنى   فى سَمايه عَال
خل صفى   ثابت عَلى حَالِ

لنا ملاذ   للزمان[9] درع فضفَاض   للعُلُوم حفَّاظ

يَابنَ الاكَارِم   العلى وَالاسنَا
ثغرُك البَاسِم   الجنى لوْ يجنا
شفَاء هَايم   بالوصال فد جنا
فَدكَ النَاعِم   فد فلبى المضنا

فَهو جذاذ   وعاب شوفى فياض   والزفير فياظ

افبل منَادا   فَوْق منثنا عطفه
نَادَا المنادا   اذ يَفُول لالفه[10]
رَامَ البعَادا   مذ[11] نَثا الى عطفه
غصن ميادَا[12]   يسْتفل فى حففه

مهْ يَا اسْتَاذ   لَا يريبك هذا الاعراض   فَالحبيب مغتاظ

١ هذه الموشّحة موجودة فى عُـدّة الجليس (موشّحة ١٤٦) – ٢ ع «فُمْ» – ٣ كذاع. ج[١] «هذا». ج[٢]، ج[٣] «هذى» – ٤ الغصن ناقص فى ج[٣] – ٥ كذاع. ج[١] «فَـهَـوَا». ج[٢]، ج[٣] «وفى النفوس» – ٦ ج[١] «فتنتى» – ٧ ج[٣] «عز» – ٨ يعنى «فَعَلىٌّ». ع «فوالينا» – ٩ كذاع، ج «الزمان» – ١٠ ج[١] «لا الفه» – ١١ ج[١] «فَـد»، ج[٢] «فد» – ١٢ كذا ج. وقرأ سيد غازى «مادا»

وفال أيضا [مُـوَشَّحَـة ٦]

بى كحيل لَاكن دُون تكحِيل
بِندا بخديه ورْدا

يبتهجْ زَهْـوًا مِن فُـتونه
فَـالمهج تشكوا مِن جُفُـونه
ذو[١] سبج من[٢] فَـوْق جبينه
الصفيل منَ النور اكليل
لوْ بَـدا فى الليل لاهدى

انِنِى شغفت بالفى
†وَمَـال†[٣] يعْطف بعَطفى
ليتنى الفَـاه وَاشفى
منهُ الغليل بضمٍّ وَتفبيل
فَـالصدا لِلفلب تصدا

لَـوْ فسَم فُؤادِى ظَـالِم
وَابتسَم عَن لؤلؤ نَـاظِم
بَـدر تَم فى شهْب عائم[٤]

لَا مثيل   يحْكيه بتمثيل
فلذا   نظم الحسن عفدا

ان اكُن   ميت الحب عنوه
فَـالشجن   فد فضى منه عروه
وَهْـو من   لى فيهِ اسْـوه
وَجَـميل   فد مَـات كمَـا فيل
الردَا   به والحب اودا

حبَّـذا   غَـزال مَـليح
من شذا   رياهُ يَفُـوح
فَـلذا   اشدوا اذ يَـلوح
تَسْـتميل   فلبى يَـا من يميل[٥]
مُـذ بَـدَا   مرءاكَ المبدا

[١] كذا قرأ سيد غازى. ج «فد»، وفى ج[٢] فوق «فد» ثلاث نقط تشير إلى خطإ – [٢] الكلمة ناقصة فى ج[١] – [٣] كذا ج[١]. ج[٢] «ومال»، ج[٣] «ونال» وفوقه ثلاث نقط تشير إلى خطإ، والظاهر أنّ الأصل مثل «ينثنى» أو «ما ينى» – [٤] ج[١] «عوائم» – [٥] ج[١] «مليل»

وفال أيضا   [مُـوَشَّحَـة ١٧[١]]

يَـا ربَّـة الْـعفد   مَـتَى تفلّـد[٢]
بالانجم الزهرِ   ذَاكَ المفلد

مَنْ اطْـلعَ البَـرَا   عَلَى جَـبينك

وَاوْدع السحْرَا   بَـيْن جفُـونك
وَرَوْع السمرَا   بفِرطِ لينك
يَـا لك مِنْ فد   مَـهمَـا تَـاوَّد
اهْـدَى الَى الزهر   خَـدا مُـورَّد

فمْ فَـافتَـدح زندا   مِنَ العفَـار
فَـد فلدت عفدا   منَ الدرَار
وَالبست بردا   مِنَ النضار
وَاشرب عَلى ود   عَـليا مُحمَّـد
نَـاهيكَ مِن سر   وطيب مورد

النصْر يَـلتَـاح   عَلى عُلاه
وَالزهرُ يرْتاح   الَى ندَاه
مَـا الصبح وَضاح   لَـوْ لا سَـنَـاه
فَـالبس مِن المجد   بردًا معَضد
وَانظم مِنَ الفخر   درا مُـنضد

لِله مَـا اعْلا   فِى كُل حَـال
مَـلك فد استولا   عَلى الكمال
مفلدا[3] نصْلا   مِنَ الجلال
يهز للمجْـد[4]   نَصْلا مهند
يهب بالنَّصر   فِى كُل مشهد

انعم مِنَ الحسنى   بكُل حسْن
فِى الشرف الاسنى   فَظل امن

يا صدق من غنى   وَانت يعنى
مَا كوكب المجْـد   الَّا مُحمد
فِرايَـة الامْـر   عَـليْـه تعقدْ٥

١ هذه الموشّحة موجودة فى المُغرب لابن سعيد (٢، ٢٣٢) – ٢ ج «يفلد» – ٣ ج «مفلد» – ٤ ج[٢]، ج[٣] «يهتز للحمد» – ٥ ج[١] «يعقد»

وَله ايضا فضت بافتناص الاسد[١]

١ فى ج[١] فقط، ونصّ الموشّحة موجود فى عُدّة الجليس «مُوَشّحة ٢٨»

وفال أيضا   [مُـوَشَّحَـة ٨]

فدك مَـا يثنى الوشاح   امْ غصْن بَـان
عَلله الصبَـا براح   حَـتَّى سَفَـانى

افْـديكَ مِن ظبى مَـروع   نَضر الجمال
احْللتهُ بَين الضلوع   فَبَـات سَـال
يَـا مَـانعِى عِندَ الهجوع   طَـيفَ الخيال
طلت عَلى هجرى تُـبَـاح[١]   خلد[٢] الجنان
كَـالمهْـر[٣] يعْشق المراح   تحتَ العنَـان

لا انس لا رشف المدَام   فصل[٤] الربيع
فى رَوْضة شفت كمَـام   زهر مريع
وَالنور فى ظل الغمام   غض[٥] الفرُوع
فد كسيت مِنهُ البطاح   بخسروَان

وَالنهرُ يخرق[٦] الافاح   كَـالافعوان

وَلَا لذكرِ الفاسِم   كَـاس تدَار
اين من الاكارم[٧]   مَجْـد منار[٨]
ملك لسَـان الناظم   بيه يحار
ذو غرة مِثل الصبَـاح   ملء العيان
وهمة تاتى السماح   مثل السنان

لح يَـا ابَـا الفَضل انما   لك الابَـاء
حُزت مِنَ العُـلوم مَـا   مِنهُ الثناء
كَـان الزَّمَـان مظلما   فَـهو ضياء
فَنور مَـا عَـلمت لَاح   الَى الزَّمَـان
وَعَـنبَـر الثناءِ فَـاح   عَنِ اللسَـان

لماكَسَـانى الصبَـا   ثوب التصَابى
وَرَافنِـى مِنَ الظبَـا   رود الشباب
فُـلت وَنفحة الصبَـا   ترْثى لِمَـا بى
مَن يعجبُـوا حبَّ الملاح   يحيى فى شان
يعجبنى يَـا فوْم افتتاح   ورْد المرْوانى

١ كذا قرأ سيد غازى. ج «مُبَـاح» – ٢ ج[١] «خلو» – ٣ ج[٢]، ج[٣] «كالمهى» – ٤ ج[١] «عهد» – ٥ ج[١] «غصْن» – ٦ كذا ج، وقرأ سيد غازى «جرى فى» – ٧ ج[١] «للاكارم» – ٨ ج[٢]، ج[٣] «انار»

وفال أيضا   [مُـوَشَّحَـة ٩]

مُـغنى الهَـوَا حمَـام المجتَـاح   فَـدَعْـهُ يباح

لَا مِثل مَـا اكَـابدُ مِن وجْـدى
شمرْت بِيهِ للبُـعد وَالصَّدِّ
بَـاليوْم هو[١] ءَاخر مَـا عِنْـدى
بِيَـا سفَـام جَـاوَزت بى حَـد
وَيَـا غرام هَـاذهِ الارْوَاح　　　اثخنت الْجراح

لِلهِ اى بَـدر تمامى
ينهَل مِن سمَـاح غمامِى
افَـاض ودفه غدق الرى
بَفابلت عطَـاش الامَـانى
تلفا دلاهَـا ثمَّ تمتاح　　　من ذَاكَ السمَـاح

الفيت بالوزير ابى[٢] بكر
انَّ الزَّمَـان افدرَنى فَـدْرى
وَاى مستجار من الدَّهرِ
اخلافه[٣] بِى السرِّ والجهْـرِ
كَـالروْض بِى اصَائل تبَاح　　　وَالْـمَـاء الْفراح

يَـا مَن خلَالهُ سورًا[٤] تتلى
اهْـنَـا بذلك[٥] المنظر الاعْلا
وَابشر بِمنذ خلفت مَـا اوْلى
ذكراكَ فط مَـا[٦] وصبت الا
بَـاضت مِنَ المسَـرة افداح　　　وَبَـازت فدَاح

تطلع الانَـام الى العيد

وَغالطوا عيانا[٧] بتَعميد

فَفمت منشدا ثانى الجيد

وَتلك عَادة من اناشيد

عيدى الذى انَا فيه ارْتَاح　　　وَجه من امتاح

١ ج[١] «فَهْو» — ٢ ج[١] «ابَا» — ٣ ج[١] «احلافه» — ٤ ج[٣] «سور» — ٥ ج[٢]، ج[٣] «بذاك» — ٦ الكلمة ناقصة فى ج[٣] — ٧ ج[١] «اعْيَانا»

[فصل ٨]

ابو الفاسِم المنيشى[١] رحمةُ اللّـهُ تعَالى[٢]

برز فَسَبق وَاصَاب الفَصل وَطَبق ورمَا الَى الْغرض فَبين الجوْهَر مِنَ الَعرض افتفَى ءاثارَ ابى الْعبَّاس فَاهْتدى وَايتمَّ بهِ فافتدَى وَاتبعَ غرضَه واستَفصاه وَلزِمه مصَاحبا حَتى لفب بعَصَاهُ فحَذَا حذوه وَكَادَ يدرك[٣] شَاوه فسخر بغمره[٤] واتشح ببرده ففره فجَاءَ بنجومٍ تزْهَروءايات[٥] تبْهرومعَانيه الَى الاغراضِ بسِهَام تحَارُ فيهَا الاوهَام وَهاكَ مِن توشيحهِ مَا نظم دره وَامترى دره

١ كذا ج[٣]. ج[١] «المينشى»، ج[٢] «ابُو الفَاسم وفال ايضا المَيَنشى» – ٢ ج[١] «رحمةُ اللّـهُ تعَلى». ج[٢] «رحمةُ الله». فى ج[٣] بياض – ٣ كذا ج[٢]، ج[٣]. ج[١] «يريكَ» – ٤ الكلمة غير موجودة فى ج[٢]، ج[٣] – ٥ ج[١] «ءاية»

فَمن ذالك فوْله [مُوَشَّحَة ١]

يَا مَن صَال مِنْه الجفن بسَيف المنيه
احبك حبا جما[١] فَاسْمح بالتحيه

الى كمْ ادَارِى الهما وَكَمْ لَا ابَالى
فد صير جسمى سفما كطَيْف[٢] الْخيَال
لَوْ انى اطَعْت الكتما لَمْ تعلم بحَالِى

لو لَا بَان منى حزن فَابدا الطويه
دَمْعى باعتلال نما ونفسِى شجيَّه[٣]

امَا وَالعيُون الدعج وورْد الخدود
وَرشف الثنايا الفلج وَعض النهُود

وَلمس الخُصور الدمج   وَلين القدود
لقَد صَحَّ فيك الظن   يَا حلوَ السجيه
وَكمْ نلت مِنك الظلما   بود وَنيه

بذكرِ الفَتَى الغنى   ترتَاحُ النفُوس
وفى وده المرْضى   يمرحُ العبُوس
وَفى سِره العَلى   تُلذ الكؤوس[٤]
احسَان حوَاهُ حسْن   ونَفْس ابيه
وَعَدل ازاحَ الظلما   وَعَم الرعيه

تمكنت عَبْد اللّه[٥]   مِن نفس الامير
وحُزت العُلا بالْجاه   والحظ الخطير
فَما انت بالتياه[٦]   يا اسنا[٧] وزير
دنيا انت فيهَا عدن   فَدُم فى البريه
استوف العلا والنعمى[٨]   وَالحال السنيه

وَرب فتات غنت   اذ جَاءَت لِدَاره
وَتشكو له[٩] اذ حنت   لبعد دياره
وَتشدو[١٠] لما ان غنت   بقرب مزاره
غريم ام يَا مم اكن   يرتاب ذويه
مرُّو ذى[١١] انتظار مما   اسرى باللسيه

١ ج[١] «حما» — ٢ ج «طيف» — ٣ كذا قرأ سيد غازى. ج «سخيه» — ٤ ج[١] «الكؤسْ» — ٥ كذا قرأتُ. ج «تمكنت ابن عبد الله» — ٦ كذا قرأتُ. ج «بتياه» — ٧ كذا قرأتُ وقرأ سيّد غازى «يا أسنى». ج «باسنا» — ٨ ج[١] «النعمه» — ٩ ج[١] «اليه» — ١٠ ج[١] «تشدو» — ١١ كذا قرأتُ. ج «مر ناى»

وقال أيضا [مُوَشَّحَة ٢]

الهوا الاه معْبُود
ديننا الَيْه التَّوحيد
وَالجزع منا بَعيد
وَاذَا نظرت بَكبار   وَلنا عَلى الذنب اصْرَار
مَا تَرا[1] عَلى الرب   وناهيك من ذنب

قَامَ دُون صَبْرى قَضيب
اثمَرت عَليْه القلُوب
وَهناك معنى[2] عَجيب
لَا تريم عَنه[3] الثمار   وَعيُوننا فيهِ انهَار
ان ثنا معطف العجب   احَال على قلب

هَا انَا قَد سليت دينى
صفحَة مِن اليَاسمين
تزدهى بِوَرْد[4] مَصون
وَجرَا عَليْه العقار   فيكادُ ذَاكَ النوار
كلما قَاحَ للشرب   تاهب للشرب

شقنى مِنَ الحب مَا شقَا
مَن هَويته[5] يخجل الوصْقَا
انثنا بمايسهِ عطقا
هتكت مِنَ الحب استَار   وَبَدت هناك اسرار
هى مَا هىَ فى الحب   وَيَا خجلة الصب

حزتَ يَـا ابَـا حسَن حسْـنا
لَمْ تكُن لتحجبهُ عَـنَّـا
وَلذَاك يشدُوك مَن غنا
الحبيب حجب عَنى بى دَار   وَنريد نسئل عَـنو جَـار
وَنخافُ رَفيب[٦] الحب   وَاش نعمل يا رَب[٧]

١كذاج[١]. ج[٢]، ج[٣] «باترا». وقرأ سيد غازى «اجتراء» – ٢كذا ج، والأرجح أنّ الصواب هو «مَغْـنًى»، كما قرأ سيد غازى – ٣كذا ج[١]. ج[٢]، ج[٣] «بيه» – ٤كذا قرأ سيد غازى. ج «ورد» – ٥كذا ج. وقرأ سيّد غازى «فدُّه» – ٦كذا قرأ سيد غازى. ج «رفيبه» – ٧ هذه الخرجة موجودة فى موشّحة عبرانيّـة ألّـفها الشاعر **טדרוס אבולעפיה** [موشّحة ٢١]

وفال أيضا   [مُـوَشَّـحَـة ٣]

انا وخدنى   والرفيب بى غبله
وذا التجنى   فايلا بلا مهله
صلنى وسلنى   تبصيل[١] ذى[٢] الجمله
يا كل حسن   لو سمحت بى فبله
يا ظالمى ما اعدلك   ومن جورك العدل
انا الذى اشتكى الظلما   وبيه لك البضل
خدُّوا[٣] جبونى   بالدموع والسهد
وطالبونى   بالغرام بى خلد
وحلبونى   هل هويت من احد
هاذى ديونى   لا †تنفضى†[٤] مدا الابد

هذا جزاء من نسك — واستهزه الخبل[٥]
ما[٦] حال من فارق الحلما — وافضى به الجهل
لاكن عيسى — كيف يرتضى حال
علفا نفيسا — هو رفع ءامال
لم اخش بئسا — قد جرا على بال
ان النحوسا — ادبرت باقبال
فسل كواكب الفلك — كيف الحال والاهل
من حيث ليس له ثما — قرار ولا شمل
سمح ابى — مثل صفحة البدر
حر وفى — ليس يرتضى هجر
علو سنى — فوق الانجم الزهر
يزهى[٧] الندى — من سناه فى الدهر
هلا سالت عن ملك — ذكره[٨] لم يزل يعل
من شاء فليصف التما — بما شاء فليغل
قل كيف تحما — الوصال عن مثل
وكنت قدما — قد رغبت فى وصل
لم تخش اما — عنفتك عن نيل
فغن مهما — هددتك بالقتل
قل لى قبل نقتلك — سروالك اش حال حل
الخليل الجديد اما — كان القديم حل

١ ج «عن تفصيل» – ٢ ج[٢]، ج[٣] «ذا» – ٣ كذا قرأ سيد غازى. ج «خذوا» – ٤ كذا ج، وقرأ سيد

غازى «تمى» – ٥ ج «الحبل» – ٦ كذا ج، وقرأ سيد غازى «ذا» – ٧ ج «يزهو» – ٨ ج[٢]، ج[٣] «ذكرا»

وقال أيضا [مُوَشَّحَة ٤]

يَا قمَرَ العَاشقين[١] وَهوَ تم
يعصى عَليْك النصيح ويذم

لِلهِ مَا ابدى وَاعيد
من لوعة تعدى وَتزيد
فى رَشا يردى من يريد

يحفظ فيه الحين وَيعم
يروق فيهِ المدِيح وَيتم

اذَاعَ مَا ندرِى[٢] من هَوَاه
مَدامِع تذرى فى رضاه
فَانظر الى صَبْرى وَجفَاه

فلبى عَليه حزين مُدلهم
وَالطيف مِنه شحيح لَا يلم

†لا صبر فى مله عنه†[٣]
†او يرد حبا له منه†[٣]
†ما يود يا من له كنه†[٣]

حَامت عَليْك الظنون انت وهم
يسرى الى كل رُوح منك سهم

كم من دَم اهما وَارَافا

وَلوْ رعَـا كتما   وَاتقَـافا
اوسعنى لثما   وَعنافا
حتى ارَا دارين   مَـا اشم
وَالغصْن المُروح   مَـا اضم

جَـرا بكَ السعْـد   انتَ اوْحد
وَالشمس اذ تبْـد   عَـنكْ توجد
وبكم ارَا اشد   يا مُحمَّـد
العاشو المسكين   طال هم
†ليلة الشتا[٤] وَالريح†[٥]   من يضم

١ كذا قرأ سيد غازى. ج «فمرًا للعَاشفين» – ٢ كذا ج[١]. ج[٢]، ج[٣] «يدرى» – ٣ نصّ هذه الأغصان مضطربة على ما يبدو – ٤ ج[١] «للشتا» – ٥ كذا ج، ولعلّ الصواب هو «ليل شتا وريح»

وفال أيضا   [مُوَشَّحَة ٥]

يا †عز ما† اغرا[١]   وَانمَـا العشو[٢] غرُور
صلنى بَـان اعتلافك   تجارة ليس تبور

افنيت فلبا عليلا   بينَ الشجَـا وَالشجن
دَاريت فيكَ العَـذولا   بكل مَـا امكنن
باللّـه خبف فَـليلا   حسب احتمالى اننى
الفا[٣] العذول إن مرا   بينا[٤] ادَارِى وَادير
يَـا مَـا اشد[٥] وثافك   فى كل حَـال بالاسير

فمْ بالعلا وَالفخر   بَين السنا[٦] وَالشرف

وَالبس برُود الكبر　　وَاسحبْ ذيُول التَّرف
وَاحمل عُفود الدر　　مثل سُطُور الصحف[٧]
كما نظمتَ الشعرا　　درا عَلى تلك النحُور
هَلَّا[٨] ابحت نطافك　　فَالوشح ابهَى الخصُور

يَا احسنَ النَّاس فَامَه　　وَالطفَ النَّاس لين
هَذَا الهوَا والمُدَامَه　　تَبَارَعَا[٩] بيكَ الشجون
هَذَا يَرُومُ السَّلامَه　　وَتلك[١٠] تدعوا للمنون
ثم رَايت الصبْرا　　يحار طورا وبحور[١١]
باللّه ان برافك[١٢]　　على التعَاطِي عَسير

فد كانَ مَا كان منى　　وَفَد مَضى مَا فَد مَضى
الَيْك عنى وَهَبْنى　　ذنبا تولا فَانفضى
يَكفيك ان التجنى　　بغير ذَنبٍ اعرضا
وَذَاكَ ان الامرا　　مَا صَرحت عَنهُ امُور
لان عندى خلافك　　مستصعب الفدر حَفير

يَا مَا الذ عنَافك　　لَوْ لَا استحالَات الليَالى
انا افترحت برافك　　وَالدهرُ حَال بعْد حال
فَان وَجدت اشتيافك　　دَاويت نفسى بالمحَالِ
باللّه عَليْك يَا سمرا　　يا ست يا زين العَشير
الوى بفلبى من عنَافك　　ففم بنا الى[١٣] السرير

١ كذا ج، وقرأ سيد غازى «ما غرَّنى ما أغرَى» – ٢ ج[٢]، ج[٣] «العاشق» – ٣ كذا قرأ سيد غازى. ج

«الف» – ٤ ج «بين» – ٥ ج[٢]، ج[٣] «يا ام اشدد» – ٦ ج[١] «السناء» – ٧ ج[٢]، ج[٣] «المصحب» – ٨ كذا قرأ سيد غازى. ج «هل» – ٩ ج[٢] «هل رعا»، ج[٣] «سارعا» – ١٠ ج[١] «وَتيك» – ١١ ج[١] «نحور»، ج[٢] «يجور»، ج[٣] «يجار ..... يجور» – ١٢ ج[١] «لقَرافك» – ١٣ ج[١] «نماشى فى»

وقال أيضا [مُوَشَّحَة ١٦[١]]

دعنى لاشجانى وَمَا افَاسِيه
وَخل عن شانى يَا عَاذلى فيه
غصن مِنَ البان لوكنت اجنيه
لين حلو[٢] الجنَا والتجنى فوامه لدْن

حَيى الهوَا وجها اجلهُ جله[٣]
الذ وَاشهَا مِنَ المنَا وصلُهُ
يتيه اوْ يزهَا وحاله كله
زين هَل تنكر النَّفس شيئا يأتى به الحسن

اهديت للربع سقيا هى العهد
لَهفِى على جمع اوْدى بهِ البعْد
يسقيه[٤] مِن دمع وَان نئا العهْد
عين تسقيه[٥] ماء[٦] الشَّبَاب ان اخلفَ المزن

مَا اقبَحَ الهجْرَا وَاحسَن الوصْلا
انَا بهِ ادرا فلتقصر العذلا[٧]
يَا حَامِلا يسرا حملتنى ثقلا
دين [٨]رهَنتُ فيهِ فُؤَادِى فَضُيّعَ الرّهْنُ[٨]

يا مَنْ لّوَى دينِى   وَلَمْ يكُنْ يُلْوَا[٩]
لَمْ يَاتِنِى حَيْنى   من غَيْر مَنْ اهْوَا[٩]
انِّى عَلى البَيْن   وَالهجْر لا افْوَا[٩]
اينُ   مَنْ غَابَ عَنٌّ حَبيب لمَنْ يّسَلْ عَنٌّ[٩]

١ هذه الموشّحة موجودة فى عُدّة الجليس (موشّحة ٢٥٥)، ولها هناك خمسة أدوار – ٢ كذا ع. ج «حيث» – ٣ ج[١] «حله» – ٤ كذا قرأتُ. ج «اسفيه». ع «يرويه» – ٥ ج[٢]، ج[٣] «يسفيه» ٦ ج[١] «ما» – ٧ كذا ع. ج[١] «فليفض العدل»، ج[٢]، ج[٣] «فليفضه العدل» – ٨ نقلتُ هذا الجزء من نصّ عُدّة الجليس. ج «من غاب عنو حبيب لمن يسئل عنو»، وهو الجزء الثانى للخرجة
٩ نقلتُ هذا دور من عُدّة الجليس

وفال أيضا   [مُوَشَّحَة ٧]

غرامى مَا لهُ كنه   وَانت سَال
فمَا تسلنى عَنه   وَلَا تبال
لفد حَملتنى منه   فوْق احْتمَال
صبْرا افل   وَالامْر اجل

الَمْ يكف الهوَى انى   بهِ فتيل
فيستعين بالجفن   وَيستطيل
ففل للفَايل عَنى   يَا مستحيل
يا مستحل   هَل فتله حل

غَزالاً كُلمَا نَظرا   الَيْك سَلا
عَليْك الجفن[١] مفتدرا   للحين نصلا

بها[٢] شيم لست ترَا   بى الخلو الا
دَما يطل   سَاعة يسل[٣]

وَلمَّا لَاحَ كالْبَدر   ملء النوَاظر
اناب[٤] من بَات ذَاكبر   الَيْه صاغِر
يُنادِي يا ابَا بَكر   اوْ يَا بْن عَامِر
بيَستفل   ان يتلفَ الكل

الا ان الهوَى انحَا   عَلى المبلا[٥]
بَامْسَى مِثل مَا اضحا   عَليْه ذلا
يَفُول الذى يلحَا   عَليْه جَهْلا
العزكل   ان يحتمل[٦] الذل

١ ج «الجفُون» – ٢ ج[١] «بيها» – ٣ ج[١] «يستل» – ٤ كذا ج، وقرأ سيد غازى «أتى» – ٥ كذا ج – ٦ كذا ج، ولعلّ الصواب هو «يحمل»

وفال أيضا   [مُوَشَّحَة ٨]

مَرام بَعِيد   صَيْد الظباء[١] بَيْن الاسُود

الفيت السلاح   مَا شئتَ بالاسِير بَاصْنَع
بَسَادِي صَلاح   بى ذَاكَ الجمال[٢] المبدع
فمْ بَادع الملاح   يَاتوك طَايعين خضع
هَل يَرَا الصَّبَاح   مِن كل نير اذ يطلع
اوْ بَدر السعُود   يَرَا النجُوم الا عَبيد

اجريت بالدموع　　الى ندا رضاكَ خيلا
هَل يغنى الخضوع　　اسحبته لديك ذيلا
بَل انت منُوع　　وَيل المحب مِنك وَيلا
زرنى فى الهجُوع　　لا ابتغى سوَاه نيلا
هَل يبغى مَزيد　　من صَار فى جنان الخلُود

حجاج متى　　علمت سيرة الحجاج
هَوَاكَ اتى　　مِن جوره عَلى مِنهَاج
لوْ لَا روْضتَا　　خَد تطرزا[3] الديبَاج
لفد افتنتا　　فلبى مِن الامل المهتاج[4]
فى تِلك الخدُود　　للحسْنِ كل حين توْريد[5]

مَا بَدر التَّام　　الَّا لَواحظ وطلا
يذود المنَام　　وَان صد عنّى فلا
سلوَانى حَرام　　وَمَا وَفا محب سَلا
اسوء الملام　　افلاع لوعتى وَعلا
فؤاد العمِيد　　مِنَ الهوَا رَفِيب عَتيد

مضناكَ الغريو　　تبكى بما بهِ الحسَّاد
كَم هَذا العفوق　　لَا رحمة ولَا اسْعَاد
لَوْ انى اطيو　　صُدُودَك الذى يزدَاد
بحبيبى شهيو　　يَكُونُ بَعْده انشاد
فَلبى مِن حَدِيد　　فى كُلِّ يَوْم صُدود جَديد

١ ج[1] «الظبا» – ٢ ج[1]، ج[3] «الجلل» – ٣ ج «تطرز» – ٤ ج[1]، ج[3] «المهباج»، ج[2] «المبهاج» –

٥ كذا ج، ولعلّ الصواب «ورود»، كما قرأ سيد غازى

وفال أيضا [مُوَشَّحَة ٩]

حب الْـملاح فَخر [١] وَسيادَه
فَـارْغب هديت وَاجْـهد [١] فى الزيادَه
ان مت فيهِ مت عَلى هَـاذى[٢] الشهَـادَه
هَـذَا افتَـراح وَان لحانى فيه لاح

لَـوْ لا المدَام مَـا دَامَ لِلنَّـاسِ سُـرُور
شمْس تغيبُ فينَـا وَفى الكاس تدور
فَـارْبح زمانك [٣]الآن فالعمرُ[٣] فَصِير
مَـا ان تبَـاح عَلى غبُـوق وَاصطباح

دَعنى تجُـول عيناىَ[٤] فى رَوْضَةِ خَـدّك
وَتستطيل †يَـدى فى تفاحة†[٥] نهْـدك
ثمَّ احتكم كمَـا شئت فى مُـهْجَـةِ عَـبْدك
فلا جنَـاح الا عَلى هجْر المتاح

يَـا مَن يجُـورُ فى حُكمهِ هَلا عَـدَلت
وَاذ حَكمت هَلا الَى الوصَـال ملت
فتلى اردت حِين فَـعَلت مَـا فعلت
دَاوِ[٦] جَـراح بريفك العَـذب الْـفراح

لمَّـا عذلت فى هتك سترى وَانهمالى
وَفبْل كنت فى النسْك فَـردًا فَـبدَا لى

غنيت يَا †مَن لَاح ولا يرثا†[٧] لِحالى
حُب المِلاح ذهب نسكى وَصَلاح[٨]

١ سقط لفظ – ٢ كذا قرأ سيد غازى. ج «هَـاذهِ» – ٣ كذا قرأتُ. ج[١] «فَـالان العمرُ». ج[٢]، ج[٣] «فان» – ٤ كذا قرأ سيد غازى. ج «عينى» – ٥ كذا ج. ولعلّ الصواب هو «يداىَ فِى تُفَّـاحِ»، كما قرأ سيد غازى – ٦ ج «دَاوِى» – ٧ كذا ج[١]. ج[٢]، ج[٣] «يا من لاح ولم يرث»، ولعلّ الصواب «يا الَّـذِى لاح لا يرثى» – ٨ الخرجة موجودة أيضًا فى موشّحة للأعمى (عُـدَّة الجليس، موشّحة ٥٣، دار الطراز، موشّحة ٣٢)

وفال أيضا [مُـوَشَّـحَـة ١٠]

صممت عَن العذل
عجبت[١] عَن السبل
رَضيت بذَا الذل
فَلا تبد يَـا خل
تعذالى فَـان فُـؤادى فِـى براثين اشبال

علفت بمياس
كخوط مِنَ الاس
تعطر انفَـاس
فَـابديت للنَّـاس
اذلَالى وَلو كَـان فِـى عِز السَّلاطين بالمالِ

رَشًـا صيغ مِن نور
كلعبَـة كَـافُـور

لهُ طَرف يعمور

فيَا فَايد الحُور

جريالى رضابك مِن مَاء الزراجين احلا لِ

مُحمد يَا عيدى

وَيَا فايد الغيد

وَيَا بْن الصَّنادِيد

وَهَبْتك ترشيد

اولا لى وَلحْظك فى كُلِّ الاحَايين فتالِ

سَالتُ الرشا فبله

لأشفى بها غله

وَنفْسى معْتله

فَفد وَفد ضله

يا خالى فبيله اذَا مت تحيينى فى الخالِ

١ كذا ج[١]، ج[٢]. ج[٣] «عجت»، وقرأ سيد غازى «وعجت»

[فصل ٩]

الوزير ابُو بكر يحَيى بن[1] الصيرفى رحمهُ اللّه

ءايته باهرَة وَمعجزته ظاهِرَة عرفَ احْسَانه وَاصَاب الْغرض عذب[1] لِسانه بهرت انوار افْسَامِهِ فَاجْتليت وَسطرت بَدَايع مَعَانيه وَتليت مَعَ تحفو الادَاب وَاتسَاع فِى اللغات وَحفِظ الشعرِ وَالانسَاب مَدحَ الدوَل وَالملُوك وَنظم عَلى اجيَادهِمْ تلك الدرر فِى السُّلُوك وَلهُ فِى الدَّوْلةِ اليُوسفية مَدَايح لاختصَاصِهِ بارِبَابهَا وَتعلفه باسْبَابهَا وَهاكَ مِن توشيحهِ مَا تجتَنيه حِين تجتليهِ وتصطفيه حِين تفتفيه

١ الكلمة غير موجودة فى ج[٢]، ج[٣]

فمن ذالِك فوْلهُ [مُوَشَّحَة ١]

طلعَت من مَبَاسم الزهر نزْهَة الْأعين
وَانثنت عَن سُلافَة الْفطر اعْطف الاغصن
يَا صبا نبهَت[1] مَعَ الفجر نَفْحة السوسن
بسلام الحبيب اقبلت فَخذى مضمرى
ثمَّ اوبى عَليْه سلمت فَاذكرى وَاذكِرى

هو فلبى عَليْه مَصْدُوع يتمنا الردَا
وَالذى مِن لمَاهُ مَمْنوع هُوَ يروى الصدَا
كل وَصْل عَليْه مخلُوع لو هجرت الْعِدا
كيف لى بالوصْلِ منّيت[٢] صَاحب الميزر
نحوه من لعاطش النبت بالحيا الممطر

بابى من محمَّـد بَـدر   لَـيْسَ بالافِل
وَجفُـون ثوا بهَـا سحر   لَـيْسَ من بابل
فلت وَالهوَا لهَـا عذر   لا يَـا عَـاذل
فتكت بالاسود فى الموت   مفلة الجوذر
وَسطت بالمهنَّـد الصلت   حيث لم يشعر

انا فى ذَا الصدود مَظلُـوم   يَـا وصَال انظر
وَانتهَـاء العجْب مَـعْـدُوم   ليسَ بالمفصر
وَشـنيب الجمال مَـنظوم   لأبى جَـعْفر
من[٣] دعص وَذابل شخت[٤]   وَضحا نير
وَدجا لا يحد بالنعت   حملهُ الجوهَـر

ملء عينى[٥] وَحشو اضلاع[٦]   ادمع وَجوا
مُـذ دَعَـانى الَى الهوَا دَاع   فـاجَبت الهوَا
امَّن اللّـه كل مرْتَـاع   من حُلُـول النوَا
انت يَـا مهجتِـى بهِ همت   فَـاحملى وَاصبرى
ثم يَـا عَـيْن انت ابصرتى   فَـادمعى وَاسهرى

١ ج[٣] «نبتها» — ٢ ج[٢]، ج[٣] «سلمت» — ٣ ج[٢]، ج[٣] «غصن» — ٤ كذا قرأ سيد غازى. ج «سحت» — ٥ ج[١] «عنى» — ٦ ج «اظلاع»

وفال أيضا   [مُـوَشَّحَـة ٢]

اثغور امْ عَـفيو   بلال[١] تحدق
وَخدُود ام جنى الورد   مَـا يشرق

البستنى حُلة السفم   ايدى الهوَا

وَشكَـا فلبى الَى جسم   حَـرَّ الجوَا

تحت لَـيْل غَـاير النجم   وَحب الصوا

اعربت بيه البُـروق   عَن بُـؤاد يخبو

بجوا مِن السن الرعد   مَـا ينطو

بابى بَـدر وَلا الا   شمْس الضحَى

†بدرا وَاغصن بما† اعلا   وَاوْضحَـا

وَثنَـايَـا بيهِ مَـا احْلا   وَابوحا

مزجت بيهِ الرحيو   بنمير تعبو

باذا حيَـا عَلى[٢] البعد   يستنشو

انا مَـغلوب عَلى صَبْـرى   بـمَـا انا

وَحَـبيب دَايم الهجر   لن يحسنا

جملة مِن يَـانع الزهرِ   لَـوْ يجتنا

يَـاسَـمين بى شفيو   جُـلنار مشرو

غصن مِن جنَّـة الخلد   مستشرو

يَـا فَضيبًـا بَـوْفهُ طل   مِنْ ادمُـعى

اخذت الْحَـاظك النجل   مَـا تدَّعِـى

بَـلهَـا فلبى وَمَـا تخل   من اضلعِى

مَـا جَـنت عَـيْنى تذوو   غيْـر انى مُشبو

لفوَادِى مِن لظا الوجْـد   يحرو

رَشـا مِن ضاربى زَيْـد   مسْتَـاسد

اخذ مَا شاءَ عَن ايد　　　مُسْتَعبد

ابْدًا يهيم بالصَّيد　　　فَيبعد

الغَزال شقَّ الحرِيو　　　والسلالو ترهو[٣]

†مَا نرى الثان مُرادى†[٤]　　　لمْ يلحو

١ يعنى «بِلآلٍ» – ٢ ج[١] «عَلَى» – ٣ الخرجة موجودة أيضا فى فصل ٧، موشّحة ١ وفى دار الطراز، موشّحة ١٤ وفى زجل لابن قزمان (زجل ١٦) وفى موشّحة عبرانيّة للشاعر **אברהמ אבן עזרא** [ديوان، ١٩١] – ٤ نصّ هذا الجزء غير صحيح فى كلّ من الروايات. انظر ملاحظ رقم ٢١ للموشّحة الأولى من الفصل السابع

وقال أيضا　　　[مُوشَّحَة ٣[١]]

جَرر الذيل ايمَا جر　　　وَصل السكر[٢] منك بالسكر

وَاخضب الزند منك باللهب
من لجيْن قد حف[٣] بالذَّهَب
تحت سلك[٤] مِن لؤلؤ الحبب[٥]
مَعَ احْوَا اغر ذى شنب

اودعت كفه مِنَ الخمر　　　جَامِد المَاءِ ذَايب الجمر

ذَاكَ ضوء[٦] الصباح قدْ لَاحَا
وَنسيم الرياحِ قَد فاحَا
لَا تقد[٧] فى الظلامِ مصْبَاحا
خل عَنه وَشعشع الرَّاحَا

حيث[٨] تنهَل ادْمع القطر　　　وَترا الروْض بَاسِمَ الزهرِ

نَظمت جَوْهَر العُلا سلكا
كف ملك يزين الملكا
مَا بَرا اللّه مثله ملكا
لَاح بَدرًا او فَاحَ لى مسْكا
كالحيا كَالامَان كَالبحر كعَلى الحروب او عمرو

اى ليث وَاى ضرغام
اى رمح وَاى صمصام
طاعِن الصدر ضارِب[٩] الْهَام
بَين كر وَبَين افدام
يلحف[١٠] البيض بالحلا الحمر ويروى[١١] الفناة فى النحر

كلما لاح وهو ملتثم[١٢]
كهِلال تحجبه ديم[١٣]
خافِق[١٤] فوق راسه علم
غنت العَرب فيهِ وَالْعَجم
عفد اللّه رَايَةَ النصرِ لأمير العُلا ابى بَكرِ

١ هذه الموشّحة موجودة فى عُدّة الجليس (موشّحة ١٠٦) ويوجد المطلع والخرجة فى المقدّمة لابن خلدون (١١٤٠) وفى نفح الطيب للمقرى (٧، ٨). للموشّحة عدّة معارضات عربيّة، أشهرها موشّحة مكفّرة لابن العربى (الديوان الأكبر، ٤١٣). المطلع أيضا خرجة لموشّحة عبرانيّة للشاعر **יהודה אבן גיאת** . أمّا المعارضة العبرانيّة فانظر

Stern, *Hispano-Arabic Strophic Poetry*, pp.105 & 120 & 181

٢ ج[١] «واصل الشكر منك بالسكر». ج[٢]، ج[٣] «واصل السكر منك بالشكر» – ٣ ج «تحف» – ٤ ج

«حبب» – ٥ ج «سُلُوك» – ٦ ج[١] «ضو» – ٧ كذا ج، ع. وعسى أن يكون الأصل «تنِزْ» – ٨ ج «حين» – ٩ ج[١] «وضَارِب» – ١٠ ج «مخلف» – ١١ ج[١] «ومرمى»، ج[٢]، ج[٣] «ومروى» – ١٢ ج «لما ان لان وَهْوَ متبسم» – ١٣ ج[١] «الديم» – ١٤ ج[١] «خفق»

وقال أيضا [مُوَشَّحَة ٤]

رَوْضة زبرجديه　　　وَنسيم يتبختر
فى غَلايل نديه　　　اشربت مسْكا[١] وعنبر

سحب من لازورد　　　وَبرُوق مِن نضار
كُلمَا اتَتْ بوَعْدِ[٢]　　　كحلت بمثل نارِ
فَبكت مِن مَاء وَرْدُ　　　فى خدود مِن بَهَار

اطلعتهَا فى عَشيه　　　لبة وَعقد جَوْهر
وارت بالنهر حيه　　　لهبوب الريح تذعر

حبذا وَجْه وَسيم　　　نَايب عَن كُل فخر
وَخلَايق تَفوم　　　بمدَامَة وَزهرِ
يشتكى مِنهُ النسيم　　　رفة وَطيب نشر

لزمت منه السجيه[٣]　　　منظر وَفَاح مخبر
وَثنتْه الاريحيه　　　خوط بان يتعَطر

انَّما الحرب الزبون　　　رَوْضة الاسد الحمات
حَيْث[٤] الفَنا غصُون　　　اثمرت بالْبَاترَات
وَالامير تَاشفين　　　فى ظلالٍ خَافقات
مِن [٥]رماحِ السمهريه[٥]　　　تنظم الشكل وَتنثر

بسيُوب مشرفيه   كُل هَامَات وَمغفر

بابى بَدر التمام   لَا يعيبه الجمال
طَالِع تحْتَ الْغمام   مِن لِثامِهِ هِلال
الحيَاة[٦] وَالحمام   فِى يَمينيه سجَال

ذُو خلال يُوسفيه   ورثت عَن ملكِ حمير
عدلت على الرعيه   وَسطت بتاج فيصر

اطلعت مِنَ الطراد   خيْله مَعَ الاصيل
مفلعَات للهوَاد   تتهَادى بالصهيل
فَانبرَا الكل ينادى   وَصف مرءاه الجميل

يا [٧]حمى الملك[٧] عَشيه   وعلى الجواد الاشفر
غرة الشمسِ المضيه   تاشبين اللّـه اكبر

١ ج[١] «مسك» – ٢ كذا ج. وقرأ سيد غازى «انَّت برعد» – ٣ كذا قرأ سيد غازى. ج «الشجيه» – ٤ سقط مقطع ، وقرأ سيد غازى «حيثما» – ٥ كذا قرأ سيد غازى. ج[١] ؤرياح ؤالسمريه» – ٦ ج[١] «الحياه». ج[٢]، ج[٣] «الحياء» – ٧ ج[١] «حمال الملوك»

وفال أيضا   [مُوَشَّحَة ٥]

مَن لى بفد كغصن الرند   تم فَاطلع
بَين البهَار وَروْض الورد   خدا مُرصَّع

احبب[١] بخد منَ النوار
مُفَضض مُذهب الانوار
كَانهُ عَلمُ مِن نار

بدَا الدجَا منه بى الازْهَار

وَبى الثنايَا مذاب الشهْد   وَالمسكُ اينع

وَذا وذا من جنا وورد   يحما ويمنع

مَن لى بفد كغُصْن الْبَان

تحت الغلايل بالرمَّان

لَفد تذللت بالاشجان

لعز مُلك عَظيم الشان

بمفلتيْه حُسَام الهند   بالهجر يطبع[٢]

وَبى الغلايل رمح النهْد   بالطعن يشرع[٣]

وَبابى مِن بَنى زروَال

اهْل السَّماحة وَالابضال

بدر عَلى غصن ميال

مُتَوج بالمعَالى عَالى

مفلد لسُلُوك المجد   اغر اروع

كَان ذكرَاهُ عرب الند   اذَا تضوَّع

ليث النزال[٤] هزبر †غر†[٥]

لَهُ الْعلا وَالنَّدَا وَالْبخر

اعْوَامُهُ ستة وَعشر

وَالنهْى بى كبه وَالامْر

اذ حَل حبْوته بى المهْد   مَا زَال يرضع

ثدى المعَالى وَدر المجد   حَتى ترعرع

لولَاكَ يا عمرو لمْ تشد
هَـيفَـاء طرز مِنهَـا الخد
حُسْـنا وَفَـال بذَاكَ[٦] النهْـد
لمَّـا شجاهَـا الضنَـا وَالبعد

خبل دلالى وَمعك نهد   طيرا مروع
وَارشف رضابى وَفبل خد   وَاياك تجزع[٧]

١ ج[١] «اجب» – ٢ كذا ج. وقرأ سيد غازى «بالحدّ يفطع» – ٣ كذا ج. وقرأ سيد غازى «يصرع» – ٤ كذا قرأتُ. ج «غزال»، وقرأ سيد غازى «نزال» – ٥ ج[٢]، ج[٣] «..». ج[١] «اغر» مع ثلاث نقط فوق الألف تشير إلى خطإ. وقرأ سيد غازى «غمر» – ٦ كذا قرأ سيد غازى. ج «ذاك» – ٧ الخرجة موجودة أيضًا فى فصل ٤، موشّحة ٦ / عُـدّة الجليس، موشّحة ٢٩٦. انظر أيضًا خرجة موشّحة فى عُـدَّة الجليس (موشّحة ٢٩٩):

الَى مَتى حَـبيب   تَـدِينُ بالفُطُـوع   طيرًا مروَّع
الفُطْ حَبّ الفُـلُـوب   واسكُن طىّ الضُّلوع   وايَّـاك لا تَجْـزعْ

وفال أيضا   [مُـوَشَّحَـة ٦]

تفَّـاح الخدُود   نفل لرَاحِ الثغور
رُمَّـان النهُـود   عِلاج حَـر الصدُور
وَاغصَان الْـفدُود   مجنَـا ثمارِ السرُور

سؤال[١] التَّـمنى   ضم يبيد اعْـتِنافا
وَهَـتك السرور   هَـوَا ظباء[٢] الخدُور

مَن يهدى[٣] سَلامِـى   الَى امِير الملَاحِ

اوْ يشكو[٤] سَفامِي عَسَاهُ يبغي صَلاح
فَتحت اللثام[٥] رَوْضي وَروح وَراح
يَا جنة عدْن رَعاكَ طَرْفِي استرافا
فَاصْفَحْ عَن اسير جَنَا بوهْمِ الضمير

اخضعْ يَا رسُولي اذَا اتيت الجلالَا
وَاستسْلم لسُولي اذَا عَلا وَاستطالا
وَاكشفْ عَن ذهُولي اذَا استهَل خبَالَا
فِي اثوَاب حسْن رَاعَ الْقلوب وَرَافا
كَالروْض المنير مُعَنبرًا عَن عَبير

قل لعَبْدكَ يفض وَانت تسال[٦] عَنه
دَاركهْ بفرض عَسَاكَ تسلم مِنه
فَالنظرة تقضي[٧] مَا لمْ تبدا او تخنه
فَلوْ قلت زدْني صَبَابَة مَا اطاقا
ذكر في الضمير لديك غير يسير

صدا وَاجْتنابا وَمَا اردت ترُوعا
اخذا وَاجتلابا وَقد نويت الرجُوعَا
قتْلا وَاستلَابا لما اتيتُ مُطيعا
وَاغلب ظني انّي اموت اشتيَاقا
مَا ابْغي امير جورا عَلى المستجير

يَا سرب الظباء لج الغزَال الرَّبيب
في سَفْك دِمَاء اما عَليْه ذنوب

وَعز شبٰاء　　وَهوَ الضنا وَالطيب
وَان غاب عَنى　　شدَّ الغرامُ الوثافا
فَـهَل من مجير　　بى حُـبهِ اوْ عَـذِير

سَارمى بعَـزمى　　اذَا الزمَـان نبا بى
الى مَـلك فرمى　　رحب الذرَا والجَـناب
كالبحْـر الخضم　　اذَا ارْتمَـا بالْـعبَـاب
مِن ضرب وَطَـعْن　　يَسْقى المنايَا دِهَـافا
بالبيض الذكور　　لصون[٨] الثغور

١ كذا قرأسيد غازى. ج «سول» – ٢ ج[٢]، ج[٣] «ضباء». ج[١] «ضياء» – ٣ ج[٢]، ج[٣] «يهد» – ٤ ج[٢]، ج[٣] «يشك» – ٥ ج[١] «الثامى» – ٦ ج[٣] «سال» – ٧ ج[١] «تغنى» – ٨ كذا قرأ سيد غازى. ج[١] «لحوف». ج[٢]، ج[٣] «لحون»

وفال أيضا　　[مُوَشَّحَة ٧]

اسفنيهَـا عَلى رياض　　وَجنَـات مِنَ المِلاح
انما العَـيْش والسُّـرور　　لثم خد وَشرب رَاح

فهوَة تنبى الهمُـوم　　كلمَـا شجهَـا المزَاج
ككلل الشمس بالنجُـوم　　بى سَـماءٍ مِنَ ٱلزجاج
اسفنى بابنة[١] الكروم　　كرم النفْس بابتهَـاج
ليسَ مِن شربها اعتياض　　وَمنَ الهم يستراح
ذى كُـئوس لهَـا تدُور　　بى غبُـوق أوِ[٢] اصْطباح

بابى مَن بخده　　مثل مَـا منهُ بى الهم

٥ ج[٢]، ج[٣] «نائيه» – ٦ ج «تذلل» – ٧ ج[١] «يتمّ»

وفال أيضا [مُوَشَّحَة ٨]

بى اهيَف الفد   كغصْن الرند   كاللهذم[١]
يختال فى البرد   يثنى عَلى الورد   كالارفم

فد الف الضدا[٢]   مِن بَدر ديْجور   وَغيهب
غُصْن النفا[٣] ابْدا   نورا[٤] عَلى نور   مُذهَّب
اذَا بدا[٥] ابدا   من صَدر كافُور   مكنب[٦]

تفَّاحتى نهْد   بطابعى[٧] ند   وَعندم
اطرافهَا تبْدى   اسنة تهدى   سَفك دَم

يَا غصْن مَا احْلا   جنَاكَ من صَدر   كالمرمر
يثنى النهَى الا   اعنة الصَّبْر   من جوذَر
حلْو اللمَا حَلا   بنَابع الخمْر   عن جَوهَر

ذى مبسَم برْد   بالمسْك وَالشهد   مختم
مفضض النهْد   مورَّد الخد   منعم

ثوب الندَا معلم   يختال فى طرز   مِن عَسْجد
لعَابدِ المنعم   ذى الجاهِ وَالْعزِ   وَالسودد
تلك السجايا[٨] كم   تتيه[٩] فى عز   مهند

كَالْوابل الرعد   كَالصَّارِم الهند   كَالضيغم
كَالبدر فى السعد   فد حف فى المجد   بالانجم

من ءال مروَان   نمَته للفخر   عليَا هلال

فمر عِند سَعْده   بى فضيب[١] مُنعم
ثغرهُ مِثل عفده   اى ثغر وَمَبْسم
ذو[٣] جفُون لهُ مِرَاض   تمرضُ[٤] الانفس الصحاح
وَهى بالضعْف وَالفتور   تكثر الفتل وَالجراح

يَا غزالا تحكمَا   فى حَيَاتى ببَاطِل
انتَ ابكيتنى دَما   حَيْثُ مَا كُنت وَاصِل
انا اهْوَاك كَيفما   كُنت لوْكُنت فَاتِل
فَافض مَا انت فيه فَاض   لَا تخف بى مِن جناح
اننى للفضا صَبُور   وَالذى شئت هُوَ صَلاح

كَيفَ لى يَا منابيه[٥]   مِنك بالوصْل كَيفَ لى
لمْ تذر بىَ بَافيه   بالجفَا والتدلل[٦]
اعِد الحكم ثانيه   فَعَسَى ان يرق[٧] لى
فاحمرار عَلى بَياض   وفراح عَلى لِفاح
مشرق زهْره بنور   مثل مَا يشرق الصَّبَاح

انا اشفا وَينعم   ذا الرشا الفايد المليح
ليسَ يفضى وَيحكم   فى الْهوَا غير مُسْتريح
كيفَ يرجُو المتيَّم   رَوض وَصْل مِن الشحِيح
نَافر العفل لَا يُراض   مخبر مكثر الجماح
ان للحظ من فتور   مثل مَا تفبض الرياح

١ ج[١] «ابنة» – ٢ كذا قرأ سيد غازى. ج «وَاصْطباح» – ٣ ج[٢]، ج[٣] «ذى» – ٤ ج[٢]، ج[٣] «تفتل» –

مَـاء لظمئان　　يحميه بالسمر　　اسد نزال
كَمْ بل من عَـان　　بجُوده الغمر　　وَبالنَّـوال

فَجنة الخلدِ　　وَملتظى وَفد　　جهنم
وَصَولة الاسد　　وَمسبل العَـهْـد　　بالانعمِ

كَمْ غَـادة غنت　　فى طَـربها السحر　　من شعره
تشكُـوا[١٠] وَفَـدْ حَـنت　　اذ مَسَّـهَـا الضر　　مِن هجره
فالَت وَفد جنت　　لمَّـا بَـدا الدر　　من ثغره

بكَـاله كالعفد[١١]　　[١٢]دلج كم[١٢] الشهد[١٣]　　بان بيجم[١٤]
حبيبى جى عندى　　ادونم امَـند　　كـمَير مِ[١٥]

١ ج[١] «كالهزم» — ٢ ج[١] «الصدَا» — ٣ ج[١] «المها» — ٤ ج[١] «نور» — ٥ ج[١] «ابدا» — ٦ كذا قرأتُ. ج «مكتب» — ٧ ج[١] «بطابع» — ٨ ج[١] «الشجايا» — ٩ ج[١] «يتيه» — ١٠ كذا ج[٢]، ج[٣]. ج[١] «تسلو» — ١١ كذا قرأتُ. ج «العقد» — ١٢ ج[١] «دلج لم». ج[٢]، ج[٣] «لم الم» وبعده بياض — ١٣ كذا قرأتُ. ج «السهد» — ١٤ كذا قرأتُ. فى ج[١] «ببم» — ١٥ كذا قرأتُ. فى ج[١] «كميوم»

وفال أيضا　　[مُـوَشَّحَـة ٩]

مد الحَـيا بسْطا　　فَـالارض لَا تعرا
حدَايو شمطا[١]　　تخترع الزَّهرَا

الروْض مُـرتاب　　ممَّـا[٢] صبغَـا وشيه
وَالنهر نُشَّـاب[٣]　　حبابه حليه
تراهُ ينسَـاب　　منعطفًـا جَـريه

كَـالحية الرفطا　　التهبت حرا

فَحيث مَا خطا　　عبَابه مرا

لِلهِ من هبَا　　وتربه مسعد
تخالهُ فطبا　　فِى دَارِه الاسعد
فِى ليْلة شهبَا　　سمَاؤها توفد
فَد نظمت سمطا　　انجمهَا الزهرَا
وَالبدر كالوسطا　　بلبه العذرا

فد جنحت خَيْل　　الَى ابى بَكر
فَلا الَى النيل　　وَلَا الى الصَّبر
امَا ترَى ليلى　　حَيْران لا يسْر
كَانمَا خطا　　مِن ذيله مجرا
وَكلما شطا　　جر الدجَا جرا

انَا بمن عندى　　اولى مِن النَّاس
افدح مِن زند　　خبلى وَوسوَاس
شِرارة الوجد[٤]　　يَا حَر انفَاسِ
رَبيتهَا سفطا　　حَتَّى غدت جمرا
خَوْف العدا حطا　　بلحظه سُطرا

لَهفِى عَلى مَوعد　　لمْ يَفضه الدهْر
عَلْ الذى ارْصد　　فد عَافهُ عذر
كَذاكَ مَا انشد　　اذ عَزنى الصَّبْر
محبوبى فَد ابطا　　من غيب البَدْرا
حَتى لَفدْ اخطا　　وَاشغل السرا[٦]

١ ج «سمطا» – ٢ كذا ج، وقرأ سيد غازى «بمـا» – ٣ ج «ينشاب» – ٤ ج[١] «شراره الوجدى» – ٥ ج[٢]، ج[٣] «على» – ٦ هذه الخرجة موجودة أيضًا فى فصل ٥، موشّحة ٢ / عُـدّة الجليس، موشّحة ٩٢ / توشيح التوشيح، موشّحة ٤٨

وفال أيضا [مُـوَشَّحَـة ١٠[١]]

شو النَّسيم كمَـامه عن زاهرٍ يتبسَّم
فَلا تصخ للملامه وَانصت الَى الزير والبم[٢]

سنت عَلَى النهر درعا ريح الصَّبَـا فِى الاصايل
وَاسبل الفطر دَمعا عَلى شفيو الخمايل
فاسمع من العود سجعا[٣] تشو منهُ الغلايل
مَـا رَنمت حمامه من فَوو غصْن مُـنعم
ولَا ادعتهُ كرَامه[٤] بنت الحسين بن مخدم

حى النسيم بمنزل[٥] وَزَهْـر وَرْد انيو
وَنـرْجس الروض يخجل مِنهُ بهَـار الشفيو
فَفمْ الَى الدن وَافبل مِنهُ سوَار الرَحيو[٦]
وَفض مِنه ختامه عَن مثلِ مسْك مختم
تكَـادُ منه المدَامه للشرب ان تتكلم

سفا سلا كُل غَـاد يجودَ حَـيا فَحيا
مذ سَـامحت بالاياد فَـانشات مِثل يحيا
من حَـازَ فِى كُل ناد وَصَار فِى كل عليا
فدم يدك امَـامه رَبيعَـة بن مكدم

نداه يثنى[٧] زمَـامه   فِى عصْرِه المتقدم

لِلهِ يحيَـا فَـانى   فدمًـا سمعت بذكره
وَالود يشهَـدُ انى   ممن سررت بفخره
حَتى رَايتَ التمنى   يختال فِى ثوب شكره

فِى حلة من أسـامه[٨]   فَظاهِر البشر معلم
متوج بالكَـرامه   وَبالسماح مختم

فَـد جَـاءَك المتنبى   بَـديع هَـذا الزمان
يختال فِى برد عجب   بما حوته المعان
يشدُوا ارتجالاً[٩] فِيسبى   كُل الوجوه الْحسان

هذا المليح فِى العمامه   لو انه يتلثم
لفلت هذى غمامه   خلت على فمر تم

١ هذه الموشّحة موجودة فى فوات الوفيات (٢ ، ٥١٧) وفى الوافى بالوفيات (٤ ، ٢٩٩) منسوبة إلى ابن اللبانة – ٢ كذا ف. ج «الزين والثم» – ٣ كذا ف. ج «سمعا» – ٤ كذا ف. ج «امامه» – ٥ كذا ج. ف «مندل» – ٦ كذا ف. ج «رحيق» – ٧ ج «ينثى» – ٨ كذا ف. ج «منه شامه» – ٩ كذا ف. ج «ارتياحًـا»

[فصل ١٠]

ابُو الوليد يُونُس بْن عيسَى المرسى الخباز رحمَـهُ اللهُ

عذب سَبْكه وَرَاق ترصيعهُ وَحَبْكهْ مَع طبع ڢى نَظْم الكلام سيال وَالى الاحْسَان ميال لمْ يعرف لهُ ڢى القِراءة ادمَان[1] وَلَا اشرَاف وَلَا اشتهَـر لهُ ڢى التعليم اختلاف وَهُـوَ ڢى الاندلس شبه الخبزارزى[2] بالمشرق وَالذى حدَاه الَى الاختِراع وَالتوليد وَافدمهُ عَلى الابتِدَاع وَترك التفليد ذكاء ارهف ڢُؤاده وَافامَ ڢى البديهَـة مناده وَهَـاكَ مِن كلامِهِ مَـا تجتنيهِ بَـديعا وَتحتليه مريعا[3]

١ ج[2] «اداماں» – ٢ ج[1] «الخابررزى» – ٣ ج[1] «صرِيحا»

ڢمن ذالك ڢوْله [مُـوَشَّحَـة ١]

مطمعى[1] بالوصال مِنْـهُ غدا   اين منى غد
عمْـرى اليوم دُونه نهدا   كان اوْ ينهد
عَـلمَ الله مَـا بسطت يدا   وَانا لى يَـد
جزعى ڢَـد اتى عَلى صَبرى   ڢَحلا المْوت لى
ليتنى مت اوْ ڢَما عُـذرى   لمَ لمْ افْـعل

همت وَالمجْـد انْ يرَا مثلى   هَـامَ ڢى مِثله
اجر ڢيه وَمنتهَى خبلى   كَـان مِنْ اجْـلِه
مَـا عَلى مَن صَبا من العذل   حين لمْ يسله
عَـاذلى لوْ دَريت ما ادرِى   منهُ لمْ تعْـذل
ربَّما عَـنك ڢد خڢَـا امرى   طرف ڢاسئل

لَا تصغ للملامِ يَا فلبى   بى الجوَا اللازم[٢]
بَعلى الوَبَاءُ بى الحب   لَا عَلى اللايم[٣]
مَا ابَالى ان انفضا نحبى   بى ابى الفاسِم
هَبْهُ يجزى[٤] الوَبَاءَ بالعذر   ذب اسا وَاحملى
وَاجْعَل الذنب بيهِ للدهرِ   مَهما[٥] لم يعْدل

بى ابْن يَعْلى[٦] تَايَّد الحسْن   بالعُلا وَالندَا
كُل مَجْد لمجْده يَعْن   غَارًا وَانجدا
اى رُكن اذا وَهَا ركن   شادَ مَا شيدا
همة فَد سَمت على النسرِ   لمْ تزل تعتلى
وَيَد تستمد مِن بحر   بالندا الاحْبَل

هَل درَا من بحبه ذبت   ان شَوْفى يَطُول
حَال بى وده وَمَا كنت   اتنى ان يحُول
ليت انِّى بهِ تمكَّنت   سَاعَة بافول
حبلى حَبْلا[٧] رَفيو كمَا تدرى   وَنخاف فد بلى
ايش ظهر لك يَا حب بى امرى   ايش تريد فله[٨] لى

١ ج[١] «نطيعى» – ٢ ج[١] «اللزم» – ٣ ج[١] «الليم» – ٤ ج[٢] «هبة يجزا»، ج[٣] «هبة يجز» – ٥ ج[٢] «بهم»، ج[٣] «مهم» – ٦ ج[٣] «على» – ٧ ج[٢]، ج[٣] «حبل»، ولكنّ «حبلا» تشير إلى العامّيّة – ٨ ج[١] «فُول»

وفال أيضا   [مُوَشَّحَة ١٢[١]]

يَا مَن عدا وَتعدا   لَوْكنت امْلك صَبرى
كَتمتُ عَنك الذى بى   بَانت تَدْرِى وتُزر[٢]

هَيْهَات كَتْم الْغرام صعب[٣] عَلى مَن يَرُومه
وَهَبْك ان مَلام ٍ يديمهُ مَن يُديمهْ
مَا ذَا عَلى المسْتهَام فِى الحب ممَّن يَلومُه
كفَاهُ ان ذَاب وجْدا وَان [٤]يهيم بذكر[٤]
فِفى الجَوَا وَالشحوب للصب اوضحُ عذر[٥]

ءَاه منَ الوجْدِ ءَاها لوْ ان ءاها تريح
بلغت نفْسى مُنَاهَا وَالحين مما يتيح[٦]
ضر الاسَا يتناهَا فَان فلبى فرِيح
وَانثر من الدمْع ِ عفدا وَدَع جفونك تجرى
فَربَّما عَن فرِيب ابْدَال عسر بيسر

يَا فاسى الْفلب مَا لى اطيل لهفى ما لك[٧]
هَذى صُروف الليَالى فد نازعتنى وِصَالك
فمن يبيح[٨] الكَرا لِى حَتَّى الَافى خيالك
وَالسهد لَا شك اعْدا عَلى مِن كُل هَجْر
فَاردد مَنَامَ الكئيب عَسَى خَيالك يسْرى

يَا منية المُتمنى شوفى اليك عظيم
اذفت مر التجنى مَنْ فِى هَوَاكَ يهيم
كُن كيْفَ شيْتَ فَانى عَلى الوفَاءِ مُفيم
ادنو وَان زدت بُعْدا وَلست ايس[٩] دهر
فالشمس بَعْدَ الغروب تجلُوا الديَاجى بفجر

لمْ تطعم العَيْن نوما مُذ اعلنوا بالفراق

غداة اوما من اوما　　　منهم الى الانطلاق
قَفلتُ لعل يوْما　　　يَفضى لَنا بالتَّلاقِ
نذرت لِلهِ عَهْدا　　　صيام شهْر وعشر
يَومًا ارَاكَ حَبيبى　　　مَا بين صَدْرِى ونَحرى

١ هذه الموشّحة موجودة فى عُدّة الجليس (موشّحة ١٠١). المطلع خرجة موشّحة لابن غنىّ [ديوان، ١٨٧]، والخرجة خرجة موشّحة أخرى له [ديوان، ١٨٨].

٢ كذا ع وديوان ابن غنىّ، ج «وَتَدْرِى» – ٣ ج[١] «صَعْبًا» – ٤ كذا ع. ج[١] «اهيم بذكرى». ج[٢]، ج[٣] «اهيم بذكر» – ٥ ج[١] «عذرى» – ٦ ع «لعلّها تستريح» – ٧ كذا ج[١]. ع «اطلت لهبى وما لك» – ٨ ع «ولا يطيب» – ٩ ع «انساك»

وقال أيضا　　　[مُوَشَّحَة ٣]

اى ظبى غرير　　　حَوَا كمَال الْبدُور
وَانثنَاء القضِيب　　　وَنظرة المذعُور

مَايس[١] المعْطفِين　　　الان قلبى بلينه[٢]
فَاتر المُقلتين　　　وَالموت ملء جفونه[٣]
سَافر الوَجنتين　　　عَن ورد عزّ[٤] مصونه
كَمْ لِذاك الفُتور　　　وَحسن ذَاكَ السفور
من شجا فى الْقلوب　　　وَلوعَة فى الصدور

قَد تعَشقت ظالِم　　　اقديهِ بالجائرينا
رد فيه اللوَايم　　　بحجَّة العَاشقينا

فلتُ[5] لِلنَّفس سِيرى   وَلِلنَّـوَا[6] لَا تجُورى
ثم للجسْم ذوب   وللجوَانِح طيرِى

كَيفَ فارفت عِيسى   وَعشتِ بَعْد فِرَافِه
بعت علفا نفيسا   بالبخس عند نفَافه
فَادرهَا كئوسا   لِلصَّبِّ مِنْ اشوَافِه
كَمْ اطلت غـرورى   لكُل امَال زور[7]
لَا اطيق الذى بى   يا منية الفلب زورى[8]

ءاه ممَّا الَاقى   اذ عَزَّ ذَاكَ اللِّفاء
ليسَ بعْد الفِرَاق   للعَاشِفينَ بفاء
صب دَمع المئاق   فَفَد يريح البُكاء
صب فغير نكير   تلهفى وَزفيرى
ذَاكَ شان الغريب   وَعَادة المهجُور

جد بالفلب وجد   فَفاده للحمام
وَنفا النوم سهْد   فَلات حِين منام
ربَّ حسناء تشد   غرامهَا كغرام
شـشابش[9] يَـامور[10]   †كضم لريرى†
انت[11] يا †امش† . .ـيب   نون †شن لبر . .ـميرى†[12]

١ ج[3] «ما بين» – ٢ ج[1] «يلينه». ج[2]، ج[3] «لينه» – ٣ ج[1] «ملو جَفنه» – ٤ كذا قرأتُ، ج «غير» – ٥ ج[2]، ج[3] «ففلت» – ٦ ج «والنوا» – ٧ ج «وزورى» – ٨ ج[1] «فينا منية زورى» – ٩ كذا قرأتُ، ج[1] «شابش» – ١٠ كذا قرأتُ، ج[1] «يا مورمور» – ١١ كذا قرأتُ، فى ج[1] ما يماثل «امش» او «امشى» –

١٢ الخرجة ناقصة فى ج[٢]، ج[٣]

وفال أيضا [مُوَشَّحَة ٤]

فدما[١] يَا زَايِرًا اتى فَد اكثرت لواذا فَاهْلا بكَ اهْلا

دعنى يَا بَاعثًا غرَامى

اجنى جنَا اللِّثام

انى كمَا عَلِمت ظامى

اظما الَيْك ويلتا وَلو رَايت رذاذا لما استسفيت وَبلا

عَفلى اضحَا رَهين خبلى

مَن لى امْ كَيْف بالتَّسَلى

خلى فد اسْتَحل فتلى

ظلما فلو فد انصتا سالناه لماذا اجاز الفتل حلا

فلبى بما[٢] طَوى مكمد

حبى غرام لَا يجَرَّد

مَن بى[٣] سِوَاكَ يَا مُحمَّد

رحما حَتَّى الى متى ترضا لى بهَاذا فَفال الحسْن لم لَا

ابدا ملء الجفُون حسنا

ارْدَا بهِ فُؤادى مضنا

اعدا عَلى مِنه جفنا

هما فَهو مصلتا وَلوْ شَاءَ نفَاذا لاضحى الكل فتلا

بينا طمعْتُ فى وصَاله

ادنى　　مَا كنت مِن نوَاله

غنَّـا　　مفْـهما لحَـالِه[٤]

فيمَـا　يعشفنى ذَا الفَتا　　وَلَا يدرى لمَـاذَا　　وَلَا نفو نفل لَا[٥]

١ ج[٣] «فَدَّمَا» – ٢ ج[١] «بها» – ٣ ج[١]، ج[٣] «لى» – ٤ ج[٢] «بى اله»، ج[٣] «لحباله» – ٥ الخرجة موجودة أيضًا فى فصل ٢، موشّحة ٢، وهنالك الكلمة الأولى هى «مما»

وفال أيضا　　[مُـوَشَّحَـة ٥]

برحَ بى فى الهَـوى اشتيافى　　فَكَمْ اذُوب

وَهَـاذه النفْسُ فى السياق　　هَل مِن طَـبيب

باللّـه[١] يَـا مَن بهِ اهيم

فَعندى المفعد المُـفيم

مَن رَامَ يَسْـلُـوا فَلا اريم

هَـذَا غَـرامى عَـليْك بَـافى　　عَسى تثوب[٢]

لَا عذبَ اللّـهُ بالفِراق　　غَـيْـر الرَّفيب

يا شد فى الحب مَـا لَـفيت

دهيت فيه بمَن دهيت

ان فلت الحَـاظه تميت

فَـفى الطلا مِنهُ وَالتراق　　محْيِى[٣] الفلُـوب

لَا شىء اشهى مِنَ العناق　　الَى الكئيب

هند وَان شف حب هند

بدر غرَامى وَسر وجد
وَان عدًا حبهَا وَيعد

عسَى خلال[٤] الذى الافى مِنَ الوجيب
ان يَسْمحَ الدَّهرُ بالتلافى عَما فرِيب

بَيْن رضاكَ وَبَيْن عتْبك
فد امكن الشوق مِن محبِّك
مَا بى الَّا علافة بك

فَان يَكُن ذَنبى اعْتِلافى فَلا اتوب
ولَا لمن هَامَ فيكَ وَافى مِنَ الذنوب

من غاب فى العيد عن حبيبه
وجَاءَ فى اثوَابهِ وَطيبه
فشدوه يظهرُ الذى به

مَا العيد فى حلة وطاق وَشم طيب
وَانما العِيد فى التَّلاق مَعَ الْحَبيب[٥]

١ ج «اللّـه» – ٢ ج «يثوب» – ٣ ج[١] «محْى» – ٤ ج[١] «ضلال» – ٥ الخرجة كلّ ما بقى من معارضة لابن مؤهل (المقتطف ١٥١ ، المقدِّمة ١١٤٢ ، نفح الطيب ، ٧ ، ٨ ، عيون الأنباء ٢ ، ٧٨) ، وحفظ ابن أبى أصيبعة حكاية عن معارضة أخرى لابن موراطير:

كنا فى تونس مع الناصر وكان فى العسكر غلاء وقل وجود الشعير فعمل ابن موراطير موشحا فى الناصر وأتى فى ضمنه تغيير بيت عمله ابن زهر فى بعض موشحاته وذلك ان ابن زهر قال :

مَا العيد فى حلة وطاق وَشم طيب
وَانما العِيد فى التَّلاق مَعَ الْحَبيب

فعمل ابن موراطير:

مَا العيد فِى حلة وطاق   من الحرير
وَانما العِيد فِى التَّلاق   مع الشعير

والظاهر أنّ ابن زهر عارض موشّحة الخبَّاز

وفال أيضا   [مُـوَشَّحَة ٦]

حث خمرة الاكواس   فَـالنسيم فَـد رفَـا
حِينَ انجلَا الاصبَاح   وَتغنت الورفا

وَتبَسمَ الزّهر   عَن مَـبَـاسِمِ الدر
وَترنم الْـوَتر   وَاتاكَ بالسِّحْـرِ
وَاديرَت الخمْـر   كسَـبَـائك التبر

وَتجردَ الاينَـاس   لِلسرور كَى يبفا
وَاسْتمرت الافداح   وَتلاحَـفت لحفا

انا بالظبَـا مفْـتُـون   انا بالظبَـا مغرا
مثل فيسهَـا المجنون   لا ابفِى لا ابْـرَا
وغرامى المضنون   بَـاحَ للورَى[1] سرا

فَـالفؤاد فِى وَسـوَاس   من عظيم مَـا يلفا
لَا يبرا ولَا يرتاح   دَعْـه بالضنا يشفا

وَبمهجتى تياه   من سُلالة تكرم
جَـاير عَلى مضناه   لَا يرف لَا يرحم
يا محمدًا باللّـه   كَمْ تجُـورُكم تظلم

خل عَن فلوب النَّـاس فَـدْ اذبتهَـا عشفا
وَبتكت بالاروَاح يَـا حَـبيبى رفِفا

حُسْن وجْـهِك الافمَـر فَـد سَـنَـا عَـلَى الْبَـدرِ
وَنسيمك الاعْطر جَل عَن شذا العطرِ
وَبخَـدكَ الازهَـر رَوْضة مِنَ الزَّهر
سُوسَان عَـليْـه ءَاس خط بَـاستبا الخلفا
بَـاذَا بدَا او لاح يسئلونك الرفِفا

رب غَـادة حسنا شبَّـهَـا تجنيه
وَبؤادهَـا مضنا بغرامهَـا بيه
ابْصَرته اذ غنَّـا وشدت تغنيه
انت يَـا اميرَ النَّـاس انت هُـو السلطان حفا
ان تعيبك النصاح زدت بى عينى عشفا

١ كذا قرأ سيد غازى. ج «للورق»

وفال أيضا [مُـوَشَّحَـة ٧]

نامَ عَن لوعَـةِ الشج طَـرب وسنان ادْعج

ءَاه من وجد سَـاحِرِ
للنجوم الزوَاهِر
ليْـله[١] دُون ءَاخر
بَـاطلبُـوا ثار سَـاهِر

عند خد مُـدبج[٢]　　　　بنجيع مضرج

كَـيف صَبرى وَفاتلى
بَيْنَ[٣] حف وَبَـاطل
مسْتلذ الشمَـايل
جَـاءَ من ارْض بَـابل

كَـمليك مُتَـوج　　　　اتفيه وَارتج

وَلعمرى ابُـو الحسَن
وَجهُ بدْر على غصْن
ان فلبى لمرتهن
انَـا افديه من مجن

سَـاحِر الطرف ابهَج　　　　عَـارض كَـالبنفْسج

فد حكا الدر ثغره
وَالدمَـاليج خصره
رشا جَل فدْره
فد سبا الخلو سحْره

كفتاة بهَـودج　　　　ذات عفد وَدملج

مَـر بى فى ثيابه
فمَـر فى سحَـابه
يزدرِى من شهابه[٤]
فجعلت السرا به

سيد صحب البنفسج　　　　جى لعمك حبيب جى

١ ج[١] «ليلة» – ٢ ج[١] «مصرج» – ٣ كذا قرأ سيد غازى. ج[١] «من»، ج[٢]، ج[٣] «دن» – ٤ ج[١] «سَابه» – ٥ الخرجة موجودة أيضًا فى عُـدّة الجليس، موشّحة ٤٢

وفال أيضا [مُوَشَّحَة ٨]

بين فلبى وَلَاعج الذكر خَطرات مجَالهَا صَدرى

ان شوْفى نار على عَلم
لمْ افف بيهِ مَوْفف الندم
وَبنفسى وَان اراق دَمى[١]

اهْيَف الفد مخطف الْخصر محى[٢] العَذل بيهِ بالعذر

بى لحظ للسكر عرض بى
بَشفَفتُ الفُؤاد مِن طرب
عجب وَهوَ مَوضع العجب

مفلة اسْكرت بلا خمر انهَا ءايَة من السحْرِ

شفنى الوجْد وَالهوَا سفما
وَهمَا يا ابَا الحسَيْن هما
فَالى كم اشكو[٣] ببرح ضما

شايما برق ذَلِك الثغر ارْتجى ذَوب جَامِد الجمر

يَا سمى الخليل خُذْ بيدى
ليْسَ لى بى هَوَاكَ مِن جلد
ءاه من لوْعَتى وَمن كمدى

اين صَبرى هَيْهَات لا ادْر ضاعَ فلبى بضَاعَ لى صَبْر

بابى وَهىَ غايَـة المغرم
سَـايلى وَهْـو بالهَـوَى اعْـلمْ
فلتُ وَالحب ڢيهِ لا يكتم
انت ڢى فلب ثم دريت سر   اش نفل لك حَبيب مَـا تدر

١ ج[١] «دَم ِ» – ٢ كذا ج[١]، يعنى «محا». ج[٢]، ج[٣] «ماحى» – ٣ ج[١] «اشك»

وفال أيضا   [مُـوَشَّحَـة ٩]

عنوَان الهوَا لهُ دَلَايل   منهنَّ دمُـوعى الهوَامل

طوَانى الهوَا طى الْـوشاح
ڢيمن وَجهُـه بَـدر الصبَـاح
وَمبْسـمه ثغْـر الافاح
تجُـول بهِ سُلافُ رَاح
انا مَن هَـوَاهُ[١] غيْـر عَـاطِل   وَالسيف تزينه الحمائل

انا ڢى هوَا عمران تالف
اذَا مَـا جَلا بيض السوَالف
وَهز اثناءه المعَـاطف
رَشـا جَل عَن تحديد وَاصف
للحسْن بخده خمايل[٢]   كانت فبْل ان ترا مَخايل

سبانى الرشا ابُـو الوليد
بخد وَمُـفلة وَجيد

وَمبسمه العَـذب البرود
فَيا لوعَـةَ الْغرامِ زيدى
فيمن ان بَـدا فَـالبدر كامِل   وَمها انثنا فَـالغصن مايل

ان كنت تحبه فدله[٣]
لو جَـادَ لِصَبه بفبْـله
فلم ادر[٤] فِى الملاحِ مِثله
غزَال اذَا ادَار مفله
فَـاطْـرافهَـا بيض المناصِل   وَاهْـدابهَـا سمر الذوابل

ايا سَـايلى عَنِ انشغال[٥]
عَن حُب غَـزَالٍ كالهلالِ
اى عَـاطل بالحسْن حَـال
ان كنت ترِيد شرح حَـالِ
ليس نعْشو انا الا موَاصل   بشرط ان يَكون مَـليح وعَـافل

١ كذا قرأ سيد غازى. ج «اهْـوَاه» – ٢ ج «حمايل» – ٣ ج «فذله» – ٤ ج[٢]، ج[٣] «ار» – ٥ ج[٢] «انتفالى»، ج[٣] «انشعالى»

وفال أيضا   [مُـوَشَّحَـة ١٠[١]]

مَن لى بظبى رَبيب   يسطوا باسد الغياض
لوى بدينى لما   املـته للتفاضِ

جعلت حَظى مِنه   بَين الرجا وَالتمَـنى

لمْ افطع اليَاس عَنه لمَّا اطال التجنى
بَل فُلتُ يَا فلبُ صنه لَـديْك عَن سُوء ظنى
وَانت يَا نفس ذوب وَيا مطيل اعتراض
نفذ بمَا شيت حُكمَا انى بحكمك رَاض

مَا حَال فلبى لديْكا لَا تنفضى حَسَراته
يشكوا جَوَاهُ اليكا وَليسَ تجدى شكَاته
مَـهْلاً فِبِى رَاحَتيكا حَياته وَمماته
يَا ممرضى يا طَبيبى بفيك بره[٢] المراض
وَفيكَ فد ذبت سُفما فلتفض مَا انت فاض

يَا مَن يُناظر ظلمَا مَن ليس عَنه بصَابر
مَا ضر اذ ذبتُ سفمَا لو لمْ تكن لى هَاجر
رفِفًا فِبى[٣] منك الما وسنان سَاجى النواظِر
رَام بسَهْم مُصِيب مِنَ الصحاح المرَاضِ
يرنوا فَيرسل سَهْمًا وَالفلب فِى الاعتراض

مَن لى بتَفتير طَرفه وَالموت مِن لحظاته
ان مَرَّ ثانِى عطفِه فَالحسن فيه بذاتِه
اوْ رمت ادراك وصْفه اعيتنى بعض صفَاته
يجُول لحظ الكئيب من خده فِى رياض
لَاكن عن الفطف يحما[٤] بمرْهفَات مرَاض

لِلهِ ظبية خدر فد روعَت بالفراف
بنت ثلاث وعشر تسيل دَمع المئاف

تفُول بى حَال صغر　　　لأمها باشتياق

يا مم مو الحبيب　　　†بيشى† ترناض

غار٥ كبرى يا مما　　　†تن عنا انشاض†

١ هذه الموشّحة موجودة فى عُـدّة الجليس ، موشّحة ٢٨٠ ، والخرجة موجودة أيضًا فى عُـدّة الجليس ، موشّحة ٢٨١ – ٢ ج[١] «برق» – ٣ ج[١] «بى» – ٤ ج[٢]، ج[٣] «تحما» – ٥ ج «عن»

[فصل ١١]

ابو بكر يحيى السرفسطى الجزار الشاعِر رحمهُ الله تعَالى[١]

افصح عن السحْر فى مَفالِه وَاجتلى كالسَّيف غبّ صفاله وَلد وَاخترع وَفى كلتا الحالتين بَـرع وَلهُ شعْـر اعرب عَن طَبْعِهِ بجودة صنعه وَربما نزل عَن الجدّ فهَـزل وَترك الرامح اعزل مَع طبع فى كل ذلك فَـايو بالمعنَى المخترع وَاللَّفْظ الرَّايو حداهُ الى ذالك وَعَـربهُ بما[٢] هُـنَـالك طَـبع منفاد وذكاء وفاد عشى عَنِ العلمِ بطبعه وَفرع غرب نظرايهِ بنبعه فـزاد عَـليْهم وَشف وَاستفصَا الحفائو وَاستشف وَهَـاك مِن توشيحهِ ما تلمحهُ فتسْتملحهُ وتلحظه فتحفظه

١ ج[١] «تعَلى» – ٢ ج[١] «فيها»

فمن ذالك فوْلهُ [مُوَشَّحَة ١]

ويح المستهَـام صَارَ الجسم[١] فيا بايْـدى السفام
لَمْ يبو الهَـوَا
من جسمى سوَا
هَـبَـاء هوَا
بطيف المنَـام فَـاعْـذر الشجيا وَخل المَلَام
وَهم بافتِضاح
فى الغيد المِلاح
وَفم لاصْطباح
بكَـاس المدَام ثم اشربْ هنيا وَاسو الندام

بنفسى[٢] التى

فلبى حَـلت[٣]

فَعَن خلتى

لا اسل الغرام　　مَا لاحَ الثريا　　وَغنا الحمام

فَتات كعَـاب

نعيم شباب[٤]

عَـليْـهَـا مذاب

كروْض الغمام　　لهَـا المسك ريا　　وَالدر ابتسَـام

فَكيف السَّـبيل

ان يشف الغليل

اذ[٥] ظلت تفول

مما شو[٦] الغلام　　لَا بد كل ليا　　حَلال او[٧] حرام

١ ج[١] «للجسم» – ٢ كذا قرأتُ. ج «لنفسى» – ٣ ج[١] «صلّت» – ٤ كذا ج، وقرأ سيد غازى «الشباب» – ٥ ج[١] «ان» – ٦ ج[١] «مما شيت» – ٧ كذا فى فصل ١٢، موشّحة ٧. ج «وَحرام»

وفال أيضا　　[مُـوَشَّحَـة ٢]

الوجد وجدى مفيم[١] العذل　　يا مُـذل

فلبى الجريح وَدمْـعى الجار

فلمْ تلوم بلا افصَار

مَن ليسَ فى اللوْم بالمختَـار

فؤاده بالهوَا مشتغل   يشتعل

من لى بازهَـر مثل البدْر
منعم الفد طَـاوِى الخصر
مُـغرا بطُـول الجفَـا وَالهجْـر
وصَالهُ وَجفَـاهُ الامَل   والاجَل

وَجه كَـان سَـنَـاهُ البَـدر
ثغر كَـان جَـناهُ الخمر
تحميه من مفلتيه السمر
ببى كلا[٢] الحَـالتين العَسل   وَالاسَل

وجدى [٣]بهجْـران نامٍ نام[٣]
دمعى به مُسْـتَـهل هَـامِ
فلبى بسيف الجفُـون دَامِ [٤]
مَـا لى بحمل التجنى فبل   ما الحيَل

يَـا تارِكى بى الهـوَا مَـمْـلُـوكا
كَمْ تسْـتطيل وَكَـمْ اشدُوكا
غناء غيداء[٥] فامت بيكا
امى تنال[٦] اسمر خل   اكَـان حل

١ كذا ج ، وقرأ سيد غازى «بَـبِيمَ» – ٢ ج[١] «كل» – ٣ كذا ج[١] ، وقرأ سيد غازى «بهجرانه نام» – ٤ كذا قرأ سيد غازى، ج[١] «هام» – ٥ ج[١] «غنا غيدا» – ٦ كذا ج، ولعلّ الصواب هو «ينال»

وقال أيضا [مُوَشَّحَة ٣]

بنَفْسِي رَشا اهْيَف وَسنان غرير

غَزال مِنَ الانس
مَحاسنهُ انس
نفيسٌ سَبَا نفس
اذَا التَاحَ للشمس

فَشمس الضحَا تكسف له والبدُور

اطَعت الهوَى اذ لج
بذى مبسم افْلج
بهِ المسْكُ قد ارج
فَهَل ريقه يمزج

ينشر شذَا القرفف وَريا العَبير

سَل الوامق[١] المدنف
هوا الشادن الاوطف
بملك[٢] الورَا يُوسُف
فمن جَل ان يُوصف

فَهَل مشبه يعرف لهُ اوْ نَظير

صَغير لدى[٣] السن
كَبير لدى[٣] المن
فكفاهُ من مزن
وَمرءَاهُ مِن حسن

بَفل بيه مَا اشرف طبَاعا وَخير

وَلما اعتلا سمكا

وَالبسه الملكا

إذْ[٤] لمْ يزَل ملكا

شدا من غدا ملكا

فومُوا بَايعُوا يُوسف بَنعْمَ الامِير

١ كذا قرأ سيد غازى. ج «الرامق» – ٢ ج[٣] «مملك» – ٣ ج «لذى» – ٤ كذا قرأ سيد غازى. ج[١]، ج[٢] «اب» أو «اف»، ج[٣] «ان»

وفال أيضا [مُوَشَّحَة ٤]

عن التانيب ويْك عرج

مَا نها[١] النَّاهِى لى بمزعج

انا عن حب ليْسَ بى انتِفال

ارضا بى الحب ان ارَا خيَال

كئيب الفلب ارْتجى منال[٢]

وَللكئيب حِين يرْتج[٣]

بَاب الاكرَاه غير مرتج

غزَال سَاحِر افتن البَشر

ذو حسن باهِر فيد البصر

اوفعت الناظِر منهُ اذ نظر

عَلى ترهيب[٤] لمْ يبهرج
من خد زاهِ بالتضرج

ثناءى[٥] احْمد حَـامِدا هوَاه
عَـاطِرِ يوجد ريحه شذاه
وَخيَلان الند هن من حُلاه

فاى طيب متَـارج
يغنى النكاه[٦] عن بنفسج

ارَاح الانسا اذ تمنعَا
تياه انسا صَبر مُـولعا
فَـنادَى النفسا والحشا مَـعا

يَـا نفس ذوب يَـا حشا[٧] ابهج
عَلى تياه عذب الشج

فلبى مَع جسمه رهن رَاحتيه
لَاكن من ظلمه اشتكى الَـيْـه
وَادعو باسْـمه مفسمًا عليه

احمد محبُـوب بالنبى تج
حبيب[٨] باللّـه جينى جين ج

١ ج[١] «نهاه» – ٢ ج[١] «مؤال» – ٣ ج[٣] «ترتج» – ٤ كذا ج، وقرأ سيد غازى «ترغيب» – ٥ ج[٢]، ج[٣] «ثناء» – ٦ كذا ج[١]، ج[٢]، وفى ج[٢] ثلاث نقط فوق الكاف تشير إلى خطإ. ج[٣] «الناه». وقرأ سيد غازى «اللاهى» – ٧ كذا قرأ سيد غازى. ج «حسن» – ٨ كذا قرأتُ. ج «حبيبى»

وقال أيضا [مُوَشَّحَة ٥]

سَهْمُ[١] الفتور مِن الاجفَان رمَا فَاقصد
انا القتيل بهِ وَالعَان انا المسهَّد

اصَاب سَهْم فتور الطرف
قلبى على انهُ ذُو ضعف
من شادن ذى جفون وطف
جَنا عَلى غيْر عمد حتف

انا ابرى ذَاكَ الجانى بما تعمد
وَان تيقنت انى فَانى ادرجت للَّحد[٢]

اصبَحت بالرشا المخزوم
وَالهِه المزدرى بالريم
حيرَان بَين حَشا مَكْلوم
وَمدمع سَايل مَسْجُوم

فَان اقل انا فى طُوفَان فَالدَّمعُ ازيد
وَان اقل انا فى بركان فَالوَجد اوقد

ظبيان مَا فيهمَا من ابن[٣]
همَا جميعا[٤] بارْض الحسن
فَفيمَ يسْرح منه[٥] جفن
فى الورد يعبو امْ فى الغصن

فقدّ ذا غصن[٦] من بَان لدن تاوَّد
وَخدّ ذا الورد فى السّوسَان وَقد تنضد

مصبغ الوجنتين حمر
كَمِضة سَال بيهَا تبْر
وَذَاكَ بعض حلاهُ الثغر
وَالشَّارب الريو[٧] المخضر

بهَل تجسد من ريحان   ام من زبَرجد
عَلى بِم الدر وَالمرجان   لما تجسد

سُبحَان مُبْديهمَا للحَدَق
من حمرة بى بَيَاض يَفو
متوجين بتاج الغسو
بى اللمتين وَتاج الشبو

بهَل جَرا ذايب العفيان   بيهَا مَعَ الند
حَتى اعتدت نفط الخيلان   مِنهَا تولد

احْسن باغيَد يَهْوى اغيَد
سيان بى الفد اوْ فل بى الخد
وَمن كعمرو وَمن كاحمد
لذاك انشد من فدْ انشد

ياوى مَليح ونعشو ثانى   عشفًا تاكد
لَا يستحيل[٨] مَدَا الازمَان   بَل يتجدد

١ ج٣ «سر» — ٢ ج «الحد» — ٣ ج٢ «لبن» وفوقه ثلاث نقط تشير إلى خطإ، ج٣ «لبن» — ٤ ج «جميعان» — ٥ كذا قرأ سيد غازى. ج «منهما» — ٦ ج١ «عصن» — ٧ ج٢ «المرمو» وفوقه ثلاث نقط تشير إلى خطإ، ج٣ «المرنو» — ٨ ج٣ «تستحيل»

وفال أيضا [مُوَشَّحَة ٦]

جَادَ بالمنا طَيفها[١] الطارِق وَاتى عَلى مَوعد صَادِق وَمَا جنب

مَرْحبًا وَان زادَنى[٢] وجدا
بخَيَال من كرمت عَهدا
بَعثه يستوصف[٣] الودا

سَافِرا عَن المنطق الرايق فَجلا من[٤] الدجا رونق سَنا الكَوْكَب

ايهَا الرشا الاحور الالما
هبك ان لحظى فد ادما
صَفحة جَلا نورهَا الظلما

لم صفحت عَن لحظى الرامق وَانتفمت من فلبىَ الخافق وَمَا اذْنب

حبَّذا المدَام من مسلا
فَاغتنم بهَا عيْشك الاحْلا
فى ودَاد سَيدنا الاعْلا

ملك بشاو[٥] العلا سَابق لَا يرَا سوَاهُ بها لَاحِق ٦

لجَلالِهِ ينتهى الفخر
وَبفَضلهِ يشهَدُ الدَّهْرُ
†ما ردع†[٧] له الشيم الغر

بصفَات تلك الخلايق تزدهى بهن المهَارق[٨] اذَا تكتب[٩]

يَا ابَا سَعِيد جرَا السَّعد
بعُلاكَ وَاسْتبشَرَ المجْد

وَلربَّ غانية تشد

خذ حديث عن صيغى الناطق　　　هو يفل لك الفؤاد[١٠] عاشق　　　وَليسَ تكذب

١ ج[٣] «طيب» – ٢ ج[١] «زارَنى» – ٣ كذا ج – ٤ «من» ناقصة فى ج[١] – ٥ ج[١] «يشاو» – ٦ سقط لفظ مثل «وما يفرب» – ٧ كذا ج ، وفى ج[٣] ثلاث نقط فوق «ردع» تشير إلى خطإ – ٨ ج[١] «يزدهى بهن للهَارق» – ٩ ج[١] «يَكتب» – ١٠ كذا ج ، ولعلّ الصواب هو «الفلب»

وفال أيضا　　　[مُـوَشَّحَـة ٧]

اما وَالهوَى اننى مُـدنف
بحب رَشـا فل مَـا ينصف
اطَـاوِعُـهُ وَهوَ لى مخلف
فَـعما فليل بهِ اتلف
ووَاعَـدَنى السَّـهم حَتَّى انتهك　　　فؤَادى[١] فيَـا وَيحتا فد هَـلك

غزال لَـهُ مُـفلة سَـاحِره
وَانجمُـهُ انجُم زَاهِرَه
وَلمته لمَّـة عَـاطِرَه
وَكل العُـيُـون لهُ ناظرَه
وَجسم اذاهُ لبَـاس الفنك　　　كمثل اللجيْن اذَا مَـا انسَـبك

هُـوَ الشمس لَاكِنَّـه اجْـمل
هُـوَ البَـدْر لَاكنه اكمَل
هُـوَ الصُّبح لاكنهُ افْضل
فَـليْس عَلى الارض من يعْـدل

هِلال بَدا من سكون الْفلك　　يصيد القلُوب بغير شرك

تحيَّر فى نوره كل نور
وَذلت له حريات البدور
وَحنت لحسن سَناه الخدُور
ففيه الاساء وَفيه السرُور

فَكمْ فتكة فى الهوَا قد فَتك　　وَكَم من قتيل لهُ قد تَركْ

اليس منَ الظلْم ان يبعدا
كئيب مِنَ الشوق قد اجْهَدا
تعبّدهُ الحسْن فاستعبدا
وَكلفَهُ الشوق ان ينشدا

مَلكت فَكن خيْر من قَد مَلك　　يَا موْلى الملاحِ يا عَبْد الملِك

١ ج٢، ج٣ «فؤاد»

وقال أيضا　　[مُوَشَّحَة ٨]

مقلتى	هَل الشؤون[1]	نار الوجيب
تشعل	ام من اوارى	يزجى سكيبى

عَاذلى	كَمْ ذَا تلُوم	بادى الضَّنى
قاتلى	فيه اهِيم	وَان انا
ليسَ لى	ممَّا ارُوم	الا العنا

اى شى	مثلى يَكُون	غيْر وَجيب

ينزل[٢]   وما شعارى   الا شحوب

بى رشا   يا †عنواه†[٣]   ما اعْطرا
وَالحشا   اخفَـا هَـوَاه   فَـاضمرَا[٤]
ان قَشـا   فَكَمْ طوَاه   ان ينشرا

اى طى   وَلا معين   الا غرُوب
تهْـمل   وَلَا انتصَارِى   سِوى نحيب

وَالمنا   صلب[٥] العريك   ان يسـتنال
٦   ٦   ٦
٦   ٦   ٦

ما على   هَـذا الشجُـون   يَـا مستتيب
يعفل   عفل الشعار   على الضريب

منتها   عينى تمر   مِن البرض[٧]
علهَـا   يومًـا تفر   اوْ تغتمض
هَبْ لهَـا   جفنا[٨] تسر   او لا فغض[٩]

يَـا رشى   تلك الجفُـون   بذى الفلوب[١٠]
تفعل   فعْل الشفار[١١]   لذى الحرُوب

بيسَ مَـا   رَامَ الرقيب   وَمَـا سَعَـا
كلمَـا   يَبْـد الحبيب   بَـدا مَـعا
فَـلما   اشد أجيب[١٢]   لِمَنْ دَعَـا

[١٣]كدامى   فليل[١٤] البين[١٥]   اذل اميب[١٦]
كر ل[١٧]   †ميت طارى†   شر[١٨] الرَّفيب

١ ج[١] «الشؤن» – ٢ ج[١] «يزُول» – ٣ كذا فى ج[١]، ج[٢] «يا عنواه» على ما يبدو، وفى ج[٣] ما يماثل «يا سواه» – ٤ كذا قرأتُ. ج[١] «باظمر»، ج[٢]، ج[٣] «باظهر» – ٥ كذا قرأتُ. فى ج ما يماثل «طب» ٦ سقط غصنان من المخطوطات – ٧ كذا قرأتُ، ج «البهض» – ٨ كذا قرأتُ، ج «حينا» ٩ ج[١] «به او فغض» – ١٠ كذا قرأتُ، ج «بالفلوب» – ١١ ج[١] «الشعار» – ١٢ كذا قرأ سيد غازى. ج[١]، ج[٢] «نجيب»، ج[٣] «نحيب» – ١٣ الخرجة موجودة أيضا فى موشّحة لابن بقىّ (جيش التوشيح، ١، ٤) وفى موشّحة عبرانيّة للشاعر משה בן יעקב אבן עזרא (ديوان، ١، ٢٦٩) – ١٤ فى ج ما يماثل «فلمول» – ١٥ فى ج ما يماثل «اللين» او «البين» – ١٦ كذا قرأتُ من نصّ خرجة الموشّحة العبرانيّة – ١٧ كذا قرأتُ، ج «كذل» – ١٨ ج «سر»

وفال أيضا [مُوَشَّحَة ٩]

ڢى جَر اذيَال مختال علمت من يرمى بسَهم

لِله ممتن لو حيا
يشفا بهِ الغصن وَيغْيا
بوجههِ الحسن مَا احيَا

......[١]كجريال لثال يَفض باللثم عَن ختَمِ

الذ مَا عِندى غَرامى
رغبتُ ڢى مهْدى سَلامِى
وَكَان مِن وَعدى سَفامى

ڢَفل لعُذال حَاشا لى الا بَى جسمى بالسفم

جَوَانح الْهَايم تَفْديكا
ڢيَا ابَا الْفَاسِمِ يَكفيكا
فد جلى الْخاتم عَن ڢيكا

ضيعت ءامَالى　　فَمـا لى　　يعزا الى حكم　　بالوهمِ

اوحَشتَ ءامَانى　　مِن فربك
فَان اشفَانى　　من فلبك
حَكمت اشوَانى　　فِى حبك

ضمنت اوْجَالى　　اجمال　　وَتدعى ظلمى　　فِى الحكمِ

اما عَلى شكر[2]　　من منا
اذَا مال بالسكر　　وَغنا
وَجَاء بالشعر　　وَغنا

فبيله فِى الخال　　يا خالى　　فَفال فِى فِمى　　يَا عمى[3]

١ سقطت كلمة. فى ج[1]، ج[3] بياض، وفى ج[2] ما يماثل «كر». ولعلّ الأصل كان «ثغر» أو «ريق» – ٢ ج «شكرى» – ٣ فى ج[1] الخرجة كما يلى:

فبيلة يا خالى | فِى خالى | فَفال فِى فِى | يَا عمى

وفال أيضا　　[مُـوَشَّحَـة ١٠]

خدت ذوَارف دَمْعى خدى　　فَالعيْن تسْـهر
وَفِى الجوَانح نار الوجد　　ظلت تسعر

يَـا مَن يبيتُ خلى الْفلب
اكيف فِى من ذوَات الفلب
هيْفاء فد سَلبتنى[1] لبى
وَفطعت مهجتى بالعتب

اهْوى الوصَال وتهْوا صَدى ظلما وَتنفر
مني وَتخلفني في الوعْدِ فكيفَ اصْبر

كم ليلة بت مِن بلوَاء
اهِيمُ تحتَ دجا الظلماء
مراقبًا[٢] انجُم الجوزاء
يَدى على كَبد حَرَّاء

وَلمْ اكن لجوَاى[٣] مبدى لوْ لَا تحدر
لى ادمع مثل العقد اذَا تنثر

بمن حَبَاك بلين[٤] العطف
مني عَلى دنف بالعطف
كَانت منيته بالطرف
مَا ضر لَوْ نال حلو الرَّشف

كم †ساروم†[٥] وَدُون الورد للحظ خنجر
حَتَّى استباحَ رياض الورْد واللثم حجر

بالله يا فتنة[٦] العُشَّاق
وَطلعة البدر في الاشراق
جُودى عَلى دَايم الاشوَاق
برَشف ذَاك اللمَا الدرياق

ريق يبرد نار الوقد مِن ثغرِ جَوهر
الخمْر فيهِ وَعرف الند مازجه سكر

وَظبية مِن ظبَاءِ الانس

حَـدِيثها جَـالِب[٧] لِلانسِ
اعَـارت الحسن ضوء[٨] الشمْس
تدعُـوا حَـبيبا لهَـا ان يمس
امَـا تجى يَـا حبيبى عندى   ذَا الليله[٩] تبطر
نوبيك جَالى ونهديك نهْـدى   ولَا نفصر

١ ج[٢]، ج[٣] «سلبت لى» – ٢ كذا قرأ سيد غازى، ج «مرافب» – ٣ ج «جواءى» – ٤ ج[١] «يلين» – ٥ كذا ج على ما يبدو – ٦ ج[٢]، ج[٣] «منية» – ٧ كذا قرأ سيد غازى. ج «جَـالِبًـا» – ٨ ج[١] «ضو» – ٩ كذا قرأتُ. ج[١] «الليلة». ج[٢]، ج[٣] «اليوم»

[فصل ١٢]

الفَاضل ذُو الوزَارَتين ابُو عِيسَى بْن لبون رحمهُ الله

محتد شريف سما فِى ذرَاه فَامل جَنابَه وَدرَاه نطَق بالسحرِ وَفَاه المجْد فيه وَالسعة وَتوشيحهُ وَكَلامُهُ سَهْل المَرَام بَديع النظام يرى عَليْه رَوْنق المَاء وَطبعه وَان لمْ يكن اعتناؤه فجَاءَ بمَا بهَر وَعرفَ فيهِ احْسَانهُ وَاشتهَر مَع سودد وَكرَم وعفد فِى ايصالِه الحسب مرم وَظهَر سَناؤه وَشرّق وَغرب شعره وَثناؤه عذب الجنا بَاهِر السنا وَهَاك مِن تَوشيحه نورا ينفح وَلجَّة بالبِديع تطفح

فمن ذالك فوْله [مُوَشَّحَة ١]

مَا بدا من حَالِ فد كفا عذال
عَاذلى لَا تكثر فِى الهَوَا تِعْذال

عذلكم يغرينى فَانتهوا عَن عذل
كلفِى بالعين زايد فِى فَضلِ
فعت فيهمْ دينى غيْر ان لمْ اغل

فط مَا بالغال للجمَال العَال
لوْ شراهُ المبصر بالتفا وَالمَال

بابى فتَّان لذ فيهِ عشق
صَاغَهُ الرَّحمْان لامْتحان الخلق
ركب الاحسَان فيهِ حسن الخلق

ايما هِلال صَار فِى كمَال

ڢَوق غصن مثمر　　　شغل كُل بال

ان جڢَانى دَهْرى　　　ڢَعماد الدوله
مَالكى وَڢخرى　　　فد حبَانى طوله
وَتلاڢى امْرِى　　　مذ[1] حصلت حَوْله

وَكثير ذا ل　　　من مَليك عَال
ينصرُ المستنصر　　　بشبا[2] العوَالى

ڢخرءال هُود[3]　　　دُونَما انكَار
سَادة بالجود[4]　　　وَالتفا للبَار
وَالوڢَا[5] المعْهُود　　　مِنهُ للاحْرَار

وَارَا النزال　　　نايل الابطال
ثمَّ لَا يستكثر　　　كَثرة الاهْوَال

لَامنى العذال　　　ڢى ودَادِى[6] منذر
فلتُ يا جُهال　　　ليسَ ڢيكم مبصر
وَفع الاخلال　　　ڢيه ڢليسْتَغڢر

بالكبار املَا لى　　　دَعنى من علالى
ڢى ودَادى[6] منذر　　　الرئيس الْوَالى

١ ج[1] «اذ» – ٢ كذا قرأ سيد غازى. ج[1] «للشبا»، ج[2]، ج[3] «بالشبا» – ٣ كذا قرأ سيد غازى. ج «دَاوُود» – ٤ كذا قرأ سيد غازى. ج[2]، ج[3] «هم بالجود»، ج[1] «هم بآلواد بالجود»، والمدّة تشير إلى خطإ – ٥ كذا ج[2]. ج[1]، ج[3] «وَالوڢَاء» – ٦ كذا ج

وقال أيضا [مُوَشَّحَة ٢]

بمهجتي غُصون رَيَاحين تهتز فوق كثبَان يبرين

احْبب بمثلهَا مِن غُصون
ثمارهَا بدور دجون
تلفيك فى اسَار المجون
وَلوْ غدوت فى النسْكِ وَالدين كهَازِم الصفُوف بصفين

مَا العيش كله وَالصلاح
الا رنين عُود وَرَاح
تديرهَا فتات رداح
†يجُول خَدها كلما حين† †رَوْضا يفُوق البسَاتين†

لَا شيء كالمليحة[1] محيا
الّا امتدَاح من هوَ احيا
رسم العفَاف والمجد يحيا
السَّيد الرءيس الميمُون اعْنى الوزير حَفيد المامون

القَادر المويد باللّه
الماجد المفيد الاشبَاه
من طيب ذكرِه فى الافواه
كالمندل كبنت الزراجين اذَا تشاب مسْكه دَارين

يَا طيبتا وَطيب زَمَان
قطعْته بطيب الامَان

وَالبم منشد وَالمثانى

وَدعتها فَقالت بتحنين   اللّه لك يَا غريب يَا مسكين

١ ج١ «كالملبه»

وقال أيضا   [مُوَشَّحَة ٣]

لَا شيء احْلا مِنَ الوصَال

لَا سيما حلوة[1] الدلَال

وَالرشف لِلبَارِد الزلَال

مِن ثغر مستظرف الال[2]

وَفاضِح الغُصْن النَّضير   بلا نَظير

هَويت حورية المعَانِى

تذكر[3] الحور[4] فى الجنانِ

بحسنهَا ءاية[5] الحسان

وَهى غِنَا لى عَنِ الغوان

حَظى بهَا حظ الامير   مِن السرُور

كيف يلُوم العذول فيه

وَالمسك وَالراح طعم فيه

وَهو عَديم بلا شبيه

قد لحظ الشمس لحظ تيه

وَرَاش للظبى الغرير   سَهْم الفتُور

كَمْ صَدَّهَا عَنى الحسُود

بَلم يَكن صده يبيد
ارادت[٦] للذى اريد
بحبهَا حَيْثُ لَا مَزِيد
دَانى المحل مِن ضميرى بلَا نكير

غبطهَا فرب من تجله
بى كُل حِين وَلَا تمله
بالمكث بى مَوْضع تحله[٧]
بهىَ تغنى بمَا تدُله
افرطبه كَان سديرى[٨] اين الامير

١ ج[١] «حلوه» – ٢ يعنى «اللآلى» – ٣ ج[٣] «لذكر» – ٤ ج[١] «مَا للاى» – ٥ كذا قرأ سيد غازى. ج «ءابة» – ٦ فى ج[١] ما يماثل «ارادة» – ٧ كذا ج، وقرأ سيد غازى «يحلُّه» – ٨ ج[١] «سدرى»

وفال أيضا [مُوَشَّحَة ١٤[١]]

حُب الحسَان يَا صَاحِبى اضنَانى
لَا تَعْذلانى[٢] بيهمْ خَلعْت عنَانى

الحب دِين فَد سن ترك الوفار
بهِ ادِين وَفَد خلعْت عذار
بمَا اهون بليْسَ بيه مِن عَار
ليسَ امتهَانى عَلى الهوَا بنفصَان
بَبى الغوَان نباق سوق الهوَان

ظبيا احما تعْنُوا اليْه الاسُود

جَفَاك ظلما　　فليسَ عَنه مَحِيد
رحماك رحْما　　الى مَتَى ذا الصدُود
فَجد لعَانى　　وَلو ببعْض الامَانِى
فَالموْت دَانى　　ان مت عَلى هجرَانى

افنيت صَبْرا　　وَلم يَزَلْ ذَا اصطبار
عُبدت حرا　　مستعبد الاحرار
فَالحظ فصرا　　وَلَمْ يَفل باعتذارى
فمن رءَانى　　عَلى انحطاط مِن شانى
فَفِى اندعانى　　اليْـه افوَا برهَان

مَن لَا اسَمى　　مَخافةَ الافتضاحِ
ردّ[٣] لجسمى　　رُوحى بتحريك راحِ[٤]
فانف[٥] هَمى　　بضرب[٦] ذى افصَاح
بلَا لسَانِ　　ان حَركتهُ العيدَان
عَلى الفيان　　يفضى بسُكرِ الْعِيدَان

فيَا حيَاتى　　وَمنيتى اسعدينى
بهَا وَهَاتى　　كَاس الطلا وَغنينى
فوْلَ فتَات　　شدت لبعْد الخدين
وَيحى جفَانى　　اسمر مليح الاجْفَان
عمدًا[٧] برانى[٨]　　بهجره[٩] وَخلانى

١ هذه الموشّحة موجودة فى عُدّة الجليس (موشّحة ٢٣٣) – ٢ ج[١] «تعذلُونى» – ٣ ج[١] «ردا» – ٤ ج

«الراحِ» – ٥ ج[١] «فنبي» – ٦ ج[١] «فى ضرب» – ٧ كذا ع. ج[١] «عمده» – ٨ كذا قرأتُ. ع «بَدانى»، ج «يرانى» – ٩ كذا ع. ج «بوصله»

وفال أيضا [مُوَشَّحَة ٥]

كمْ ذَا يعذل مغرا بهَوى الغيد مجهد

يَا من عَـذلا الَيْك بعَـذلى مِن العنا
لَا اسلوا ولَا استحسن ثوبا سوى الضنا
انا المبتلى عفا اللّٰه عَن كل مَا جنا

ذلى اجْمل وَخلعى للعذارِ اوْكد

علفت رَشا من الغنج وَالهجر جنده
هضيم الحشا فَد اينع بالورد خده
يزْرى ان مَشا بالحفف وَبالغصن فده

مَا يمثل جَمالاً ومَا ان يحدد[١]

سلاب النفُوس امير فدير مسلط
الدر النفيس من فيه اذَا فَاهَ يلفط
خمر للجليس وَورْد بمسك منفط

فمَا يمثل الّا وتَـرا السحر يسْجد

حَسْبى اننى اهون عَليْه وَاخلو
وَلَا انثنى عَنْهُ †لوكما يشف† ويشفو[٢]
وَلكننى فى رَاى هَـوَاهُ مُـوَفو

ليسَ يخذل مَن طَاعَ الهـَوَا بَل يسدد

وَخود لهَـا　　　ريو شنيبٌ طيب المذَاق
اذَا دلها　　　دلت †من تجد ذى†[٣] اشتياق
تشدو وخلهَـا　　　تدعُوهُ الى الوصْلِ وَللعنـاق[٤]
سمراك حل　　　†انده من شار بالعدد†

١ ج «يجدد» – ٢ ج «يشفى» [بدون الواو] – ٣ ج[١] «من تجد طيب آغير ذى» على ما يبدو – ٤ كذا قرأ سيد غازى. ج «والعناق»

وقال أيضا　　　[مُـوَشَّحَـة ٦]

امصْبَاح نور　　　بكف المدِير
امْ ذَايب عَسْجد　　　امْ سلاف يتوَقد
اهْـذَا لكَ ريا　　　هُـبُـوب النَّسيم
بَحث الحميا　　　تجلى الهمُـوم
تدارُ عليا　　　كمِثل النجُـوم
بى رَوْض نضير　　　يزهُـوا بغدِير
بالرِّيح تزرَّد　　　تهز سَيْفا[١] مجرد
رَضيت الصغارا[٢]　　　بى حُب الصغَـار
وَبعت العَفَـارَا[٣]　　　بى شرب العُفار
بَـاشربهَـا[٤] جهَـارا[٥]　　　من دون استِتار
بَسر السُّـرور　　　بى شرب الخمور
وَبى[٦] وَصل اغيد　　　ناره خد مُـورد
الفت السفامَا　　　مُـذ نابَر حبى

هجَـرت المنَـامَـا   مُـذ وَاصَل كرْبى
وجڢنى سجاما   منهَل بسَكبى
ڢى حب[7] غرير   كڢيض البحور
دَمْع ليْس ينڢد   سال من نارٍ توڧد[8]

يَـا بَـدرَ الكمَال   وَغصن اعتدَال
جُـد لى بالوصَال   وَلَـو ڢى الخيَـال
وَلْترث لحال   وَامنن يَـا غزال
ڢيك اسير   بكُم[9] مُسْتجير
ڢى الحب مُـڢيد   [10]لمْ يَـزل صَبا[10] مُسَـهَّـد

ادِر خندريسا   وَلَا تصغ للوَاشِ
سَل النڢـوسَـا   ڢسرى غدًا ڢَـاش
وَحث الكئوسا   وداد بْن شواش
صب[11] بالكبير   وَارْدڢ بالصغير
وَاشرب سر احمد   مَن[12] غدا ڢى الحسن اوحد

١ ج[1] «سَيْڢ» — ٢ ج[2]، ج[3] «الصغار» — ٣ ج[2]، ج[3] «العڢار» — ٤ ج[3] «ڢاشربها بها» — ٥ ج[2]، ج[3] «جهار» — ٦ كذا قرأ سيد غازى. ج «وَوَصل» — ٧ الكلمة ناقصة ڢى ج[1] — ٨ ج[2]، ج[3] «تتوڧد» — ٩ ج[1] «لكُم» — ١٠ ج[2]، ج[3] «لم يزل بكم صبا» — ١١ ج «صلب» — ١٢ كذا قرأ سيد غازى. ج «وَمَن»

وڧال أيضا   [مُوَشَّحَة ٧]

عصيت اللوَّام   ڢى شُرب الحميا   وَوصْل الريام
ڢَڧل للعَـذول

افصِر يَا جَهُول
عَن مَن لَا يَحُول
بغيْر الهيام　　مَا يَدُوم حيا　　وَكذا الكِرَام

سَبَانى رَشا
هضيم الحشا
يُبدى ان مَشا
غصنا بى ركام　　عليْه محيا　　كَبدْر التَّمام

مَعْشوق يتيه
عَلى عَاشقيه
كَم فَاسيت بيه
لو يَرعَا الذمَام　　وَمن عليا　　وَلوْ بالسلَّام

كَمْ ذا يهجر
وَلَا يشعر
مما[١] اضمر
بيهِ من غرَام　　فد غزت[٢] اليا　　اجْنَاد الحمام

لَا انسَا زمن
غنا بيه من
اولانى[٣] حَسَن
مما شت[٤] الغلام　　لَا بد كل ليا　　حلال اوْ حَرَام[٥]

١ كذا قرأتُ، ج «متى» – ٢ ج[١] «عزت» – ٣ كذا ج[٢] ج[٣]، وفى ج[١] «اولى بى» – ٤ كذا قرأتُ،

ج «شيت» – ٥ الخرجة موجودة أيضا فى فصل ١١، موشّحة ١

وفال أيضا [مُـوَشَّحَـة ٨]

شكَـا جسم بما اتلف السفمْ
انا ارْضَاه وَان تلفَ الكل

فيَـا لهفى امُـوت كَـذا عشفا
ولَا الْفى طبيبا لمَـا الفَـا
فَيَـا الفى اذَا شئتَ ان ابْـفا
فباللثم[1] وَمَـا ضركَ اللثم
ومن رياه يصح المعـتل

سَبَـا عَـفلى وَاعْـدمنى حسى
عَلى نبلى[2] غزَال مِن الانسِ
يَـرا فَـتلى وتعْشـفهُ نفْسى
عَلى الرغم كَـان حبه حَتم
فيَـا ويلاه[3] عزيزا يذل

انا عَـبْـد لمن انا مولاه
وَلا رَد لمَـا شاء[4] اللّـه
رشا تعدو عَلى الاسد عَـينَـاه
اذَا يرمى فَـمـا يخطئ السَّـهم
وَمَـا فتلاه منَ الرمل افل

لان اسرف[5] على عَـبْـده خلى

وَلمْ ينصف   وَمَال عَن العَدل
فَما انصف   وَمَا كَان فِى حل[٦]
ففِى الحكم   بان يعذب الظلم
وَان تَرضاه   اذا رضى[٧] الخل

وَكمْ حسنا   مرضت وَلمْ تدر
زرت حسنا   عَلى الشمس وَالبدر
شدت حزنا   لما علمت امرِى
غريدمى[٨]   ذى مو[٩] سيد يا فوم
تَرَا باللّه   †سم الاسم ندرل†

١ كذا قرأتُ، ج «للثم» – ٢ ج[١] «نيلى» – ٣ ج[١] «ولاه» – ٤ كذا ج[١]. ج[٢]، ج[٣] «يشاء» – ٥ كذا قرأتُ. فى ج ما يماثل «لابن شرف» – ٦ ج[١] «جل» – ٧ ج[١] «رضا» – ٨ كذا قرأتُ. فى ج ما يماثل «عزيرمى» – ٩ كذا قرأتُ. فى ج ما يماثل «كمد»

وفال أيضا   [مُوَشَّحَة ٩]

مَا حَال العميد   بَينَ الهوَا وَبَينَ التفنيد

مَا لى مِن محبُوبِى[١]   من اسهُم العيون العين
دلت بغرورى   فلب المتيَّم المحزون
وَفامت مثيرى   عَليْه حتفهُ فِى الحين
فَاين محيد   بمن[٢] حتفه رَفِيب عتيد

وَبى اهيف   لَا يستطيع حمل الردف

لهُ مرهف   لحظ موكل بالردف
بهِ اكلف   وَلى عَلى الهوَا من وصف
ثلاث شهُود   سفمى وَعبرتى وَالتسْهيد

ابَا طَاهر[3]   صَبرى لمفلتيك فد عيل
وَعَن ناظرى   صيرت مدحى[4] بيك انجيل
بى دَبَاترى   عنوَانهَا هـوَا اسمَاعيل
عَن ذهن جَديد   لمْ يَرض بى هَوَاهُ تفليد

بتى لمْ تزل   امدَاحهُ تزين الشعرا
لهُ بى الحمل   شخص منعل بالشعرا
بَان لمْ اصل   بوصله وَصلت الذكرَا
بى مجْد مشيد   احلهُ[5] مفَام التمجيد

الفيت بيد   وحى للهوَا ان يخضع
بَخذ فودى   مِن لحظ مفلتيك اوْ دع
بَوَا كمدى   انْ لم اهل وَالا بَافلع
بَاعمل مَا تريد   بَانت بى الملاح افليد

١ كذا ج، وهو خطأ. والأرجح أنّ الصواب «مجير» كما اقترح سيد غازى – ٢ كذا ج[1]، ج[3]، وفى ج[2] ما يماثل «بن»، وقرأ سيد غازى «لمن» – ٣ كذا قرأ سيد غازى. ج «ايَا طَاهرى» – ٤ ج[1] «محدتى» ٥ ج[1] «اجله»

وفال أيضا   [مُوَشَّحَة ١٠]

من اطلعَ البَدر بى كمَال   غصن اعتدال

بمهجتي شادن غرير
يجور[١] حُكما وَلَا يجير
وَمَا سِوَى ادْمُعى نصِير
تفعَل عيْنَاهُ بالرجَال بعل العوال

علفتهُ اوطف كحيل
يحسدهُ الغصْنُ اذ يميل
يجُول فى ثغره شمول
يمج من نظمه لئال برد الزلَال

يَا ايهَا العَاذل الخلى
بى مِن بنى الليث بَابلى
فلبى به مغرم شجى
عذلكَ عندى اذ لسْت سَال مِنَ المحالِ

كَمْ فلت لَا ادعى بحبه
لِطول اعرَاضه وَعتبه
حتى اذا لاح صبح فربه
ابديت من غرة الجمال ذل السوال

مَا زلت اشكُوا لهُ ببعده
حَتّى ارعوَا[٢] حَافظا لعهْده
كَانه اذ اتى لوعْده
يختال فى ظلمتهِ الدلال طَيف الخيال[٣]

لِلهِ يومًا بهِ نعمنا

رو[٤] اصِيلا فَرَاق حسْنا

عَاتبتهُ مازحًا فغنا

ايَّاكَ يغرك صرف دمَال   يا فد بَدَا لى

١ ج[١] «يجير» – ٢ يعنى «ارعوَى» – ٣ ج «خيال» – ٤ ج[٢]، ج[٣] «راو»

[فصل ١٣]

الوزير المشرف ابُو بكر بن رحيم رحمهُ اللّهُ

شهَاب نير الاشرَاق وَرَوْض يَانِع الابْراق سَحر الالْباب وَنظم من الكلام اللبَاب مَعَ كَرَم طبَاع وَمَشى بى طُرق الجود وَامتداد الايادى بارحَب باع نظم الفقر وَبحث عَنِ المعَانى ومهر وَحسن افسَامه وَكسَا تَوشيحهُ رونقا ووسَامه رفَع للطارفين مَنارَه واوفد لهُم بالبفاعِ نَاره مَع اصطناعِ الاحْرار بالمنن وَفصد من الجود الَى ارفع سنن هَاكَ مِن بَدَايع توشِيحه ما يَرُوق نشره وينفح نوره وبشره[1]

[1] الكلمة غير موجودة فى ج[1]

بمن ذالك فوْله [مُوَشَّحَة ١]

من صبَا كمَا اصب
فهو للصبَا نهبُ
وَاعلم ايهَا الفلب

لو اذابَك[1] الحزن مَا حَييت لَا اسْل
افض بى الهوَا عزمك لَا يضرك الْعَذل

كتمك[2] الهوَى حرق
هَكذَا حَكت برق
انهُم مَتى عشفوا

وَسبَاهُم الحسن برحُوا[3] بهِ فبْل
انى ارَا كتمك الهوَا[4] هُوَ الذل

فل لكوكب الحسن
مُـنتهَى المنا منِّـى
بالوصَال اوْ منى

فَـمتَى ترا تحنو   وَطبَـاعكَ المطل
وبهى[٥] وَلو حلمك   لَا يَكُـون بهِ بخل

يَـا شفيفةَ الفمر
ارْفِفى وَلَا تذرى
مهلا كذا خبر

فَـالمعَـاطف اللدن   وَالملاحظ النجل
مَـوْت مغرم املك   وَحَـيَـاته الوَصل

رب غادَة هَـويت
فشدت وَفَـد شفيت
بالذى بهِ بُـليت

الاسيمر اذن   الخل مر فلو
يَـا طُـوبـى لمن ضمك   فَـد نال المنا كلو

١ ج[١] «لو اذ بَـدا بكَ» – ٢ ج[٢]، ج[٣] «كتمتك» – ٣ كذا ج. وقرأ سيد غازى «صرّحوا» – ٤ كذا ج. وقرأ سيد غازى «للهوَى» – ٥ كذا ج[١]. ج[٢]، ج[٣] «هبنى»

وفال أيضا   [مُـوَشَّحَـة ٢[١]]

يَـا نسيمَ الريح ان عجت عَلى ربَّـة الفُـرط
اهْـدهَـا منى رَيْحان السَّلام عَـلَى الشحط

وَاعتمد تذكارَهَا بالعهْدِ وَالْود وَالشرط
ثمَّ يَا غيث اسو دَارا كُنت اعهد بالسفط
فوفها للعزّ[٢] والعلياء[٣] مجدٌ وَتعريش　　طَال مَا اغلت يَدى لَا نالهَا منك تعطيش

يا خلى[٤] النَّفْس لَا تعذل فُؤادًا شجيا
هَل ترَا مَا صَنعَ الحب عَلى غرتى فيَا
صيَّرت ايْدى الضنا جسمى بلا رفة فيَا
فَاتركوا لَا زَال ثوْب السفم وَففا عَليا
ان عذل الصب اغراء[٥] لديه وَتوريش　　مَا عليْكم ان امت وجدا هنيئا لكم عيش

اسفنى لَا عذر لى ان لمْ امت خَالِع العذر
فى الملاح الخرد العين الكواعب والخمر[٦]
مَا ارَا يصرف عذلى بعض ما فد طَوا صَدر
لَا وَلَا اسْطيعُ[٧] ان اسْل ظبيا[٨] مَدَا عمْرى
وَالضنا نم عَلى جسْم وَفلبى مَدهُوش　　كَيْفَ يسْعى طاير يَا فوْم ليسَ لهُ ريش

بابى عَاطِرة الاردَان سَاحِرة الطرف
كَاعب[٩] مايلة الزنار مُفعمة[١٠] الردف
جملة مِن كُل حُسْن ليسَ تدرك بالْوصْف
بَدر تم حَفَّهُ ليل منَ الشعر الوحف[١١]
تحته وَجْهٌ مِنَ السوسان بالمسْكِ مَرشوش　　زانه للحسن[١٢] تنميق وبشر وترفيش

عَاهدت بل حَلفت الَّا[١٣] تحول عن[١٣] العَهدِ[١٤]
ثمَّ عَادَت عطفت حَنت فزَارت بلا وَعْدِ[١٤]
فَارتشفت الشهد من فيهَا وَملت الى النهْد[١٤]

فَشكت ذَاكَ وَقَالَت لى[١٥] سَالتك بالود[١٤]

[١٦] نون ممردش يا حبيب لا نفر دنيش   الغلاله رخصه بشت اطوطا مى ربيش

١ هذه الموشّحة موجودة فى عُـدّة الجليس (موشّحة ٣٤٥) – ٢ كذا ع . ج «للمجد» – ٣ ج «والعليا» – ٤ يعنى «خَـلِىٌّ» – ٥ ج «اغرا» – ٦ ج[١] «الخمر» – ٧ ج «استطيع» – ٨ ج[٢]، ج[٣] «ضبيا» . ج[١] «ظبى» . ع «اظنّ» – ٩ ج «كاعبة» – ١٠ كذا ع . ج «مُـنعمة» – ١١ ج «الوجف» – ١٢ ج «الحسن» – ١٣ كذا ع . ج «تفيم على» – ١٤ هذا ترتيب الأغصان فى عُـدّة الجليس ، والترتيب فى ج : ١ ، ٤ ، ٣ ، ٢ – ١٥ الكلمة ناقصة فى ج – ١٦ الخرجة موجودة أيضًا فى عُـدّة الجليس ، موشّحة ٣٤٤ ، وتوجد خرجة مماثلة فى موشّحة للشاعر יהודה הלוי [موشّحة ٣] ، ولكن نص الخرجة فى الموشّحة العبرانيّـة اغمض منه فى عُـدّة الجليس ، ولا يساعدنا على فهم هذه الخرجة . للنصّ فى الموشّحة العبرانية انظر

Stern, *Hispano-Arabic Strophic Poetry*, pp.138-9

النصّ ما اثبتُّـه فى عُـدّة الجليس. فى مخطوطات ج نجد :

ج[١]   نن عردش يا حببى كاد يفر دناش | العلالة رخص ينسب اطوطه مبروس

ج[٢]   من عردس با حسب كان نفر ساس | العلاله رحص بسب اطوطه ممروس

ج[٣]   من عردس باصنب كان لعرد ناس | العلاله رحص بنب اطوطه مبروس

وقال أيضا   [مُـوَشَّحَـة ١٣[١]]

هزَّ[٢] ارتياح   رَاح برَاح
مسْكية الانفَاس   شخت[٣] الوشاح

مَـا لَـذة الدنيا   الْاَكـُئوس
سُلافَـة تحيا   بهَـا النفُـوس
يُـديرهَـا سفيا   لَـنَـا شمُـوس

فى رَوْض رَاح   غض النواح

يهديك عرف الاس مَعَ الروَاح

يَا شادنًا احْوَا ربعْت امرى
الَيْك وَالشكوا عنوَان صَبْرى
لَا تخش ان اهْوَا سِوَاكَ عمرى

انت افتراح منَ الملاح
اغنا عَن النبرَاس ضوء[٤] الصبَاح

اهوَاكَ للبفضل وَللعَلاء
وَذلِك النبل مَعَ السناء
وَالمفل النجل وَهُنَّ دَاء

مرضى صحَاح نشوى[٥] صواح
لَا تنسنى يا ناس ورش جناحى

خلى[٦] يَا خلى اخشى انتلافى[٧]
فَالموت[٨] فى الوصْل مَعَ العفاف
وَليسَ فى[٩] فبل وَلَا ارتشَاف

ثغر الافاح عَلى السماح
لذى[١٠] العلا مِن بَاس وَلَا جناح

لَا انس مَا عشت يَوْمًا شربت
مَع مَن بِهِ همت يومًا[١١] ففلت
حين تناشيت وَفد طَربت

باللّه[١٢] يَا صَاح در كَاس رَاح
وَدَع كَلامَ الناس مَعَ الرياح

١ هذه الموشّحة موجودة فى عُدَّة الجليس (موشّحة ٥٤) – ٢ كذاع . ج «هذا» – ٣ كذاع . ج «سحب» – ٤ ج[١] «ضو» – ٥ كذاع . ج «تبرى» – ٦ كذاع . ج «خلنى» – ٧ كذاع . ج «ايتلامى» – ٨ كذاع . ج «والموت» – ٩ ج[٢]، ج[٣] «من» – ١٠ ع «لَدَى» – ١١ ع «حُبًّا» – ١٢ ع «صَاحِ»

وفال أيضا [مُوَشَّحَة ٤]

كَم بالكثيب مِن غصْن نضر   يَكاد فِى الوشاح
ينفد اذ[١] يميس عَلى دعص   مهمهف رداح

غصن سفته اندية الحسن   مَايية[٢] الصبا
هبَّت عَلى معَاطفه اللدن   نوَاسِم الصبَا
احبب بهِ وَان لمْ يَكن يدنى   صبابة[٣] صبا

كَمْ بت منه عَلى ذعرِ   ارافب الصَّبَاح
ليل كعكسه حَالك الفمص   يَفُول لَا برَاح

الوجد بالصبابَة لَا يجدى   فَليُفصر العَذول
بالسيد الموشح بالحمدِ   فَد اوْضحَ السَّبيل
ملك فد افتها سبل الرشد   مهد بهِ دَلِيل

فِى السلم باسم وَاضح البشر   ليث لدَى الكفاح
كمْ جحفل للفياه ذَا حرص   حماهُ مستباح

ابو عَلى السَّيد الاسنا   ذُو المنظر الوسيم
مَن جَل فِى السيادة انْ يكنا   عَن مجده العظيم
لله جُودُه فَلكم اغنا   فَلا يرَا عديم

ضاءت بنُوره غرة الدهر   فَفل وَلا جناح

فَـالفِكر لَا يحيط ولَا يحص		آلآئه الفِساح

لِلهِ منهُ فِى مَـارفة الحرب		افدَام ضيغم
وَالنفع مِن سنا بارق الغضب		ينهل بالدم
كشفِت فِيهِ مَـا عَـز من خطب		عَن كل مسلم

يختال بين الوية النصر		جذلان ذو ارتياح
بدر حَوَا الكمال بلا نفص		†هال تذر† مبَـاح

لِلهِ مهرجَـانك فِى العيد[٤]		وَحلبة السباق
وَسَـابق المضمرة الفود		فد همَّ باللحاق
وَفول غادة كاعِب رود		تشدوا عَلى وفِـاق

مَـا هز للردينية السمر		ولَا انتضا السلاح
مثل الامير نجل ابى حفِص		الوَارد السماح

١ ج[١] «اذَا» – ٢ كذا ج[١] [يعنى «مائيّـة»]. ج[٢] «النواسم» وفوقه «ماييه». ج[٣] «هامية» – ٣ كذا ج[١]. ج[٢]، ج[٣] «صبابه» – ٤ ج «الهند»

وفال أيضا		[مُـوَشَّحَـة ٥]

نسيم الصبَـا افبل من نجد		لفَـد زَادَنى وجدًا على وجد

يَـا ريح الصبَـا باللّـهِ دارينى
بعرف شذا مسْك دَارين
ووصف رَشـا بالهجْـر يَـبْـرينى
وَسَل باللوَا عَن كثب يبرين

هَل استوحشت بالناى والبعد وَمَا صنعت †بثينة† بعد

لَان هجْر الشادن اوْطانِى

وصعب العزَا فى النَّاى اوطانى

وَضافت بهجر الحب اعطانى

وَضنت[١] بهَا فى الحب اعطانى

فيَا عَاذلى عَن عذلى عد فَما حُب ذَاكَ[٢] الحب فد يعد

حمام اللوَا بالنوحِ ارشَانى

بفمرية نَاحَت بورشانى

تهيم بهِ وَهْو لها شانى

فَفلت لهَا شانك مِن شانى

وَسَعدُك يَا ورفَاء[٣] مِن سعد وَفى كُل وَاد مِن بنى سَعْد

بنفسى الذى فد بر[٤] اسرافا

وَحَازت[٥] بهِ الايَّام إشرافا[٦]

ايَا ابنَ سَعيد سُدت ايلافا

بَذلت لهُم جُودَك ءالافا

اجريت[٧] اذ[٨] سميت بالحمد وَفمت مِنَ المهْدِ الى المجْد

حَبيب بَدا مذ بَدَا انسَان

عَلى انهُ اسكن انسَان

غزَال عن التعنيو اغنَان

وانصف اذ زَارَ[٩] وَغنان

لاى فصة تبت وَحدك وَانَا وحد كما بت عندك جى[١٠] تبت عند

١ ج «وَضنيت» – ٢ كذا قرأ سيد غازى. ج «ذا» – ٣ ج[١] «ورفا» – ٤ ج[١] «بَرَّ»، ج[٢]، ج[٣] «بز» – ٥ ج[١] «وَجَارت». ج[٢]، ج[٣] «وجادت» – ٦ كذا قرأ سيد غازى. ج «اسرابا» – ٧ ج[١] «اجزيت» – ٨ ج «اذا» – ٩ ج[١] «زَادَ» – ١٠ كذا قرأ سيد غازى. ج «حتى»

وفال أيضا [مُوَشَّحَة ٦]

اسهُم عينيك فَلت غَرْبى
عَفرب صُدغيْك اوْدعَ فَلبى
جرحا نَبا عَن عِلاجه طبى
فَمن مُجيرى من لَدْغ صُدغيك   اوْ سهَام عَيْنيْك

انا فنُوع مِنَ المحبينا
ارْضى مِن الوصْل فِى الهوَى الدونا
ليْسَ مُرَادِى ما لا تريدونا
حَسْبى نيلا تفبيل كفيك   والتماح خديك

بكل مَا ترتضيهِ لى ارْضى
طَوْعًا لتلك الملاحظ المرضا
فَان تشا عِندَ وَطيك الارضا
جَعَلت خدى نِعَال رجليك   بل[١] بسَاط نعليك

دعوتنى دعوة الى اجلى
بسحر تلك اللوَاحظ النجل
وَهَا انا طَايع لأمرك لى
يَا حَرَبى[٢] منيتى حَنَانيك   اذ اجبت[٣] لبيك

اجفَـاكَ عَنى فَـزَادَنى سفمى
كُل بغيض يحب سَفْك دَمِى
فَلو تسمَّعت مَـا عَـدا كَـلمى
فد منعونى المجىء الَـيْك　　　وا حزنى عَـليْك

١ كذا قرأ سيد غازى. ج «فبل» – ٢ كذا قرأ سيد غازى. ج «فَاجرنى» – ٣ كذا قرأتُ. ج «اذا جيت»

وفال أيضا　　　[مُـوَشَّحَـة ٧]

ايا عبرتى جريا
ويَـا كبدى وريا
وَيَـا فلب لا بفيا
وَمن عجبَ الدنيا
فلوب †منحله†[١]　　　مَعَ الدهر منهَـله

ايا غرة الشمس
وَيَـا منية النفس
وَيَـا ظبية الإنس
وريحانة الأنس[٢]
اترضا الذى حله　　　بثوب الضنا حله

شكوت فلم تشك
وَفالت لما تبك
اذَا كَـان مَـا تحك
وَلم تك ذَا افْك

سَتعثر بالذلهْ   وَتفنع بالفله

بفلت سيكفينى
ان اصْبر للهُـون
وَافنع بالدون
وَلَـو ان تمنينى

مواعيد معتله   ادَارِى بهَا غله

بَفالت لكى تصبى
وَتفدح فِى فلبى
تعرض بالحب
لمكتئب صَب

كن [٣]انت هُـو[٣] الغلَـه   ترى سترى ذله

١ كذا فى ج – ٢ ج[٢] «للانس» – ٣ كذا قرأتُ. ج «هُو انت»

وفال أيضا   [مُـوَشَّحَـة ٨]

من لفلبى بادْرَاك الوصَال
وَهـوَ من اوْجَـالِهِ فِى اتصَال
اى فَـلب بجوا الحب صَال

فلو مِما بهِ مِن وَجِيب   مُـذيب   للمشوق الكئيب

وَالذى اهْـوَاهُ سَـال الفؤاد
ليسَ يَـدرِى بلذيذ الرفاد

مَـا افاسى مِن اليم السهاد
اى ظبى نَـاظِر كَـالمريب ربيب لَيْسَ بالمستنيب[١]

وَلمدحى فى ابْن عَـبْد العَـزِيز
شرف عَـال بلفظ وَجيز
غايَـة المدْرك حَسْب المجيز
هَـاكَ خذهَـا تحفَـة مِن اديب اريب للمعانى[٢] مصيب

يَـا ابا الاصبغ منى اليكا
مَـدحًا يظهر[٣] حبى لَـدَيْكا
وَثناءى مِن فديم عَـلَيْكا
نعم الفوْل[٤] بلفظ غرِيب فريب لِلمعَـانى مُصِيب

وَفتات ذَات حُسْن بَـهى
اعربت عَن منطوٍ اعجمى
تتفى منع الجمال السَّنى
كفرى اوكشيراد ذ ميب حبيب نون تطولغش ذ ميب[٥]

١ كذا قرأتُ. ج «بالمنيب» – ٢ كذا قرأتُ. ج «المعانى» – ٣ كذا قرأ سيد غازى. فى ج[١] «مظهر» وفى ج[٢] «مظهرا» – ٤ ج[٢] «لفول» – ٥ كذا قرأتُ من نصّ موشّحة عبرانيّة ألّفها الشاعر טדרוס אבולעפיה [موشّحة ٢٨] – وامّا نصّ الخرجة فى ج[١] وج[٢] فنجده فى شكل مضطرب جدًّا على الشكل التالى

ج[١] لمرنى اوكدش دبيب | حبيب | سم بطادرد مسيب
ج[٢] لمرنى اوكر سرد بيب | حسيب | سم بطادن بيب

ومن الواضح ان الفرق بين نصّ الخرجة فى المخطوطتين العربيّتين وما نجد فى المخطوطات العبرانيّة

اكبر من ان يتغافل عنه ، ولكنّ النصّ العربىّ لا يمكن قبوله من الناحيتين العروضيّة والمعنويّة فكان لا بدّ من إثبات النصّ من المخطوطات العبرانيّة

وفال أيضا [مُوَشَّحَة ١٩][1]

ابى ان يجُودَ[2] بالسَّلام فكَيف يجودُ[3] بالوصَال
مَن كانت[4] تحية[5] الوداع منه نظرة[6] الى الجمال

انا هُو المتيم المعنا
اناب اليه[7] او تجنا
يَرُوفك مَنظرا وَحُسْنا

كَالغصن النضير فى الفوَام كالبَدْر المنير فى الكمال[8]
يُروفك وَهْوَ ذو ارتياع كالليث الهصُور كَالغزال

تذكر عَهْدى المَلُول[9]
وَفد اخذت منك الشمول
فجاد بزَورة بخيل

اتى حِين عب فى المدَام كالغصن امَالهُ الشمال
يثنى بين لين وَاضطلاع[10] فمنهُ انثناء وَاعْتدال

مُحمد عَبْدك المنيب
يَدعُوك وَانتَ لَا تجيب
لفد شفيت فيك الفلوب

فسهل الهوى[11] صَعب المَرَام هىَ الشمس نيلهَا مُحال
تلفى العيُون بالشعَاع فمنعها من ان تنال

المْ يانِ ان يلين فلبك
وَيلتذ بالكَـرا محبك
فلو انهُ ينام صبك
وَيجتمعَـانِ فِى المنَـام   فنعت بذَلك الخيال
مَن بَـات بذلِكَ الاجْتِماع   على ثفة مِن الليَـال

يفوق سهما كُل حين
مما شئتَ من يَـد وَعَـيْن
وَينشد فِى الفصتين
خلفت مليح علمت رَام   فليس نبو سَـاعَـه[١٢] دون فتَـال
ونعمل بذا العينين متاع[١٣]   مَـا تعمل يدٍّ[١٤] بالنبال

١ هذه الموشّحة موجودة فى المـُغرب لابن سعيد (١ ، ٢٧٥) منسوبة إلى ابن حنُّون أو ابن حيُّون – ٢ كذا مغ . ج «انّى ان تجُودَ» – ٣ كذا مغ . ج[١] «تجودُ» – ٤ كذا مغ . ج «كان» – ٥ كذا مغ . ج[١] «تحيه» – ٦ ج[١] «نظره» . مغ «فبلة عند الزوال» – ٧ كذا مغ . ج «الى» – ٨ كذا مغ . ج «الجمال» – ٩ كذا مغ . ج «يَـا مَـلُول» – ١٠ كذا مغ . ج «اطلاع» – ١١ ج[١] «اهوَا» – ١٢ كذا مغ . ج «ساعة» – ١٣ كذا مغ . ج «تاع» – ١٤ كذا قرأتُ . ج «يدى» . مغ «ارباب النبال»

وفال أيضا   [مُـوَشَّحَـة ١٠]

يَـا مُـديرَ كَـاس العفار   فَـد جَـلوت نُـور الانوَار   للابصار

هِم بهَـا كؤسـا تُـدار
فتكادُ تعشى[١] الابصار
وطلا بهَـا الدن وَالفار

عجبًا لرامى الجمار　　كيفَ لا يخاف عَلى الفار　　من النار

مَا عَسَا اخَاف من اللايم

كلّما[٢] تمثلت للنايم

زَارَنى خيَال ابى الفاسِم

مَرحبًا بطيف[٣] زوار　　لَم يزَل يهيج افكَار　　وَتذكَار

بابى وَامى افدِيه

شادن تفول تثنيه

للفضيب اذ مَال يحكيه

الفلوب طَاعَة اشبَار　　وتلوحُ شمس النهَار　　من ازرَار

هَاذه دُمُوعى اسرابا

اتخذت وَجْهَكَ محرَابا

اخطا الفتى اوْ اصابا

مَا علَى فِى الحب مِن عَار　　ان يَكُون خلع العذار　　من اعذار

وَرشا خضعت لسُلطانه

وَشفيت دَهرًا بهجرَانه

فال لى بينه عَلى شانه

لَا يَطُول عَلَيْكَ انتظار　　ان اردت تدرِى اخبَار　　بمن دَار

١ كذا قرأ سيد غازى. ج «تغشى» – ٢ كذا قرأ سيد غازى. ج «كما» – ٣ ج[١] «لطيف»

[فصل ١٤]

الوزير الحكيم أبـو عـامر بْن ينى[١] رحمه اللهُ تعَـالى[٢]

اشتمل عَلى الْبَـدَايع وَاحْـتوَى وَركب عَلى مهرة الاجَـادة وَاستوى وَشـعره رايق المحالى[٣] وَالافسَـام مُسْفِرعَن[٤] المعَـانى وَالوجوه الوسَـام الَّا انهُ فليل المادة فِى التَّـوشيح يسير السبْك لهُ والتوشيح له فِى الطلب فَـدمٌ سابفة وَيَـد فِيهِ سَـايفة وَلهُ فِى الرد عَلى ابن غرسية رسَـالة اعجَـز فِيهَـا وَابدع وَنظم فِيهَـا البدع مَعَ مَـا لهُ مِن رسَـايل تروق تَـرصِيعا وَتفسيما وَترف بروض الكلام نسيما وفَـد اتيت مِن توشِيحه مَـا يَـزدَهيك[٥] سُـرُورا وتجتليه[٦] نورًا

١ ج[٢] «نيق» – ٢ ج «تعلى» – ٣ كذا قرأتُ. ج «المحلى» – ٤ ج[١] «على» – ٥ ج[٣] «يزهيك» – ٦ ج[١] «تجتليه» [بدون واو]

فمن ذالك فوْله [مُـوَشَّحَـة ١]

فتكت بالعَـميد الْحاظ تلك الغيد
وَانثنت كالصعَـاد تهتز يَـوْم الطراد

رحنا بَين الربَـاط[١] مشى الفطا المبهُـور
كَـالعوال السباط مهَمهِهَـات الخصُور
كَـالظبَـاء العواط او المها المذعُـور

يثنين[٢] وَشى البرود عَلى غصُون الفدُود
وَهن[٢] ذَات تهَـاد ثنى الفنا المنئاد[٣]

صَاحِ عُجْ بالكثيب وحى فِيه مَـوَافِف

عَاطِرَات الجيوب   تبض بض الموالف[٤]
وَاضحَات الغرُوب[٥]   تزها بحلو المرَاشف
اى ريق برود   لحرِّ صَب عَميد
مَا يصد الغواد   تصد عَنه صواد

كمْ بِبَاب الْورَاق   من مهجٍ سَايلات
بظبات[٦] الاحْدَاق   من ظبية وَمَهَات
هن حجُّ العشَّاق   وَمنسك الفينات
كَمْ فتيل شهيد   هُناكَ اوْ مَصفُود
مَا لهُ من مفَادى[٧]   وَسَل بذَاكَ فُؤادى

رحتُ يَوْمًا الَيْه   وَللهوَا اسْبَاب
تتهَادَى لدَيْه   كوَاعِب اترَاب
وَعَلى اجرعيه   مِن الدمى اسرَاب
كَاعبَات النهُود   مضرجَات الخدود
هن بيْن انفياد   الَى الهوَا وَعناد

وَبسرب الظبَاء   حورَاء ذَات دلال
اختها فِى السماء   تبدو وذى[٨] فِى الحجال
اعرضت لعناء   وَظلت اشدوا بحَالِ
سمره كم ذى الصدود   بالحرمه يا ست جُود
سمره فِى وسط واد   ثم سلبتنى فُؤَاد

١ كذا ج، ولعلّ الصواب هو «النِّياط» – ٢ فى ج اضطراب على ما يبدو، والأرجح أن الصواب

هو «تثنى» و«وهى» — ٣ كذا ج٢. فى ج١ ما يماثل «المباد» — ٤ كذا ج٢، ج١ «تبض نبض الموالف»، والظاهر أنّ النصّ غير صحيح — ٥ ج «واضحات غروب» — ٦ كذا قرأ سيد غازى. ج١ «بظبا»، ج٢ «بظباء» — ٧ ج٢ «معاد» — ٨ كذا ج٢. ج١ «وَذو»

وفال أيضا [مُـوَشَّحَة ٢]

هَل الوجيب الا كمَـا اجد
فلبٌ يَـذُوب وَلوَعَـة تفد
وَلى حَبيب مَحلهُ الكبد
يدرى الذى بى وَيكتُم الحال عِلما
وَمَـا نصِيبى مِنهُ سوَى الهجْـر فسما

يَـا مَن انادِى مِن فَـرط بلوَاه
هَل انت هَـادى مَن ضل مَسْـراه
رعت فؤادى لا راعكَ اللّـه
تذكى وَجيبى وَتتلفُ الجسْم سُفما
مَن للكئيب ان لمْ يَكن مِنك رحما

مَـا كل سُودَد الّا ابا[1] بَكر
ليث ممجَـد[2] مؤيَّـد[3] النَّصْرِ
اذَا تشدد فى رَاحة النصر
نَـاء فرِيب كَـالشمس نورًا وعظما
خط بطيب مِن ذكرِ عليَـاهُ نما

مَـلك لدَيه مَعَـافِد الأمْـرِ

لَاحَت عَلَيْه　　　مَخايل النصْرِ
فَانظر الَيْه　　　تنظر الَى البَدر
كَذى[٤] الخطوب　　　ضلت وَلمْ تبد عَزما
شهْمْ[٥] الوُثوب　　　كَالدهرِ حَربًا وَسلما

يا اهْل ودى　　　شفنى البُعد
مَا مثل وجدى　　　لِعَاشق وجد
وَلَا كسهدى　　　لغادَة تشد
هجر حبيبى　　　وَزادَنى هَما مما
اش كَان ذنوبى　　　فَليس لو[٦] من هجر اثما

١ ج[١] «ابا»، ج[٢] «ابى» – ٢ ج[١] «ليت عمرو ممجَّد» – ٣ ج «موبد» – ٤ كذا قرأ سيد غازى. ج «كَذا» – ٥ كذا قرأ سيد غازى. ج «سَهْم» – ٦ كذا ج

وفال أيضا　　　[مُوَشَّحَة ٣]

يَا حَادِى العيسِ بالرحَال　　　عج بالطلُول
وسل بهَا الاربع البوالى　　　اينَ الخليل

حثت بهِ البزل وَالعشَار　　　يَوْمَ النَّوا
يا هل لهُ بالعقيق دَار　　　امْ باللوَا
امَّتْه[١] بالوَابل القطار　　　حَيْث ثوا
وجَاده الغيث بانهمَال　　　كل اصيل
يحدوه مِن نفحَة الشمال　　　رِيح اصيل[٢]

كَمْ شفنى مِنه بالصدود　　　ظبى رَبيب

يميسُ فِى معلمِ البرُود   مثل الفضيب[٣]
لو عَل مِن ريفه البرُود   فلب الكئيب[٣]
شفَا الذى بى مِن اعتلال   وَمِن نحُول
كما شفت ريفهُ الغزال   وَكالشمول[٤]

احببْ بهِ رَايو المحيا   حُلو اللَّمَا
جيش جَيْش الهوَا اليا   عَرمْرمَا
وَصَال مِن نخْوة عَليا   فَاكلمَا
بمفلة تزر بالْعَوَال   وَبالنصُول
تَراهُ فِى السلمِ وَالنزَال   بها يَصُول

فد عَطل السحر وَالنصَالا   بمفلتيه
وَاطْلعَ الشمسَ والهلاَلاَ   فِى صفحتَيه
وَالسلسَل الكوثر الزلاَلاَ   مِن مرشَفِيه
ابْدعَهُ اللّهُ ذَاكمال   لاَ يسْتحيل
فد جَل فِى الحسن عَن مثَال   وَعن عَديل

لمَّا بَدا السفر بالنياق   وَاحتملُوا
وَاجيشْ الركب لِلفِرَاق   وَارْتَحلُوا
شدوت وَالدمْعُ بالامَاق   ينهمِل
يَا حَادِى الركْب بالجمال[٦]   عرس فليل
عسى ترا مفلتى غزال   فبل الرَّحيل[٧]

١ كذا قرأ سيد غازى. ج «امنه» – ٢ كذا ج، وقرأ سيد غازى «ريح بليل» – ٣ كذا ج[٢]. وفى ج[١] الترتيب كما يلى:

يميسُ فى معلمِ البرُود　　فلب الكئيب
لو عَل مِن ريفه البرُود　　مثل الفضيب

٤ ج «كالشمول» (بدون الواو) – ٥ يعنى «وآجَّيَّش» – ٦ كذا قرأتُ. ج[1] «يالْجمال»، ج[2] «بامجمال» – ٧ الخرجة موجودة أيضًا فى معارضة لابن سهل (ديوان، موشّحة ١٢)

وفال أيضا　　[مُوَشَّحَة ٤]

فى ابنة الدَّوَال　　مَعَ الخرد العين
جُملة المسرَّه　　وَعز بلا هون

اشرب العفارَا　　مُعَطَّرة النشرِ
وَاخلعِ الْعِذارَا　　فى ممشُوفة الخصرِ
وَبع الوفارَا　　وَمَا انتَ فى خسرِ
بهوا[1] الجمال　　فَلست بمغبُون
فَد تفَال[2] عثره　　لِفتنة مفتون

بابى كعوب　　حوراء[3] مِنَ الحور
تطلع الجيُوب　　مِنهَا بَدرُ ديجُور
فَدهَا الرطيب　　ينفد كخيزور[4]
مَال فى اعْتِدَال　　وهز مِن اللين
عَطفه وَجوره[5]　　عَلى كثب يبْرين

لذ مِنَ الزمَان　　بالجُود مِنَ الندب
فَهوَ ذُو بَيَان　　مِثل الغيث فى الجدب
غَايَة الامَان　　فى مُعْتَركِ الحرب
كَعْبة النوَال　　فيهَا للمسَاكين

حجَّة وعمرهْ   مِن عِزِ وَتمكين

انمَا على   †فَمن مَحبَّة†[6] الْفَضل
طَاهر زَكى   فِى الفرع[7] وَفِى الاصْل
مَاجد ابى   مَاضِى العزم وَالنَّصْل
ضيغم النزال   لَهُ فِى المَيَادِين
حملة[8] وَكره   ليث غَيْر مَامُون

كَم سَطا وصَالا   فِى الحرْب عَلى الاسد
وَندَاهُ سَالا   عَلى القُرب وَالبُعْد
فَالجميعُ قَالَا   فِيما حَاز مِنْ مجد
سَيد المعَال   لِلدنيا وَللدِّين
كَاشف المضرَّه   على بن حيون

١ ج[1] «بهُو» / «فهُو» – ٢ ج «يفَال» – ٣ ج «حورا» – ٤ ج[1] «لخيزور» – ٥ كذا ج. وقرأ سيد غازى «عطفه وخصره» ٦ ج[2] «†من حلبه†» – ٧ كذا قرأ سيد غازى. ج «الفُروع» – ٨ ج[1] «حمله»

وقال أيضا   [مُوَشَّحَة ٥]

مَن لى بشكوَاكْ   وَكتمان حبى اضر بى واغْرَاكْ

ارضا لعَينى   جنَاية عيْنى
ان يَدن حينى   فَما حان حَينى
لوا بدينى   مخضوب اليَدين
كَالبدر يغشَاك   بنور تهَادَتهُ انجُمٌ[1] وَافْلاك

يَا جيد ريم　　وَعَين مهَات
روح النسيم　　بعَرفِك ءَات
كم مِن سَفيم　　يشكو بشكات[٢]
سفتهُ عَيْناك　　من خمرته مَا ابت بهِ ثنايَاك

خذنى بذكرك　　معمُور الضلوع
وَمَا بسرك[٣]　　فلبى بالمذيع
من لى بزهْرك　　يا[٤] روض الربيع
ان تخف[٥] مرءاكْ　　فَفد وصبت السن الرياح ريَّاكْ

يَا مَن ودَاد　　عَليْه مَصُون[٦]
امَّا ارتداد　　فَليس يَكُون
هذا فؤاد　　لديْك رَهين
الله اعْطاكْ　　مَا شئت مِنَ الفلب فَالجمال وَلَّاكْ

تفديك نَفْسى　　وَبالكُل افديك
ابلى برمسى[٧]　　وَلست اسميك
ذكْراك انسى　　فكيف نناسيك
وَكَيف ينسَاكْ　　مَن شخصَك بَاق بفلبه وَذكرَاكْ

١ ج[٢] «النجم» — ٢ كذا قرأ سيد غازى. ج «شكات» (بدون الباء) — ٣ ج «يسرك» — ٤ ج[٢] «ما» على ما يبدو — ٥ ج[١] «تجف» — ٦ ج[٢] «مضون»، ج[١] «مَضمُون» — ٧ ج[١] «رمسى» (بدون الباء)، ج[٢] «ازور رمسى»

وقال أيضا [مُوَشَّحَة ١٦[1]]

بَارِق سرَا فَاوْمض   مثل مَا قدحت زندا
ترك الظلامَ ابقع   وَحوَاشى الافق وردا

لمْ ينم حَتى الصَّبَاح   خَافقا[2] خفُوق قلبى
وَالحيَا ضافى[3] الجناح   فَوق غض النبت رطب
هَاجَ مِن بَعد ارْتياح   فَسَقيت الكاس[4] صَحْبِى
وَاذَا الغرار غمض   رَعته بالشرب قصدا
وَنسيم الفجر يَرفع   عَنهُ ذَيلهُ المنَدا[5]

هَاتهَا صفراءَ صِرفَا   مثل لَوْنِى وَاعتقَاد
عَطفت للسَّاقِى عطفَا   فى وشاحٍ اوْ نجادِ
كُـلمَا ثقل خفا   فى مُعَاطَاتِ الوِدَادِ
اخلص الهوَا وَامحض   وَصفَا ودا وعهْدَا
فَاذَا حياكَ اطمع   وَاذا سَقاك فدا

بابى بكر بْن نوح   قصرت عَنهُ الامَانِى[6]
الهوَا فيه طمُوح   غُصْن حلو المجَانِى[6]
رَاحَ فى عَطفيه رُوح   انَا اهْدى مذ زَمَانى[6]
فَوقه القلُوب[7] تنبض   سُوسنا غضا وَوردا
ثمر الغرام اينع   لوعَة فيهِ ووَجدا

رَاق خلقا رق خلقا   فَهْو مَعْدُوم الشبيه
ليتنى لَو كنت نطقا[8]   كارعا فى عذب فيهِ

بَـارا[٩] الكوثر حَـفا　　　وَانَـال الرى بِيهِ
جنة العشاق تعرض　　　[١٠]مفلةً وسنا وَخدًّا[١٠]
غَيْـر انَّ الخلدَ يمنع　　　لا يَـنال الصبّ خلدا

العس اللثَـات الما　　　لَـو رشفت مِن نميره
بك عَن فلبى المعَـمّى　　　وَارى[١١] مَـا بِى ضمِيره
فلتُ لِلرَّفيب لمَّـا　　　حثهُ الَى مَسيره[١٢]
يَـا رَفيب نفْسك تبغض　　　وَترد ان تكسب اعدا
لَش تَكن يَـابْن[١٣] مصرع[١٤]　　　لس تخليه[١٥] سَـاع[١٦] يهدا

١ هذه الموشّحة موجودة فى عُـدّة الجليس (موشّحة ٦٩) – ٢ كذا ع، ج٢. ج١ «خَـابِى» – ٣ كذا قرأتُ، ع «وَالحَـاض مِى»، ج «والهوى صامِى» – ٤ ج١ «بالكاسِ» – ٥ كذا ع. ج «المردا» – ٦ فى عُـدّة الجليس الأغصان كما يلى:

انا هذْى من زمَـانِى　　　لابى بكر بْن نوح
فصَّرْت عَـنهُ الامَـانِى　　　لهَـوى بِيه طمُـوحِ
غصنٌ حَـوى المجَـانِى　　　رَاحَ بِى عطفَـيْـهِ رُوحِ

٧ كذا ع. ج١ «الفلب» – ٨ كذا فى المخطوطات – ٩ كذا ع، ج٢. نص ج١ «بَـانّ» وفى الحاشية «لعله بارَى» – ١٠ كذا قرأتُ. ع «مفلةٌ سنّـا وَحدًّا»، ج١ «مفلة سنا وَحيدا»، ج٢ «مفلة سنا وجيدا» – ١١ كذا ع. ج «درا» – ١٢ كذا ع. ج «لى مستديره» – ١٣ كذا ع. ج «بانى» – ١٤ ع «مطزَّعْ» – ١٥ كذا ع. ج «ما تخله» – ١٦ كذا ع. ج١ «سَـاعة»، ج٢ «ساعه»

وفال أيضا　　　[مُـوَشَّحَـة ٧]

شم ذايب العَسْجد　　　بِى رفة الثالى　　　اذ يرْمِى
شعَـاعهَـا الشرب　　　تخالهَـا شعله　　　لَا تحرق

الورق فى الاشجَار　　فى الروْضة الغنَّا　　صوَادح
غنت لنَا اسْحَارْ　　وَالزير والمثنا[١]　　مَطارِح
وَغنت الاطيَار　　فعَاشق حنا　　ونازِح
كَانهَا خرد　　تشدوا بئاصال[٢]　　تشوق[٣]
ادْوَاحهَا حجب　　مِن بَاطن الكله　　تستنطق

وَبى ابى[٤] الما　　سكرى بعَينيه　　مِنَ الحور
بنظرة تدمَا　　ازهَار خدَّيه　　مِنَ الخفر
نادَيتهُ لمَّا　　سَطا بجفنيه　　عَلى البشر
لحظك فد عَربد　　مِن غير جريال　　تعتق
دمى لهَا شرْب　　وَهَل دَم الفصله　　ترمق

جل الثنا وَاكس　　من حُلل الاشعَار　　زيْن الملُوك
مَا ان لهُ جنس　　فى الحظِّ وَالمفدار　　ان شبهُوك
فَانكَ الشمس　　ان لحتَ للاقمَار　　وَابصرُوك
خرت لهُ سجد　　بُدور اجْمال　　اذ تشرق
وَانفضت الشهْب　　وَفبلت نعْله　　لَا تسْبق

يَا طَالِبَ الرزق　　هَل لكَ فى زوره　　ترْوى الصَّدا
افصد الَى الشرْق　　وَيَمم الحضرَه　　الامْجَدا
مؤمِّن[٥] الطرق　　الْوَاضح الْغره　　السيدا[٦]
وَلذ به تسْعد　　بنيل ءامَال　　وَيحدق
بربعك الخصْبِ　　حَتى ترَا مَحله　　مَا اورَق

الموت مَرهُوب　　فى نَصْلهِ الهند　　من نصله

وَالفرب مَشروب   فَد شيب بالشهْد   فِى ظله
وَالشاة وَالذيب   يردن فِى ورد   بعَدله
حَتى الظبا[٧] الشرد   بفرب اشبَال   لَا تفرق
وَالال[٨] وَالسرب   فد ءالفَوا حوْله   لا[٩] يفرق

مرسية تجلا   بالسَّيد الاعْلا   ابى عَلى
فَد بسط العدلَا   وَاليمن وَالامْنا   منذ ولى
فَانهج[١٠] الكلا   مِن نظم المعْنى   نَظم الحلى
امَا تَرا السَّيد   فِى المرتفى العَالى   لَا يلحو
كَان لهُ الغَرب   اذ حَازَه كلَه   وَالمشرق

١ كذا ج[٢]. ج[١] «وَالزمر والمثنَّا» – ٢ ج[١] «يا يصال»، ج[٢] «بايصال» – ٣ ج[٢] «مسروق» – ٤ كذا ج[١]. ج[٢] «وبابى» – ٥ كذا قرأ سيد غازى. ج «مَا من» – ٦ ج[١] «للسيدا» – – ٧ كذا قرأ سيد غازى. ج[١] «ظبى»، ج[٢] «والضبى لا يشرد» – ٨ يعنى «الآل» – ٩ ج «لن» – ١٠ كذا ج، وقرأ سيد غازى «فانشد»

وفال أيضا   [مُوَشَّحَة ٨]

كلنى لوجد اثار   فِى فَلب صَب مُسْتَهَام   تذكَارَا
تاججت مِنهُ نار   هبَّت بهَا رِيح الجوَا   اعصَارَا

حَسْب الهوى اننى   رَاض بمَا يَفضِى به
افضى فَلن انثنى[١]   بالبُعد عَن تفرِيبه
عذب وَان شفنى   †مال بين†[٢] تعذيبه
لئن خلعْت الْعِذار   فَفد افت للملام   اعذَارَا

ابانها فى عذار   خطت به[3] ايدى الهوَا   اسْطارًا

لِله يَوْم الحما   اذ وَصْل سَعدى مسْعدى
لَا ورد الا اللما   احبب بهِ مِن مورد
يَا بحر وجد طمَا   بذكر ذَاكَ المعهد

حيث الليَالى فصَار   تخالهَا عِندَ التمام   اسْحَارًا
شطت وَشط المزار   لما اجدوا للنوا   سيارا

بَانوا وَانا على   مَا عهِدُوا مُسْتوثق
فَليس مثلى سَلا   بالبعد عَن مَن يعشق
كَانهُم بالفلا   نجُوم لَيْل تشرق

عَهْدى بهمْ وَالفطار   تجرى بهمْ تحتَ الظلام   اقمارا
مَا ان لهَا مِن شرار[4]   نَاوا فادنوا[5] للنَّوَا   اعمَارا

اليْه مِنى الوفا[6]   لَا ابتغى خِلا سِوَاه
وَلَا ابيحُ الصَّفَا[7]   الَّا ابَا عَبْد الالاه
سَليل من[8] بالصَّفا   اجَابَ ربى دُعَاه

فقل مفيض[9] بحَار   كفيه لَا جود الغمام   اكثارا
كمْ مُسْتجير اجَار   اعْطى فَافْنا ما حوَا   ايثارًا

يَا بَطشة اطلعت   اقمارَهَا بالمغرِب
لِلهِ مَا ابدعت   من كل حُسْن مغرب
سلالة جمعت   فيها سجَايَا يعرب

سحبَان فيهمْ يحار   اجروْا ينَابيع الكَلام   اسحارًا
فلليرَاعِ افتخار   بهمْ على سمر اللوَا[10]   اكبَارا

يَا نَجبَة[١١] الحاج لَا   عدمت مَا اوْليته
كَمْ مَنزِل امحلا   بالجُود قَد امْرعته
يَا قَاصدًا املا[١٢]   بلغت مَا امَّلته
عرج بسبتة دَار   ضمت عَلى جيد الكِرَام   ازرَارا
وَاطلعت للفَخار[١٣]   لِمن بمثوَاهَا ثوا   انوَارا

١ كذا قرأ سيد غازى. ج «ينثنى» – ٢ كذا ج، ولعلّ الأصل كان «ما لِىَ * بِىَ مِن». وقرأ سيد غازى «ما نلت من» – ٣ ج «بها» – ٤ كذا ج، ولعلّ الصواب «برار»، كما قرأ سيد غازى – ٥ ج[١] «مَادنوا» ٦ ج[١] «للوبا» – ٧ ج «للصَّبَا» – ٨ ج[١] «من من» – ٩ كذا ج، وقرأ سيد غازى «تبيض» – ١٠ كذا قرأ سيد غازى. ج «اللواء» – ١١ كذا ج، والأرجح أنّ الصواب هو «كعبة» – ١٢ ج «ملا» – ١٣ كذا قرأتُ. ج «الفَخار»

وقال أيضا   [مُوَشَّحَة ٩]

سِرَاج عَدْلكَ يَزهر   قَد عَمَّ كُل العبَاد
وَنور وجهِكَ يَبهر   سنَاه للخلقِ باد

انتَ العَزيز الابى   وَالْملك مُلك الانَام
انت السرَاجُ الوَضى   وَالبدرُ بدر التَّمام
لَيث اذَا مَا الكمى   قَدْ هَاب رَوع الحمام
لِلهِ لَيث غضنفر   تلفاهُ يَومَ الجلاد
قَد سَل سَيفا مَشهر   عَلى رءُوس الاعَاد

تملكَ الكل رفا   مَلك كرِيمُ النجَار
وَمَدَّ للخلق سبفا   الَى اعَالى الدرَار

وَسربل الجود طوفا[١] كمَـا ارتدا بالبِخَـار
وَماجد عنْـه فصر فِى الجُـود كعب الاياد
بنَـاظِرِ الحق ابْصر الَى سَـبيل السدَاد

ادِر كئوسَ الرحيق فَـالدَّهْـرُ رَاق جمَـالا
مِن كُل صَاف عَـتيق سح مَـاءَ زلالا
ارَا رياض انيق وَالغُصْنُ مَـاد وَمَـالَا
وَالمزن سحت عطر[٢] سحا كفيض الغواد
ارَاحةُ[٣] الملك تمطر ام ذا[٤] بليل الاياد

ايا سمى الخليل[٥] فد احتثت النيافا
مِن عند مَـلك جَـليل الى عُلا يترافَـا
الى مَـليك اصِيل يحل سبعًـا طبَـافَـا
ومَـا ارَا عَـنهُ مصدر حَلت مِنه بوَاد
مِنه نوَال تفجر من كف[٦] ملك جواد

يَـا مَن تَـاوَّد غصْنا غِذاه مَـاء النَّعيم
حَـفا لفدرك اسنا من كل ملك زَعِيم
فَـد ففت للبدر[٧] حسْـنا يَـا ذَا المحيَّـا الوسيم[٨]
يا حبذا مِنهُ مَـنظر بالنور بَـاد وَهَـاد
كَـانَّـهُ الصبْحُ اسفر على جميع الْبلاد

١ كذا قرأ سيد غازى. ج «طرفا» – ٢ كذا ج، ولعلّ الصواب مثل «والمزن سحَّ بِأَعطَرْ»، كما قرأ سيد غازى – ٣ ج[١] «ارَاحهُ» – ٤ ج[١] «اذا» – ٥ ج[١] «الخلال» – ٦ ج[٢] «كل» – ٧ كذا ج،

وقرأ سيد غازى «كالبدر» – ٨ ج[١] «الفسيم»

وفال أيضا [مُوَشَّحَة ١٠[١]]

يَا كَبدًا[٢] كلهَا فرُوح ويحك[٣] مَا تنفضِى الشجُون
كمْ هَاجهَا للنوا صدوح ان[٤] وَلمْ يَدر مَا الانين
يَا طاير الْبان كم تنوح وَلم ترق عبْرة الحزِين
افْديكَ مِن طَاير مُرِنٍ[٥] تهفُوا بافْنانه[٦] الرياح
وَافا عَلى فَرعه يغنى وَالليل مغدودن[٧] الجناح

لِلهِ بَدر اذَا تجلى نمت عَليْه المحَاسن
سَددَ من مفلتيه نصْلا مَا استودعته الكناين
يا عاذلى فى الملاح مهلا فكلمَا حان[٨] حَاين
عينى جَنت لوعتى وَحينى وَما على العين[٩] من جناح
دعنى لحينى افديك دَعْنى فَان حِين الْفَنا[١٠] مباح

يَا مفلة الدهر وَيك غض عَن بَعْضِ ايَّامنَا الاول
اذ لين الروْض دون غمض كَانهُ شارِب ثمل
وَينثنى بَعْضه لِبعض[١١] كَانهُ يعرفُ الغزل
يَا وَجنة الروْض لَا تجنى[١٢] وَاستفبلى مَبْسم الافَاح
هَل كَانَ الا سلاف[١٣] مزن لَا تحْسبيه سلاف رَاح

يا منية الصَّب ان[١٤] تمنا هَل لى الَى الوصْل من سَبيل
اللّه يَا ظالمًا تجنَّا فى مهجة شبهَا الغليل
ابيت فى حَالتى معنا اخفى وَيلحانِى العَذول

اسى[15] الينا يَـا كل حسن　　　ان لمْ يستو[16] ڢيك كل لاح
ان نلتُ[17] من وصلكَ التمنى　　　ڢَـليْسَ لى غيْـركَ افتِراح

اسْرڢت ڢى التيهِ يَـا بَـديعه　　　وَانت ڢى الحسْن ابْـدَع
بعْت رَشـادِى وَتلك بيعه　　　لمثلهَـا النفْسُ تنزع
ڢَـاستمعى ان وَجدت ريعه[18]　　　منى　١٩　سَـاسمع

الى متى الحب يتبعنى　　　افنيت عمرى عَلى الملاح
مر الهوَا مر مر عنى　　　لَـعَل نزْفد وَنسْـترَاح

١ فى ج[2] إشارة إلى مطلع ناقص – ٢ ج «كبد» – ٣ ج[1] «وَيْك» – ٤ الكلمة ناقصة فى ج[2] – ٥ كذا قرأ سيد غازى. ج[1] «مرنى»، ج[2] «مدنى» – ٦ كذا ج، وقرأ سيد غازى «بإرنانه» – ٧ كذا ج، ولعلّ الصواب هو «مغدودف» كما قرأ سيد غازى – ٨ ج[1] «حن» – ٩ ج «الحين» – ١٠ ج[2] «الوفا» – ١١ ج «ببعض» – ١٢ ج «تحنى» – ١٣ ج[2] «الاسف» ١٤ ج[2] «اذا» – ١٥ كذا قرأ سيد غازى. ج «اسا» – ١٦ كذا ج، وقرأ سيد غازى «يسُؤْ» – ١٧ كذا قرأ سيد غازى. ج «نلنا» – ١٨ ج «ربيعه» – ١٩ فى ج بياض

[فصل ١٥]

الوزِير الاجل الحفيد ابُو بكْر بن زهر رحمةُ اللّه تعَالى[١]

بدر يشرق[٢] منتمَاه وَرَافت فِى المجْد التليد سِيمَاه وَتبَوا منَ السُّودد اجل محل وَاسْماه وَابَدعَ فِى التَّوشيِح وَأَعرب وَسهَّل السنن الَى المعِارف وَقرب فجَاءَ تَوشيِحهُ يرف رَونقه وَيشف الفه[٣] مَعَ سَهْم فِى الطلب وَاوفر وَطَبع فِيهِ غيْر متَنافر لسلفِهِ السَّابقة التى لَا ينكرُ ابْدَاعهَا وَاعجَازهَا وَجده ابَو العَلا اختصَّ بالدوْلة اليوسفِية وَانفردَ فِيهَا بطب مَلكهَا حَتَّى اشتهَرَ لذلكَ بتملكهَا فَاعلت مجلسه وَادنته وَاقطعتهُ مَا شاءَ مِنَ الرفعَة وَاسنته وَكَان طَبيب الانلدس قَاضيه وَلهُ فِى الطبِّ نَوادر مَشهُورة وَءَايَات بالاعجَاز مَذكُوره وَهَاكَ مِن توشيحِ حَفيده الْمذكُور مَا تَرتاحُ[٤] لهُ النفْس ويتثر

١ ج «تعَلى» – ٢ ج[١] «برْق» – ٣ كذا ج – ٤ ج[١] «وَمَا يَرتاحُ»

فمن ذالك قوْلهُ [مُوَشَّحَة ١]

حسب الخليع ملجا رَوْض على غدير[١]
وَقهْوة مدَاره انفَاسها عَبير

صَفْراء بنت دن بالنور تَطلع
ينشو كُل دجن عَنها وَيصدع[٢]
ابريقهَا يغنى وَالكاس يسْمع[٣]
وَلَا تَزال ترجَا للحَادِث النكير
للهم ان اثاره بَيْن الحشا مثير

هَل الكئوس رَاحَـه   الَّا لذى بلابل
يَـا وَاحِدَ الملاحه   بعْـد ابن رَاحل
هَـذا النَّـوا مباحه   فَـاحْفظ وسَـايل
مَـا للكئيب منجا   اذ[4] بَـات فِى سَعير
فَـلب يشب نَـاره   فِى ادْمع ٍ تَفُـور

فد ملتُ كُل ميل   لجانِب الصبَـا
ويل وَاى وَيل   لكلِّ من صبَـا
اعيَـا عَلى ليل   شرفا وَمغربا
كَـواكب ترجَـا   تزاحف الكسير
فِهن فِى استدَاره   وَاليل كَـالاسير

ملك لهُ جُـنود   مِن طَـرفه الكحيل
الحَـاظهُ ترود   فِى هَـذه العفُـول
مِن ريفهِ الْبرود   وَخده الاسيل
رَاح تفل فِلجا   كَـالدر فِى النحُـور
وَنور جلنَـارَه   فِى سوسن نضير[5]

لَما نَـايت عَنى   وَبت مكمدا
عَللت بالتمنى   فلبًـا مبردا[6]
وَاذ فربتُ منى   غدوت منشدا
بشر فِى كُل من جَـا   بافبَـال الوزير
وَيمضى من بشاره   مَـا يعطى الْبَشير[7]

١ ج «غاير» – ٢ كذا قرأ سيد غازى. ج «ينصدع» – ٣ كذا قرأ سيد غازى. ج «يستمع» – ٤ ج «اذًا»

٥ ج «النصير» – ٦ ج[2]، ج[3] «منفردا». ج[1] «مكمدا» – ٧ كذا فى ج

وفال أيضا [مُوَشَّحَة ٢[1]]

هَل لفلبى فَرار   وَالاحبَّة سَارُوا   روَاحا

يَا فُؤادِى عَزاء
كَان مَا اللّه شاء
هَل ترد الفضَاء
فَلتوَال[2] الدعَاء

ان يردَّ الفطار   فيَعُود المزَار   سراحا

كتموا[3] الارتحالا
عَن كَئيب نكَالا
ثم زموا الجمالَا
وَعلوها الجمَالَا

حَيْث سَارُوا اناروا   وَالليال اصَاروا   صبَاحا

اذا ناوا بارْتحال
وَسَروا بالهِلال
طَالعًا فِى كمال
مِن سُتُور الحجَال

ليت انى جَار   لهُم ما النهَار   الَاحَا

تَركُوا بالمغانى
هَايم الفلب عان

مُغرمًا بالامان
نادِيًا[٤] للحسان
مفردًا لا يُـزار　　اوْحشته الديـارُ　　فـناحَـا

لَا اسمى حبيبى
خـوْف وَاشٍ رفيب
يَـا عَـلِيمَ الغيوب
انت تدْرِى الذى بى
فلبى المسـتطار　　خَـانه الاصْطبار　　فبـاحَـا

ان ناوْا بفؤاد
وتوخّـوا[٥] بعَـادى
وَازَاحُـوا[٦] رفادى
يا الَاه العِبَـادِ
لفهم حيث سَـارُوا　　انجدُوا ام اغارُوا　　نجاحا

١ هذه الموشّحة موجودة فى عُـدّة الجليس (موشّحة ٥٠) منسوبة إلى ابن بقىّ — ٢ ج[١] «فلتواليه — ٣ ج[١] «كتم» — ٤ كذا ع، ج[١]. ج[٢] «نادبا» — ٥ ج «وَتوحُـوا» — ٦ ج «وَارَاحُـوا»

وفال أيضا　　[مُـوَشَّحَـة ٣[١]]

يَـا مَن تَـعَـاطينا الكئوس عَلى ادكارِه
وَفضَا على فلبى فَلمْ ياخذ[٢] بثارِه
وَامر احْكَـام الفصاص عَلى اختيارِه
ان افل حَسْبى　　فَـالجورُ تَـابَـاهُ الطِّباع

علفته مَـا شيت مِن حُسْن بَـديع
اودى بفلبى وَاسْتَفامَ الى ضلوع
فَـافامهَـا فِى[٣] مَـوضعِ الفلب الصديع
شيم الحب   تكْـليف مَـا لَا يسْتطاع

سر الهوَا شىء يئول الى افتِضاح
فَـالشَّـمسُ ضَاق بكتمهَـا طلع الصَّباح[٤]
اخت السماك دُعاء مَن غاظ اللواح
ان يهم فلبى   فَـالحسن امار مُطَـاع

مَـا للحبيب اجد مُـرتحلا وَسَـارا
لَا صَبْـرَ لى عَـنْـه وَلو رمتُ اصْطبارا
مَلا الفلوب جَـوى وَاذكاهَـا[٥] اوارَا
سَل عَنِ الركب   هل يسْتطاع لهُ ارتِجاع

عفلى تحمل ان المَّ بى الرَّفيب
انَّ المحبَّ لمثلها لا يسـتريب
ذكر الحبيب فَـفلت من هَـذا الحبيب
رَب[٦] يَـا رَب   هَـذا الحبيب اجْـمعن مَـاع[٧]

١ هذه الموشّحة موجودة فى عُـدّة الجليس (موشّحة ٢٩٠) – ٢ كذا ج. ع «ءاخُـذْ» – ٣ كذا ع. ج «عن» – ٤ كذا ع. ج «الضياح» – ٥ ج[٢] «وانكاها» – ٦ ج «يا رب» – ٧ ج «اجْـمعنى مَع»

وفال أيضا   [مُـوَشَّحَـة ٤[١]]

حَىِ[٢٣] الوجوه المِلاحا   وحى نجل العيُـون

هل فِى الهَوَا مِن جناح
اوْ فِى نديم وَرَاح
رَامَ النصوح صَلاح
وَكيفَ ارْجُوا صَلاحا بَين الهَوَا وَالمجون

ابكى عُيُونَ البواكى
تذكَار اخت السماك
حَتَّى حمام الارَاكِ
بَكا بشجوى وَنَاحا عَلَى فُروع الغُصُون

الفا الَيْهَا زمَامه
صب يدارِى غرَامه
وَلا يطيق اكتتامه
غَدَا بشوق وَرَاحا مَا بين شتى[3] الظنون

يا غائبًا لَا يغيب
انت البَعيدُ الْقرِيب
كَم تشتكيك القلوب
اثخنتهنَّ جرَاحا بَسْئل سِهَام الجفون

يَا رَاحلا لَم يُودع
رَحلت بالانسِ اجْمع
والفخر[4] يُعْطى ويمنع
مرت[5] عيْنيْك الْمِلَاحا سحر وَمَا وَدَّعُونى

١ هذه الموشّحة موجودة فى عدّة الجليس (موشّحة ٢٣٦) وفى المغرب (١، ٢٧٣) وفى توشيع التوشيح (موشّحة ٢٨) وفى عيون الأنباء (٢، ٧٣) – ٢ ج «ابى» ، وفى غيرها «حَيِّ» – ٣ ج «شت» – ٤ كذا ع. ج «والبحر» ، مغ «والبحر» ، تت، عأ «والعجز» – ٥ كذا ع. ج٢ «مزت». ج١ «موْت»

وقال أيضا [مُوَشَّحَة ٥[1]]

ايهَا السَّاقى الَيْك المشتكا فد دعَوناكَ وَان لمْ تسْمع[2]

ونَـدِيم همتُ بى غرتِه
وَسَقانى الرَّاحَ من رَاحَته
فَاذَا مَا صَحَّ مِن سكرتِه
جذب الدن الَيْهِ واتكَا وَسَفانى ارْبعًا بى اربَع

غصن بَان مَال مِن حَيْث استوَا
بَات مَن يهْوَاهُ من خوف النَّوَا
فَلو الاحْشَاء مَوهون[3] الفوا
كُلمَا فكرَ بى البيْن بَكَا مَا لَهُ يبْكى لمَا لَم يَفع

مَا لعيْنى عشيت بالنظر
انكرت بَعْدكَ ضوء[4] الْفمَر
فَاذَا مَا شيته فاسمع خبر
شفيت عينى مِن طُول البكا وَبكَا بَعْضِى عَلى بعض مَعى

لَيْسَ لى صَبْر وَلَا لى جَلد
يَا لفومى عَذلوا وَاجْتهدُوا
انكَرُوا شكواى مِمَّا اجد

مثل حَالى حفهَا ان تشتكا　　　كَـمَـد الْياس وَذل الطَّـمع

كَبدى حَـرا وَدَمعِى يَكف
يعرفُ الذنبَ وَلَا يعترف
ايهَـا المعرض[٥] عمَّـا اصِف

فد نما حبُّك بفلبى وَزكى　　　ونفل انى فِى حُبك مدَّعِ

١ هذه الموشّحة موجودة فى عُـدّة الجليس (موشّحة ٢٨٤) وفى المغرب لابن سعيد (١ ، ٢٦٧) وفى دار الطراز (موشّحة ٢٥) وفى توشيع التوشيح (موشّحة ٣٧) وعيون الأنباء لابن أبى أصيبعة (٢ ، ٧٣) وغيرها من المراجع –
٢ المطلع خرجة موشّحة عبرانيّـة ألّـفها الشاعر **טדרוס אבולעפיה** [موشّحة ٤٠] – ٣ ج «مَـهْضُوم» – ٤ ج١ «ضوًّ» – ٥ ج «المغرور»

وفال أيضا　　　[مُـوَشَّحَـة ١٦[١]]

يَـا صَاحِبى نداء[٢] مغتبط بصَاحب
لِلهِ مَـا الفَـاهُ مِن بفد الحبَـايب
فلب احَـاطَ بِهِ الجوا من كُل جَـانِب

اى فَـلب هَـايم　　　لا يستَـريحُ من[٣] اللواح

يَـا مَن اعانفه باحْـناء الضلوع
وَافيمهُ بَـدلاً مِنَ الفلب الصَـديع
انا لِلغرام وَانت للحسْن البَـديع

وكلام اللائم[٤]　　　شىءٌ يمرُّ مع الرِّياح

انحى عَلى رُشـدى وَافِفدنِى صلَاح

ثغر ثنا الابصارَ عن نور الافاح
يسْنى بمختلطينْ[٥] مِن مسك وَرَاح
كالحباب العَايم　　　بى صبحة الماءِ الفراح

مَن لِى بهِ صُبحًا[٦] تجلى بالظلام
علفت مِن وَجناته[٧] بَـدر التمَـام
وَعلفت مِن اعْطافه لدن الْـفوام
كَـالفَضِيب النَّـاعِم　　　لَمْ يسْتطع حَـمل الوشاح

حَـملتنى بى الحب مَـا لَا يستطاع
شوفا[٨] يرَاع لذكره مَن لا يراع
بلانت[٩] اظلم من لهُ الامر المُطاع
وَمَع انك ظَـالِم　　　انت هُـوَ مُـنَـاءى وَافتراح

١ هذه الموشّحة موجودة فى عُـدَّة الجليس (موشّحة ٥١) وفى المُغرب (١ ، ٢٦٨) وفى عيون الأنباء لابن أبى أصيبيعة (٢ ، ٧٢) – ٢ ج[١] «ندا» – ٣ ج «الى» – ٤ ج[١] «الثم» – ٥ ج[١] «لمختلطين» – ٦ ع ، مغ «بدر» – ٧ ج «وَجنته» – ٨ ج «سوق» – ٩ ج «بل انت»

وفال أيضا　　　[مُـوَشَّحَـة ٧]

فلب موله[١]　　　وَبى الضلوعِ حَـريو　　　يَـا لَـهُ لَا كَـان
يذيبْ صبرى　　　وَلا تزال[٢] تُـريو　　　دمعهَـا الاجفَـان

اخت السماك　　　شوفى الَـيْك شديد　　　ءاه مِن فلبى
اما هوَاك　　　بثابت ويزيد　　　الهوَا حسبى

عَلى نوَاك   انى هُنَـاكَ شهيد   معرك الحب
يا من اضله   عَن الصوَاب فريو   فَـوْلهم بهتان
بل ليس تدرِى   ان العذول حَـفيو   مِنك بالهجْران

فلب فريح   وَفِى الفؤاد كلوم   ابدًا[3] تدمَـا
وَيَـا مسيح[4]   الى متَى تستديم   جسدى سفما
وَيَـا نصُوح   اهْـدى الَيْك الملُوم   اذن صمًّا
اطلت عَـذله   وَمَـا ارَاكَ تطيو   رده عَن شان
وَاى نكر[5]   ان يُلام مَشـوق   عذرهُ فد بَـان

كَـذا اذُوب   وَلَا يَـزال الغَـليل[6]   جَسـدى يضنى
فَـر الطَّبيب   مِن علتى وَيَـفول   اين هُوَ منى
وَلى حَـبيب   يسئل[7] الوصَال بخيل   سىء بالظن[8]
اذَا رُمت وصْله   فَفال انت صَديو   ضيع الكتمان
ان بَـاحَ سِرى   انى بذا لخليو   وَبَـدا اعْلان

يَـا من لديْـه   حسن الملاح حَـفير   كلمَـا تَـاه
وَمن عَـليْـه   حَـرب الموَالى يَسير   حِين تَـلفَـاه[9]
وَمَنْ الَـيْـه   اشكُـوا الهوَا وَيَجور   حَسْبِـى اللَّـه
يَـا خَـيْـر جمله   فيكَ الجمَال انيو   وَالصبا ريان
انا لعمرى   فى مفلتيك افوو   فى الهوَا غيلان

يَـا مَن يطيل   مِنَ الصدُود كفَـا كَـا   اسْتمع منى
وَيَـا عَـذُول   اليسَ تملك فَـاكا   انته عنى
وَيَـا بخيل   الَّا[10] ابحث لماكا   جود ممتن

٢٥٢

فبلنى فبله	وَمرَّ عَنى طَرِيى	ذَا الرشا الوسنان
يَا ليت شعرى	وَبى طرِيى لحبِى	املح الغزلَان

١ ج¹ «مذله» – ٢ ج¹ «يزال» – ٣ ج¹ «ابد» – ٤ كذا ج – ٥ ج «نكرى» – ٦ كذا قرأ سيد غازى. ج «العَليل» – ٧ كذا ج¹، والكلمة ناقصة فى ج² – ٨ كذا ج. وقرأ سيد غازى «سيّء الظنِّ» – ٩ كذا قرأ سيد غازى. ج «يَلفَاه» – ١٠ كذا ج² ونصّ ج¹. وفى حاشية ج¹ «الى»

وقال أيضا [مُوَشَّحَة ١٨]

كل لهُ هوَاكَ يطِيب	انَا وعَاذلى² وَالرقِيب

امَّا انا بحيث تَشاء
هجْر وَلوْعَة وَعناء
يَا وَيلتاه مما اساء

فتلتنى وَانت الطبِيب	بَانت لى³ عَدو حَبِيب

لله عِيشتى⁴ مَا امرا
لقد شفيت سِرا وَجهْرا
دَمعٌ جرا فَصَادفَ بحرا⁶

وَاستبطن الضلوع لهِيب	ذَابَت بحَرِّه⁷ وتذوب

مَا لى بمفلتِيك حِويل
وَلَا الى رضاكَ سَبِيل
يَا مَن يحُول بِيمَا يقول

اشكُوا النوَا وَانت قرِيب	امركمَا تراهُ عَجِيب

لَمْ يَـدر عَـاذِلى وَرفيب

انَّ الهوَا اخف ذنوبى

وَانت يا عذاب الفلوب

كم تشتكى اليك الفلوب   وانت مُعْرض لَا تجيب

فَـالت سمَـاك[8] انت مَـلُول

فَـفلت ودك المسْتَحيل

فَـانشد النَّصُوح يُـفول

من خَـان حَـبيبُ[9] اللّـه حسيب[10]   اللّـه يعافبه وَيثيب

١ هذه الموشّحة موجودة فى عدّة الجليس (موشّحة ١٧) – ٢ ج[1] «عاذلى» – ٣ الكلمة ناقصة فى ج[1] – ٤ ج «عيش» – ٥ ج[1] «دَمعًا» ٦ ج[2] «مجرا» – ٧ كذا ع. ج «بحرها» – ٨ كذا ع. ج[1] «ممال» وفى الحاشية «لعله على»، ج[2] «على» – ٩ يعنى «حبيبه» – ١٠ يعنى «حسيبه»

وفال أيضا   [مُـوَشَّحَة ٩]

هَل للعَـزا فيك سبيل   يَـا حَـاجرى مَـا اغدرَك

ذُدتَ[1] الكرا عَن بصرى   لِلهِ طَـرف ابْصرَك

طاوعت[2] فى رَاى النوَا   وَلم ترق لى شفـفا

وَليسَ لى ذنب سوَا   امر لحينى سبفا

تجور[3] احكام الهـوا   ليتَ الهوَا مَـا خلفا

صيَّـرنى عَـبدًا ذليل   اذ كانَ مَـوْلى صيَّـرك

وَلَـم يكُن فى الْـفدر   من حيلة ان احذرك

يَـا طلعَـةَ الشمْسِ امَـا   اصْلحتَ ذاك[4] الْخلفا

جعَلتُ فربى حَرما　　هَيجت جسمى حرفا
وَلمْ تعرج كلمَا　　جئتكَ اشكوا الارفَا
وَفَامَ لِلوجْد دَليل　　بالسر منى اخبرَك
اخذت بى فتل برى　　وَلمْ تحفو نَظرك

حكمت حبى زمنا　　عَن علمكم مُنتزحا
وَلَمْ اكُن ابْدى الضنَا　　وَلَا كشبت البرحَا
حَتَّى اذَا الحين دَنَا　　ادركت[٥] منى لمحا
وَكَان مِن رَاى العَذول　　اذ غشنى ان اهجرك
وَانتَ بالهجْر حرى　　لاكِن وجدى اظهرك

برد جوا بى كَبدى　　وَاعْطفَ لظمئان صَدى
يا من سبانى رشدى　　وبز نفسى جلدى
تَاللّهِ مَا بى جَسدى　　مَوضع لمس لِيد
الا سفام وَنحول　　لمْ يبق لى ولا ترك
جَاوزت حَد البشر　　يا مهجَتى مَا اصْبرك

بعدك مَا نمت وَلَا　　الفت الّا السهرَا[٦]
بى لَيْلةٍ طالَتْ بلا　　صُبح وَلَا ضوء[٧] يُرَا
بَفلتُ وَالبدر عَلا　　حِين من[٨] الليل سَرا
يا لَيل طُول او لَا تطول　　لَا بدَّ لى ان اسهرَك[٩]
لوْ بَات عِندى فمرى　　مَا بت ارْعَا فَمرَك[٩]

١ كذا قرأ سيد غازى. ج «ردت» – ٢ ج[٢] «صامت» – ٣ ج «يجور» – ٤ ج «تلك» – ٥ ج «ادركتهُ»

٦ ج[٢] «السمرا» – ٧ ج[٢] «ضو» – ٨ ج[٢] «بدر» – ٩ الخرجة من قطعة لابن زيدون فى الرواية الموجودة فى المُغرب لابن سعيد (١، ٦٩)، وتوجد رواية أخرى فى ديوان ابن زيدون (١٨٥) والذخيرة لابن بسَّام (١، ١، ٣٧١)

وقال أيضا [مُوَشَّحَة ١٠[١]]

صَادَنى وَلمْ يَدر ما صَادَا
شَادن سَبَا اللَّيْث فَانفادَا
وَاستخفَّ بالشمسِ اوْ كادَا
يَا له لقد[٢] ضم بالغصْن ازرَاره   وَبالحقف[٣] زنَّاره

لَو اجَاز حكمِى عليْه
لَاقترحتُ تقبيل نعْليْه
لَا اقول الثم خديْه
انا من أُعظّم[٤] واللّه مقداره   وَالزم[٥] اكبَاره

يَا سماك حَسْبُك اوْ حَسبى
قَد قضيت فى حبكمْ نحبى
واحتسبت[٦] نفسى فى الحب
انهَا نفس[٧] لذا الحب مختاره   وَبالسوء امَّاره

عَارض[٨] الفؤاد باشجانه
وَمَضا عَلى حُكم سُلطانِه
فَانبريت فى بعض اوْطانه
تَارة اقَبل فى الترب ءاثاره   واندبه تارَه

ايهَا المذل باجفَانه

كَمْ[٩] وَبيت وَالفدر من شانه

وافول فِى بعض هجرَانه

وعلش[١٠] حَبيب[١١] فَطعْتَ وَعَينيك سَحَّاره

الزياره

١ هذه الموشّحة موجودة فى عُـدّة الجليس (موشّحة ١٣١) وفى المُـغرب (١، ٢٧٢) – ٢ ج[١] «فم»، ج[٢] «فمر» – ٣ ج[١] «والحفب» – ٤ كذا ج، ع. مغ «يعظّم» – ٥ كذا ج[١]، ع. ج[٢] «التزم». مغ «ويلزم» – ٦ كذا ج، مغ. ع «اخترعت»، ولعلّـه كان فى الأصل «اخترمت» – ٧ كذا ج، ع، مغ. ومع ذلك أميل إلى الظنّ أنّ الصواب هو «لَـنَفْسٌ» – ٨ كذا ج. ع، مغ «عرض» – ٩ ج «فد» – ١٠ ج[١] «عليش»، ج[٢] «علاش» – ١١ ج «حَـبيبى»

[فصل ١٦]

الوَزير الكاتِب ابُو بكر احْمد بْن مَالك السرفسطى رحمهُ اللّه

اى مَنصب علاء وَاشراف عَلى المعَارِف وَاستيلاء جذوة[١] بهمه انبدت وَانبفت مَا شاءت مِنَ الكلام وانفدت كلفَت بِهِ الملُوك اسْتنجاحا وَتيمنا وَعلما بغنَايهِ بى الكِتَابة عَنها[٢] وَتيفنا وَاحضرتهُ بسَاطهَا تجملا وَتزينا وَتنافست بى استعْمَالِهِ رغبة منهَا بى كمالهِ فرطَ[٣] بى التّوشيح وَشنف وَنوَّرَ بى الاعجَاز بيه وَصَنف وَاخذ نفْسهُ بى توشيحهِ بتَوليد الكلام وَتنفِيحه وَشعره رَايق الصبَات بَديع الاشارة وَالالتبَات رَحَل الى مصْر بَانجلت هُنَاك انْوَاره وتارجت بِهِ انجاد ذَلك الفطر وَاغوَاره وَلهُ نظر بى العِلم البلسَبى اربَا بيه عَلى مبَاريه وَمجَاريه وَكَانَ الوزيرُ ابُوه[٤] ابُو الوليد فد انتفل من مَوطنه سرفسطة فاعِدة الثغر الاعلا الى مرسية وَبلنسية بتفلد بهما الرء يس[٥] الشرف وَالْوزارة وَحَمل اعبَاء الملك به وَاوزاره وَاستدعَى مِن مرَاكش حَضرة ملكها وَطلع بَدرًا بى بَلكهَا وَهَاكَ مِن توشيحه مَا ترْتشبه لعَسَا وَتتَمنَّاهُ بلعَل وعَسَا

١ ج[١] «جذو» – ٢ ج[٢] «بغنَايهِ عنها بى الكِتَابة» – ٣ ج[٢] «وفرط» – ٤ ج[٢] «ابوه الوزير» – ٥ كذا ج[١]. الكلمة ناقصة فى ج[٢]. ولعلّ الصواب هو «رياسة» كما قرأ ناجى

بَمن ذَالك فَوْله [مُوَشَّحَة ١]

حث كَاس الطلا عَلَى الزَّهر وَادِرهَا كَالانجم الزهر

انَسيم يَفُوح امْ عطر

وَغصُون امَـالهَـا الفطر
تتثنى[١] وَمَـا بهَـا سكر
وَطيُـور نَطفن بالسِّحْرِ حِينَ هبَّ النَّسِيم فِى السحر

اطرد الهمَّ بابْنةِ العِنب
وَامزج الرَّاحَ من لمَـا الشنب
انمَـا طيب عيش ذى ادَب
فَطعَ ايامَ دَهرِهِ الْغر بسُلاف وَشادن غر

بمعَـالى ابى عَلى اهيم[٢]
رقَّ طبعًـا كالمَـاء اوْ كالنسِيم
ذى جبين طلق وَوَجهٍ وَسيم
وَيمين تنهَل بالتبر وَسيُـوف هَـام العدَا تبرى

ذو جَلال سَـامٍ وَعِز اثِير
طالب حَـافِظ ذكى وزير
زَادَ منا[٣] فربًـا بفرب الامِير
وَهوَ فَوْق السماكِ وَالنسْرِ ان دجا ليلنا بهِ نسرى

صِل ثناء[٤] عَلى بْن ابى زَيد
بَطل فِى الحُروب ذى كيد
وَعَلى المَـارِفِين ذى ايْـد
لَمْ يهم بالحسَـان وَالسمر انما هَـامَ بالفنا السمر

رب هْـيفاء[٥] شبههَـا بُـعْـدا
عف عنهَـا فَـلمْ تجد بُـدا

من هَـوَاهُ فانشدت وجدا

رَب قـوِّى فِى ذَا الهَـوَى صَبرى   ان هجرَ الحَـبيب كالصِّبَر

١ ج[١] «تنثنى» – ٢ ج[٢] «الهيم» – ٣ ج[٢] «ناد منا» – ٤ ج[١] «ثنا» – ٥ ج[١] «هيفا»

وقال أيضا   [مُـوَشَّحَـة ٢]

فم حثهَـا مدامه   وَالروض مَشـفُـوق الكمام

نشره الاعْطر   كَـانه مسْك الختام   شابَـهُ عنبر[١]

بَـاكِر الَى الرحيق   فَقد دَنَـا الصبَـاح

مع شادِن انيق   تصبو له الصباح

من خصره الدقيق   قد عَـلق الرداح

مهمَـا اقَـامَ قامه   وَهزهَـا هز الحسَـام

فى نقا الميزر   يكاد مِن لين القوام   قده يهصرْ

بدر بلا محَـاق   تصْبُـو لهُ البُـدور

فَـالحسن ذُو ايتلاق   فى خده ينير

وَالزهرُ ذُو شقاق   قَـد زَانَـهُ الفُـتور

قد نمقتهُ لامه   زَادَت غَـرامًا لِلغرام

كُل من ابْصر   يحميها رشق السهَـام   مِن رَشـا احْـوَر

بالماجد بن يُـوسف   زين المديح يَـعقوب

جود الزمَـان انصف   فنيل كل مَـرْغوب

فَتى غدَا كيُـوسف   فى جَـنة ابن يَـعقوب

فى كفهِ غمامَـهْ   اربت عَلى صَوْب الغمام

وَالحيَا الممطر　　يا حبَّـذاك الفطر هَـامى　　ينثنى جَوْهر

عز لهُ جَلال　　وسودد وَمَجد
كَـانما الزلَال　　فَـد شيب بِيه شهْـد
بِى كَفِهِ نِصَال　　هَـامَ العِدَا تفد[2]
اذَا انتضى حُسَـامه　　يفضى عَـليْـهم بالحمام

يا لَـهُ فسور　　بلحظه امْ بالحسام　　يهزم العسكر

امْـداحكم[3] تسير　　تسْرى مَعَ الدجُـونْ
وَعزكم اثير[4]　　بِى سعْـده المكين
بَغنت الطيُـور　　عَلى ذرَا الغُصُون
خصصت بالكرَامَـه　　شرفت مَـا بَين الانام

ذكرُكم اشهَـر　　مِنَ الدرَارِى بِى الظلام　　عندمَـا تَـزْهر

١ هذا الجزء فى حاشية ج[1] – ٢ يعنى «تَـفُـدُّ»، ج «يفد» – ٣ ج[2] «افداحكم» – ٤ ج[1] «كثير اثير»

وفال أيضا　　[مُـوَشَّحَـة ٣]

اذكت سلمى　　حرب البسُـوس　　مُـذ[1] بتكت بالنبوس

جرد نصْلا　　†محلا† جراح
لمّـا سَلا　　امضا صبَـاح
مِنهَـا خلا　　عَلى افتراح

دمى ظلما　　دم حبيس　　على الجوَا وَالرسيس

ان عذبت　　تيهًـا وَصدا

فَكَمْ بت　　اضم نهْـدا
ووسدت　　للخد خدا
اجنى الظلما　　للخندريس　　من ثَـغرهَـا فِى الكئُوس

ذل الحب　　عِندَ المحب
صَبَا فلبى　　لذَات فلب
فَـدعْ عتبى　　فَتلك حَسْبى
ان السفما　　خيْر لبُوس　　فَلا تدعنى ببُـوس

فَلى جَـار　　حرز حَـرِيز
الكرار　　يوم البروز
وَالجبار[٢]　　عِندَ العَـزِيز
سَـامَـا النجما　　اى جليس　　عَلى مَـدار الشمُـوس

لَـهُ المجد　　على انفرَاد
فَلا ندُ　　مِن العباد
لهُ اشدو　　عَلى السداد
لفد تمَّـا　　مَـدح الرء يس　　بكلِّ مَعْنى نفيس

١ ج[٢] «فد» – ٢ ج «وَللجبار»

وفال أيضا　　[مُـوَشَّحَـة ١٤[١]]

مَـا ذَا حملوا　　فؤاد الشجى يوم ودعوا
مَـا لى بالنوا　　يَـد تستطاع

وَنار الجوَا　　يذكيهاَ الودَاع
وَسر الهوَا　　بالدمع يذاع
فيكم[٢] تهمل　　عيُون وتلتاع اضلع

هَل يرجَا اياب　　لعَـهْد الحبايب
اذ غض الشباب　　مَطلول الجوَانب
وَوصْل الكعَاب　　مَبذول المطالب[٣]
فلا تبخل　　بالوصل وَلَا الصب يقنع

لا اسلُوا ولَا　　اصغى للواح[٤]
بَل اصبُوا الى　　هَضِيم الوشاح
مجيل الطلا　　مَا بَينَ الاقاح
فلو يعْدل　　ما بت اظما وَننفع

كمْ ذَا تهْجع　　وَجفنى سَاهِر
ظبى[٥] يطلع　　فى الصبح لِناظر[٦]
لهُ برْقع　　مِن سُود الضفَاير
اذَا تسبل　　بشمس بليْل تقنع

قد ذو اعتدال　　من[٧] الغصْن اللدْن
مَعْشُوق الدلَال　　بنا ثمَّ يرن
بعَينى غزَال　　فاحذر حينَ يَدْن
لحْظ يرْسل　　سهَاما لهَا القلبُ موقع

منى النفس كمْ　　تزهَا بالتجنِّى
فيَا بَدر تم　　صل بَعْض التمنى

لمن لمْ ينم　　　وَبَات يغنى
اسيمر حلو　　　بَياض كُل عاشو يبيت مَعو

١ توجد أربعة أدوار من هذه الموشّحة (١، ٢، ٣، أغصان الدور الرابع والخرجة) فى المُغرب لابن سعيد (٢، ٤٤٦) – ٢ مغ «بالحبّ» – ٣ مغ «لطالب» – ٤ مغ «للّاحى» – ٥ مغ «بدر» – ٦ مغ «لناظر» – ٧ ج «منه»

وفال أيضا　　　[مُوَشَّحَة ٥]

كَمْ تصيد　　　الحاظ المهَا الغيد
من اسُود　　　باحْدَافها السود

هَل يلام　　　عَلى فَرط وجد
مُسْتَهام　　　بصَفحة خد
كَالمُدَام　　　اوْ صبغة ورد
وَالعميد　　　لَا يفبل تفنيد
فى خدُود　　　بهَا الحسْن محدود[1]

†عذل†　　　يثير غرامى
اكحل　　　رخيم الكلام
يبخل　　　حَتى فى المنام
مستزيد　　　مِن مطل المَواعيد
وعُهُود　　　مِنهَا الخلف[2] مَعْهُود

دَع صبا　　　نجد وَانس رَياه

صف ابا اسحَاق وَعليَاه
مرحبا بمن جَل مَثوَاه
يستفيد وفد العيس وَالبيد
وَوجود شخص الباسِ وَالجُود

لَا همام الا ابن همشك
لَا يَنام عَن تدْبير ملك
ذو حسَام لمحيا وَهلك
كَم يبيد بهِ من صنادِيد
وَيسُود عَلى الدَّهْرِ مَحْسُود

ذُو منن تزرى بالسحَاب
صد عن دَواعِي التصَاب
لَا كمن يشدوا لكعاب
كتريد نفبل فى تورِيد
الخدود وَبابى مَسْدود

١ كذا ج، وقرأ سيد غازى «مخدود» – ٢ ج[1] «الحلف»

وفال أيضا [مُوَشَّحَة ٦]

مَا لى وَللخرد العين حَوَتهَا الخدُور
تغرى بظلمى وَتغرينى بظلم الثغور
وَلا مجير فَيعدينى اذَا مَا تجور[1]

لَمْ يبق لـى فِى الهوَا منه　　تحيى رشى
منبذ طرفه الاحور　　مَا شاء على

حَكمت من جَارَ[٢] فِى الحكم　　وَلَا يستمال
علفته البدر فِى التـم　　وَغصن اعْـتدال
حلو اللمى ضن[٣] باللثم　　فَـليْس يبَـال
يبدوا وَيسفر عَن وجنه　　ترى الرشد غى
لو عَل مِن ريفه الاعطر　　ميتًـا عَـادَ حى

افصر فَـمـا فر السَّعد　　الا ابن عبيد
اعـلـته فِى مَـوفف المجد　　ايَـاد وَايد
ذراه بالنيل وَالرفد　　للعَـافين فيْـد
عمَّ الورَا فَـلكم[٤] مِنه　　اولا دون لى
به حوى غاية[٥] المفخر　　لمْ تدركهُ طى

مثابر الطعن وَالضرب　　للهيجَـا طروب
يجـلوا بمرهَفه الْعضب[٦]　　ظلام الخُطُـوب
فَـد فَـاقَ فِى الشرق وَالْـغرب　　كُـمَـاة الحرُوب
اذَا ثنت روعه الْـفينه　　فوى الصبـر فِى
تَـراهُ كَـاللَّيث اذ يُـزار　　لَا يثنيه شى

يسْـلو عَن الفَصْف وَاللهْـو　　وَيهْـوَا الكِفاح
وَالغيد تظهر عَن زَهْـو　　هَـوَاهُ افتراح
فَكَم تصرح[٧] بالشدْو　　غَـوَانى الْـمِلاح[٨]

يا مم †اسد بنى† الجنه   †التسمرى†
تدرى †السر† جعفر   عسى شنرى[٩]

١ كذا قرأتُ، ج «يجور» – ٢ ج[١] «حَارَ» – ٣ ج «ظن» – ٤ كذا قرأتُ، ج «فكم» – ٥ ج[١] «به حوا الاته المبخر»، ج[٢] «به حوا العلاته مبخر» – ٦ ج[١] «القضب» – ٧ ج[١] «تَصْرُخُ»، ج[٢] «تصرخ» – ٨ ج[٢] «غوانى ملاح» – ٩ انظر أيضا خرجة موشّحة ٤ فى الفصل الخامس

وفال أيضا   [مُوَشَّحَة ٧]

مَن ذَا يهيم   بالخرد الْعين
وَبالرَّاح   ولَا يصْغ لِلنَّصاح

رَضيت الذى بى مِنَ الاشوَاق
فى حُور تثير عَلى العُشَّاق
حُروبًا صَوَارمُهَا الاحْدَاق

لَهَا كلوم   تردى عَلَى الحين
وَالارْمَاح   نوَاهِد كَالتفَّاح

بنفسى وَمَا عَنْه لى افْصَار
محيًا لهُ سَاطِع الْأنوَار
تجلى[١] فَحَارَت بِهِ الابْصَار

خد وَسيم   يبدوا فَيعشينى[٢]
كَمَا لاح   سَنَا الكَوكَب الوضَّاح

وَليْل ادَارت بِهِ الكَاسَا

صَهْبَاء تبعث اينَاسَا
حَكتهُ رضَابًا وَانفَاسَا
لهَا شميم كمسْكِ دَارين
كَمَا فَاح شَذا العَنبر النفَّاح

سَفتنى وَوَالَيت سفيَاهَا
وَلَاكن حسبى[3] للسكر عَيْناهَا
فَغنت تحرض مُضنَاهَا
٤ اشرب وَغنينى
بافدَاح ترد الظلام صباح

١ كذا قرأ سيد غازى. ج «تجل» – ٢ كذا قرأ سيد غازى. ج «فَيغشونى» – ٣ كذا قرأ سيد غازى. ج[1] «حبى»، ج[2] «حنى» – ٤ الجزء ناقص فى ج

وفال أيضا [مُوَشَّحَة ٨]

سفيا لِدَهْر فَد نلت فِيهِ افترِاح مِن رَشا وَسْنَان
حلو التثنى تخالهُ وَهْوَ صَاح انهُ نشوَان

لله فلبى يفنا بحر استياق والهوا ينمى
وَكُل عتب ارَاهُ فِيا الَافى غاية الظلم
كتمت[1] حب لأن يَوْمَ الْفِراق خاننى كَتم
اذاعَ سرى مذ اذنوا بالرَّواح دَمْعِى الهتَّان
وَاهتاج حزنى فَلمْ تشك اللواح اننى غيلان

يَا مَن يَلُوم　　فِى حُبهِ غير وَان[٢]　　لَمْ يَذق بلوا
دعْنى اهِيم　　فَالقلبُ لَا شك فَانى　　فِى الذى[٣] اهوَا
وَيَا ظلُوم　　ارْضا بمَا انت جَانى　　ليسَ لى شكْوا
اطلت هجْرى　　وَلَمْ تخف مِن جناح　　ذَالِك الهجْران
زدنى[٤] التجنى　　فَمن طبَاعِ الملَاح　　جفوة الهيمان

كَمْ ذَا يجور　　خل اموت عَليْه　　وَهوَ لا يدرى
ظبى غرير　　سطت ظبا مقلتيه　　بالفنا السمرى
ريم نفُور　　يَلوحُ مِن وجنتيه　　سَنَا الْبَدر
ابَاد صَبرى　　بوجنة كالافاح　　حف بالنعمان
٥

١ ج[١] «ختمت» — ٢ ج[١] «غروَان» — ٣ ج[١] «الدهر» — ٤ ج[١] «زدن» — ٥ بقيّة الموشّحة ناقصة فى ج

كمل القسم الاول من جيش التوشيح[١]

١ كذا ج[٢]. ج[١] «انتهى بحمدِ الله وحسن عونه وتوفيقه الجميل»

[فصل ١٧]

وَلِبَعضهِمْ [ابن شرف[١]] [مُوَشَّحَة ١]

شمس فارَنت بَدرا كاس ونديم

ادر كؤسَ الخمر

عَنبريَّة النَّشر

ان الروْض ذُو بشر

وَفد درع النهرا هبُوب النسِيم

وسلت عَلى الافو

يَد الغرب وَالشرو

سُيُوفا مِنَ البرو

وَفَد اضحَك الزَّهْرَا بكاء[٢] الغيُوم

الا انَّ لى مَوْلى

تحكم فَاسْتَوْلَا

اما انه لَوْ لَا

دَمْع يفْضح السرا لكنت كتوم

انى[٣] لى كتمان

وَدمْعِى طُوفَان

شبت فيهِ نيرَان

فَمن ابْصَر الجمرَا فى لج يعوم

اذَا لَامنى فيهِ

من رَءَا تجنيهِ
شدَوت اغنيه
لَعَل لهُ عذرا وَانتَ تلُوم

١ هذه الموشّحة منسوبة إلى ابن شرف فى المقتطف لابن سعيد (١٥١ ظ) وفى مخطوطات المقدِّمة لابن خلدون. النصّ موجود فى دار الطراز (موشّحة ٣) وسجع الورق (٢، ١٩٠) بدون إشارة إلى المؤلّف، وفى عيون الأنباء لابن أبى أصيبعة (٢، ٧٢) والوافى بالوفيات (٤، ٤١) منسوبا إلى ابن زهر – ٢ ج[1] «بكا» – ٣ ج[2] «انَّ»

وفال غيره [مُوَشَّحَة ٢[1]]

حَلت يَد الامْطار ازرة النوار فيَا خدنى
اشرب طُاب الصبُوح فى ذا[2] اليوْم
فى رَوْضةٍ تفُوح لدَا الغيم
فد اشرفت تلُوح لِذا الفوم
وَوَجْه ذا[2] النهَار مغطى بخمار مِن الدجن
ظلمت اذ بعدتنا عَن الصب
وبعُدكمَا فد كنتنا الى الفرب
غدرت ونفَرتا ايا[3] حب
افْديك مِن غدار تدين بالنفار ولا تدنى
هَذا الهوَا يجُور فما صنعى
فد ضَاقَ يا مَنصُور بهِ ذرْعى
فلَيْسَ لى نَصِير سوَا دَمعى

فيَـا ضعف انتصارى   اذَا دَمْعِى انصَارى   على حزنى

محبوب هَب رضَا كا[4]   وخذ عمرى

وَعَلنى لمَـا كا[4]   من الثغر

بمـا حَوَت عيْنَـا كا[4]   مِنَ السحرِ

برد غليل نارى   وشم ظبا[5] الاشفَـار   لا تفـتلنى

لمَّـا اطال حزنى   وَلمْ يَـرْحم

وجد بى التجنى   وَمَـا سَلَم

شدوته اغنى   غنا مغرم

حبيبى انت جَارِى   دَارَك بجنب دَارِى   وَتهجُـرنى

١ هذه الموشّحة موجودة فى عُدّة الجليس (موشّحة ٢٤٤) وفى دار الطراز (موشّحة ٤) والمؤلّف مجهول – ٢ ج «ذى» – ٣ ج «فيَـا» – ٤ فى ج الكاف بالسكون – ٥ ج «ضيق»

وفال غيره   [مُـوَشَّحَـة ٣][1]

يَـا مَن اجُـودُ وَيبخل   عَلى شَجًى وَافتفارِ[2]

اهْـوَاك   وَعندى زياده   مِنهَـا شوْفى وَاذكَـارِى

امَـا يسْتحيِى مطالك   مِن طُـول مَـا اشتكيه

وَهلَا كانَ وصَالك   اذْنى لِمن يَـرْتجيه

وَاين غَـاب خيالك   مُـذ سَـاحَت المزن فيهِ

وَلَا تفل رُبمَـا ضل   اثناء تلك المسَـارِى

ذكرَاك   فَـدْ اورَا زناده   مِن وجدى وَمن اوارى

انا المشتَـاق المعَنى　　وَلَاكِن لَا ابُـوح
ان كَـان الكتمان معنى　　فَلى لَفْظهُ الفصيح
يَـا مَن جَنا وَتجنى　　شكواىَ لوكَـانت ترِيح
صل وَمَـا اراكَ تفعل　　وَلاكِن عيل اصْطَبَـارى
حَـاشاك　من شكوا معَـاده　تحش[٣] نارًا بنَـارِى

مَـا لى وَللشوق تهمى　　عَـينى وَيهيمُ فلبى
وَكَـيفَ رَايْتَ سفمى　　وَتدعى جهْل حبى
سَل بى من انسَـانِ اسمى　　وَاستعدى عَلى لبى
وَلَا تَـامَن حين تسْـال　　حسادى زهر الدرَارى
عينَـاك　اولى بالشهَـاده　وَادرًا بمَـا ادارى

مَـوْلَاى ابَـا العَلاء　　وَلى لو شئت مَـفال
وَمَـا اكن بالابَـاءِ　　الا لزهى الجمال
هَل بعد وَشك التناء[٤]　　فَطيعة او وصال
هبنى افيم وَترْحل　　وَالدهرُ جم العثار
مضناك　مَن يغشى وساده　فى ضيق ذاكَ الاسَـار

تعرضا للوصَال　　طفت بتلك الربُـوع
طوَافا غيْـر حَلال　　جارِى فيهَـا دُمُـوع
فَعز عَنِ الدلال　　وَراسل عن الخضوع
[٥] باللّه يا طيرا مُـدَلل　　وسربى[٦] وسط[٧] الفِفَـار[٨]
ايَّـاك　تجرك العَـاده[٩]　ترمى سخيره[١٠] فى دارى

١ هذه الموشّحة موجودة أيضًا فى دار الطراز (موشّحة ٦) – ٢ كذا ج[٢]. ج[١] «شحى وَاتفارِى»،

دط «سحي وافتفاری» – ٣كذا دط. ج «تحْشر» – ٤كذا قرأ سيد غازی. ج[٢] «الفناء». ج[١]، دط «الثناء» – ٥ الخرجة موجودة أيضًا فی موشّحة لابن سهل (موشّحة ٧) – ٦كذا قرأتُ. داس «سربی» [بدون الواو]. ج، دط «وَمرّبی» – ٧كذا ج[٢]، داس. ج[١]، دط «فی» – ٨ ج[١] «الفِفَاری» – ٩كذا دط. ج «تجر كالعاده». داس «تحرك القلاده» – ١٠ ج[١] «سحيره»

وفال غيره [مُـوَشَّحَـة ١٤[١]]

مَن اوْدَع الاجفَان صَوَارِم الهند
وَانبت الرَّيحان فی صَفحة الخد
فَضا عَلی الهيْـمَـان بالدمع وَالسهْـد
انی وَللكتمان

للهَايم المغرم بدمع نم اذ[٢] يسجم بما يكتم
منَ السر فی عَاطل حَـال غرير سَاطِی عَلی بالدعج

وَبابی جوذر كالبَـدر فی التم
يفتر عَن جَـوْهَـر مستعذب اللثم
وَخدهُ الازْهر يدمی مِنَ الوَهْم
فَكيْف ان اعْـذر

وَفَـد سَـرَا ارْفم عَلی عندم فَلا يلثم وَفد حكمْ
مِن السحر لفتل ابْطال مَعَ الانبَـاط جَـيش مِنَ الزنج

اخرِ للنورِ كصَاحِبِ الطورِ
كبَـدر دَيجُـور فی فدِّ خيزُور
كغصْن بلور فی دعص كَـافُـور
بنفس مَـهجُـور

اڢدى وَان تيم | ڢَڢى مختم | ثنَايَا ڢَم | وَڢَد نظم
من الدُّر | رَاحى وَسلسال | عَلى اسمَاط | عطرية الڢلج

الحسْنُ مَوڢُوف | عَلَيْك يَا احْمد
وَالامرُ مَصْرُوف | الَيْك يَا اغيَد
عَبْدك مَشغوف | ڢيك وَمستَعبد
امنك تعنيف

اوْ منك ان ترحم | وَان تحرم | ضنا مغرم | اذَا يسڢم
ڢَوَا اسرى | ڢى بحر اوجال[٣] | بعيد الشاط | امسك بالموج

وَغادة تبد | كَالبدر ڢى السعد
اَمالهَا النهْد | ڢى غصْن الرند
اوْرَاڢهَا البرد | اينع بالورد
بَاتت وَهْى تشد

حبيبى اعزم | وَڢمْ واهجم | وَڢبل ڢَم | وجى وانضم
الى صدرى | وڢم بخلخال | الى اڢراط | ڢد اشتَغل زوج

١ هذه الموشّحة موجودة أيضًا فى دار الطراز (موشّحة ١٣) – ٢ كذا ج ، دط . وقرأ سيد غازى «اذا» – ٣ ج[١] «اوحال»

وڢال غيره [مُوَشَّحَة ٥[١]]

يَا وَيح صَب[٢] الى البَرق | لهُ نَظر
وَڢى البكَاء[٣] مَعَ الورق | لهُ وَطَر

من اجْل بعدى عَن صحبى | بكيت دَما

كمْ لى هُنالك من شرب وَوصل دما
وَعسْكر الشهب[٤] فِى الغرب فد انهَزمَا
وَالصبحُ فد فَاض فِى الشرق لهُ نهر
وَسَال مِنْ انجَم الافِو دم كدر

شوْفِى احو بتردَادِهِ[٥] وَان كثرا
ان المعَظم فِى النادى نوا سفرا
افُول لمّا حَدَا الحَادِى به سحرا
امسك فؤادى بالرفِو اذَا ابتكروا
انى اراه من الخفِو[٦] سينفَطر

بارْض غرناطة بدْر فَد اكتملا
يطيعُهُ النظم وَالنثر[٧] اذَا ارْتجلا[٨]
وَبَعض حليته الفخر وَاى حلا
كَمْ رَامهن منَ الخلو فَما فدَرُوا
هذى[٩] حجول منَ السبو وذى[١٠] غرر

يرْوى[١١] ذوِى الخمس[١٢] من خمس انامله
وتخجل الشمس مِن شمس فضَايله
يا حُسْنَ الانسِ فِى الانس علامله[١٣]
بالبشر من وجهِك الطلو درى[١٤] البشر
ان بنانك بالرزو سينهمر

لمَّا وَلعتُ بذكرَاه وَبرَّح بى
كَتبتُ مَا الشوو امْلاه على كتبى

وَصحت وَا حَـر فلبَاه   من الوصَب

بالبين يَـا عَـابد الحو   جَـرا الفدر

فَـالشوق عِندى لَا يبفـى   وَلَا يَـذر

١ هذه الموشحة موجودة فى عدة الجليس (موشحة ١٢١) منسوبًـا إلى ابن بقىّ وفى دار الطراز (موشحة ٢٩) — ٢ ج «صَبْر» — ٣ ج[١] «البكا» — ٤ ج[١] «شهيبى» — ٥ كذا ج[٢]. ج[١]، دط «ترددادى» — ٦ ج «الابق» — ٧ ج[١] «الغبر» — ٨ ج[١] «ارتحلا» — ٩ ج «هذا» — ١٠ ج «وَذَا» — ١١ كذا ع. ج، دط «ترْوى» — ١٢ كذا ج، دط. ع «الخمص» — ١٣ يعنى «لِآمِلِه» — ١٤ ج «روى»

وفال غيره   [الأعمى]   [مُـوَشَّحَـة ١٦[١]]

حُـلو المجَـانى   مَـا ضرهُ[٢] لوْ اجْـنَـانى

كمَـا عنَـانى   شغلى بهِ وعنانى

حُب الجمـال   فـرْض عَلى كلِّ حُـر

وَفِى دلَال   عذر الخلاع العذر

هَل فِى الوصَال   عَـوْن عَلى طُـول الهجْـر

او فِى التدَانى   شىء يَفِى باشجَـانِـى

وَفِى ضمَـانِـى   ان ينتهى من يلحَـانِـى

كَـيفَ السَّـبيل   الى اختِلاسِ التلافى

جَـاشَ الغَـليل[٣]   بَـالنفْس بَـينَ الترافى

اين العَـذُول   مِن لَـوعَتى وَاشتيافى

وَمَـا ارَانى   الَّا سَـاثنى عنَـانى

عَن الغوانى   فَـليْسَ لى فلب ثانى

سَمـا عَلى　　لامرة[٤] المسلمينا
صبح جلى　　رَاقَ النهَـا وَالعيونا
سمح ابى　　يرضيك شدا وَلينا
كَـالهندوَانى　　وَكالغمام الهتانى
وَبو الامَـانى　　وَملء عَين الزَّمان

دع الفتالَا　　بَفد كَفَـاكَ الفتالَا
جُـد تعَـالَا　　عَن كُل خطب تعَـالَا
غال النضالا　　وَعَـلل الابْطَـالَا
كَـالدَّهر وَانى　　وَمَـا بهِ من توَانى
كَـالشمس دَانى　　عَلى تناء المكانِ

هَـات الْـبشاره　　فَـتلْكَ فد امكنتك
تلكَ الاشَـاره　　اغنتهم وَغنتك
اما الامارَه　　فَـاسْـمع لهَـا اذ غنَّتك[٥]
وَاش كَـان دهَـانى　　يَـا فوْم وَاش كَـان بلانى
وَاش كَـان دَعَـانى　　نبدل حَـبيبى بثَـانى[٦]

١ هذه الموشحة موجودة فى دار الطراز (موشّحة ٣٤) منسوبة إلى الأعمى – ٢ كذا ج، دط. وقرأ سيد غازى «ضَرَّ» – ٣ ج، دط «العليل» – ٤ كذا دط. ج «لامره» – ٥ ج[١] «عَـنَـتك» – ٦ الخرجة موجودة أيضًا فى عُـدَّة الجليس، موشّحة ٢٣٢

وفال غيره　　[ابن سناء الملك]　　[مُـوَشَّحَـة ١٧]

بى ثغر اشنب　　لِربيب ربرب　　ريفهُ لى مَشرب

كالحيَا بَل اعذب　　وَاعْجَب

بَدر مضى　　وَهْوَ غصن مَايد　　وَجوذرى[٢]
لى فيهِ رى　　مَا عَنْه للوَارد　　مِن مَصْدرى[٢]
فَم شهى　　فيه شهْد بَارد　　وَجَوْهرِى[٢]
يفُوح ان هَب　　مِنهُ مسك اصْهَب　　وَحما ان ينهب
مِنهُ خد مذهب　　بعَفرب

اللّه صور　　من جنان الخلد　　حَبيبى
وَاللّهُ فدر　　انْ يدُومَ عندى　　نحيبى
الوجْد اكبر[٣]　　لَيْسَ ممَّا يجدى　　تانيبى
فَكمْ اؤنب　　وَحبيبى اذنب　　لست ممن يكذب
ان فلبى مُذ حب　　معَذب

عدمت صَبْرى　　وَضَاعَ ايمَانى　　وَنسْك[٤]
وَزادَ[٥] بَدْرى　　باعظمِ[٦] سُلطانى　　وَملك[٤]
وَبعد سترى　　مضا وخلانى　　وهتك[٤]
بدر محَجّب　　وَهْوَ لى محبب　　وَهوَاه المطلب
فيه [٧]لى كَمْ[٧] مضرب　　وَمَطرب

اما وَاما　　زَادَ فِى ذَا الحب　　وَسوَاسى
والحب[٨] مصما　　ما له من طب　　او ءاسى
فَخل الهمَا　　وَارح لى فلبى　　بالكاسِ
وَاسْفنى وَاشرب　　ما يشب الاشيب[٩]　　فهوَة بَل كَوكب
وَدوَاء للصب　　مُجَرب

هِلال يبْـد　　كَـان لى كَـالصّاحب　　وَالالف
فِر منى يعد　　فَرجعتُ خَـايب　　وَا لهف[١٠]
وَظلت اشد　　حين مرَّ هَـارب　　من كف[١١]
بالله هَـذا طيب　　اشتغلت اسيب　　وَاستر وَاتغيب[١٢]
فلفلب تنيب　　حُـبَيِّب

١ هذه الموشّحة موجودة أيضا فى دار الطراز فى الفصل الخاصّ لموشّحات ابن سناء الملك، موشّحة ٦
٢ دط بدون الياء – ٣ دط «اكثر» – ٤ دط «...ـكى» – ٥ كذا ج، دط [ل]. دط [ق] «وزار»
٦ كذا ج، دط «يا عُظْم» – ٧ كذا دط. ج[١] «كَمْ لى» مع إشارتين إلى خطإ، ج[٢] «كم لى» – ٨ كذا ج،
دط «والقلب» – ٩ كذا دط، ج «الاشب» – ١٠ دط «وا لهبى» – ١١ دط «كفِّى» – ١٢ كذا دط،
ج «وتيب»

وفال غيره　　[ابن سناء الملك]　　[مُـوَشَّحَـة ٨[١]]

الرَّاحُ فِى الزجَـاجه　　اعَـارَهَـا خَـد النَّـدِيم　　حُـمرَة الورد
وَاستوهبَ نسِيمه　　فهيجت نَشْـر العَـبير　　مَعَ شذا الند

مَـا همت بالحميا　　الَّا وَفد سَـفتنى
مَـليحة المحَـيَّا　　مَـليحة التثنى
وَالحسْن فد تهيَّا　　فِيهَـا بلا تانى

اذكى بهَـا سِرَاجه　　رَايْت فِى الليْل البهيم　　شعْـلة الزندِ
لَـوْ انهَـا عَـليمه　　تَـاهَـت على البدْر المنير　　وَهْـوَ فِى السَّـعْـدِ

ان التى الامُ　　فِيها عَـلَى غرَامى
لِفدهَـا فوَامُ　　كالغصْن فِى الفوَام

لثغرهَا نظام كَـالعفد بى النظَـام

لريفها مجاجه كالمسْك بى طيب الشميم كجنَـا الشهْدِ

وَعَـينهَـا السَّـفيمه وسنانة مِنَ الفتور لَا مِنَ السهْد

تزيدُ بى بَلاء[٢] وَالنفْسُ تشتهيهَـا

وَلَا آرَا دَوَاء[٢] الا بريو بيهَـا

فالت لاصدفاء[٢] وَفَـد ضنيت بيها

احما الهوَا مزاجه دعوه مِن طب الحكيم بَـالدوَاءُ عِندى

محبُوبتى حَكيمه تطفى برمَّـان الصدور حرفة الْـوجدِ

كَمْ بى الانَـامِ مثلى شِبَـاؤهُ دَوَاهَـا

وَكمْ تُـريدُ فتلى وَلَمْ ارد سواها

وَفَـال لايمى[٣] لِى لججت بى هَـوَاهَـا

طَـابَت لى اللجَـاجَـه وَفلت لِلاشجَـان دُومى مَـا انَـا وَحدِ[٤]

ذُو مُـهجةٍ مُـفيمه بى الفرب مِن ظبى غَـرير وَهْـوَ بى البعْـد

فلبى لهَـا يتُـوق وَفلبهَـا يَـفول

هَـيْـهَـات لَا طَـريق هَـيْـهَـات لَا وصُـول

بَفُـلت والمشوق يفنعه الفليل

افض[٥] لى بَـرد حَـاجَـه يَـا ست بُـوسه[٦] بى الفويم[٧] وَاخرى[٨] بى الخد

وَالحَـاجَـة العَظيمه ان نطلع[٩] بَوْق السَّـرير وَنحط يَـد

١ هذه الموشّحة موجودة أيضا فى دار الطراز فى الفصل الخاصّ لموشّحات ابن سناء الملك ، موشّحة ٧ — ٢ دط «شِى» — ٣ كذا ج . دط «لايم» — ٤ دط «وحدى» — ٥ كذا دط . ج «افضى» — ٦ ج «بوسة» — ٧ دط «بميم» — ٨ دط «وَأُخْرَ» — ٩ دط «نطلعوا»

وقال غيره [ابن سناء الملك] [مُوَشَّحَة ١٩]

| بِي بَاتِرْ² بَاتِك | بحسنه هَاتك | ستر الخلى |
| فَكيفَ بالهَايم | بالله يَا لَايم | لَا تعذل³ |

اياكَ عَنْ لَوْمي	رَضيت بالوجد	مَعَ الضنا
واعتضت عَن نومي	وَراحتى سهد⁴	مَعَ العَنَا
مثلت⁵ يَا قوْم	لَا بظبا الهند	وَلَا الفنا

| وانمَا ذَلِك | بِبَاتِر باتك | للاجل |
| مِن ناظر عَارم | يسل كَالصَّارم | من كحل |

معَذب الفلب	فد جَل معَ لطبك	خطب هَواك
ابرَز من الحجب	وَاعبر عَلى البك	حَتَّى يَراك
حسبُك او حَسْبى	فد حرت بى وَصْبك	وَبى حلاك

| يَا فتنَة النَّاسِك | هَل طيب انبَاسك | للمندل⁶ |
| وَثغرك البَاسم | هَل جَاد للاثم | بالسلسَل |

وصَلت للعليَا	وَزال مَا كَانا	مِن كل بُوس
وَجدت لى محيا	وَجدت سلطانا	يحى⁷ النبُوس
اسفرت الدنيا	بوَجهِ مولَانا	بَعْد العبُوس

| وَمَا لها مَالِك | وَمَا لهَا سَامِك | غيْر علِ⁸ |
| المَالِك⁹ العَالِم | وَالصَّايم الفَايم | الافضل |

اللَّه فد ارْسَل	منهُ لنَا اواه	يحى⁷ الهدا
يسميهِ بالافضل	من ربهِ اسْماه	بحْر النَدَا
عَدوه يجهل	لان من يشناه	مِنَ العِدَا

بسَيْفه هَالِك　　وَرمحه سَالِك　　فِى الابْطل[١٠]
وَبَاسه فَاصِم　　وَذكرُه هَازِم　　للجحجل[١١]

مَلك هوَ البحْر　　جَار عَلى الامْوال　　مِنهُ السماح
وَانهُ البَدر　　يجلُوا دجَا الاهوَال[١٢]　　مثل الصبَاح
تشيع الدهر　　فيهِ الَى ان فال　　فوْلا صرَاح
مَا انا بالفَارِك　　وَلستُ بالتارِك　　وَلَا عَلى
وَليسَ بالسَّالِم　　وَليسَ بالْغَانم　　الاولى[١٣]

١ هذه الموشّحة موجودة أيضا فى دار الطراز فى الفصل الخاصّ لموشّحات ابن سناء الملك، موشّحة ١٦ – ٢ دط «فاتن» – ٣ كذا دط. ج «تعذلى» – ٤ كذا دط. ج «سهدى» – ٥ دط «قُتلت» – ٦ ج[١] «للمند» – ٧ دط «يحيى» – ٨ دط «على» – ٩ دط «الملك» – ١٠ دط «البطل» – ١١ كذا دط. ج «الجحجل» – ١٢ ج «الاحوال» – ١٣ دط «الأول»

وَفال غيْره　　[ابن سناء الملك]　　[مُوَشَّحَة ١٠[١]]

فامة[٢] الغصْن مَا لهَا مَالت　　فيهِ من غَيْر ريح
وَكَذا الشمْسُ مَا لهَا حَالت　　عِندَ وَجْهِ المليح
فَاستمع للسمَاءِ اذ فَالَت　　فيه فولا صحيح
نور وجهى[٣] مِن وَجه ذا منسُوخ　　وَهىَ ايْضا تفول
ان بَدرى لوجه ذا البدر　　خادِم[٤] اوْ رسُول

اى وَجْه فيهِ مِنَ التفَّاح　　لونهُ الاحمر
وَعَليْه رَاحَت[٥] الارْوَاح　　فَهى لَا تذكر
وَعَليْه فَد طَاب شرب الرَّاح　　وَبهِ تسْكر

بل عَـليْـه فَـدْ اسكر المطبوخ　　　خل عَـنك الشمول
كَـيف للخَـمْـر اين للخمر　　　سلبه للعُـفول

لَا ارَا فِيهِ مَـالكا نفسى　　　ابدًا ان بدا
انا بالدمْع وَهوَ كالشمْس　　　مثل يوْم الندَا
هَل درَا حين غَـابَ من امس　　　انَّـهُ فَـد غَـدَا
عفد صَبرى ببعْـده مفسوخ[٦]　　　وَالليالى شكُـول
وَنجُـوم السمَـاءِ لا تسْـرى　　　وَالدجَـا لَا يَـزُول

منيتى اوْ منية العَـاذل　　　خده الجلنَـار
فسلوا لى عذاره السَّـايل　　　فِيهِ كيفَ استدَار
وَرُبما عَـاب حَـاسِد جَـاهِل　　　خده بالعذار
كل مَن لمْ يَصل الَى الشمرُوخ　　　وَالعنَـا[٧] فِى الوُصُول
عَـابَـه جَـاهِل [٨]وَما يَـدرِى[٨]　　　مَـا يَـفول الجَـهُـول

عَـابَ الْفِـى وَلمْ يَـفل صِدفا　　　لَا ارَا الْفه
عجبًـا فِيهِ كيفَ لمْ[٩] يمت عشفا　　　اذ رءَا طرفه
فسَـاشدُوا بوَصْفه حَـفا　　　فَـاسمعُـوا وَصْفه
لو عَـذيرى كمثل زغب الجوخ[١٠]　　　اجن وَامْسح وَكُـول
لست ءَامِر بذا الكَلَام غيْـرى　　　نا لنفسى نفُـول

١ هذه الموشّحة موجودة أيضا فى دار الطراز فى الفصل الخاصّ لموشّحات ابن سناء الملك، موشّحة ٢١ – ٢ ج «فامت» – ٣ دط «شمسى» – ٤ ج «خادِمًـا» – ٥ ج «فدرَاحَـة» – ٦ كذا دط. ج «منسوخ» – ٧ ج «وَالغا» – ٨ ج[١] «وَلمْ» وفى الحاشية «ومن» – ٩ ج «لا» – ١٠ كذا دط. ج «الخوخ»

وقال غيره [العزازىّ] [مُوَشَّحَة ١١[1]]

مَا سلت الاعين الفَوَاتِر مِن غمدِ اجْفَانِهَا الصفَاح
الَّا اسَالت دمَا الحَنَاجر مِن غيْر حَرْب وَلَا كفَاح

تاللّهِ مَا حَركَ السَّوَاكن غيْر الظباء الجاذِر
لمَّا اسْتَجاشت بكُل طَاعِن مِنَ القدُود النَوَاضِر[2]
وَفوقت اسْهمُ الكَنائن مِن كل جفن وَنَاظِر
عرب اذَا صحن [3]يَا العَامِر[3] بَينَ سرَايا مِنَ الْمِلاح
طلت عَلينا من المَحاجر طلائع تحمل السلاح

احبب بمَا تطلع الجيُوب مِنهَا وَمَا تبرز الكلل
منْ اقمر مَا لهَا مَغيب وَاغصن زانهَا الملل[4]
هَيْهَات ان تعدل القلوب عَنْهَا وَلوْ جَارَت المقل
لَما توشحن بالغداير سفرن عَن اوْجه صبَاح
فَانهزمَ اليل وَهوَ عَاثر بذيْلهِ وَاختفا الصباح

وَاهَيف ناعِم الشمايل تهزه نسْمة الشمال
فينثنِى كالْقضيب مَايل كمَا انثنا شَارِب وَمَال
لهُ عذار كالند سَايل لله كم مِن دمَا اسَال
شقت عَلى نبته المَراير من دَاخِل الانفس الصحَاح
تكل فى وَصفهِ الخَوَاطِر وَتخرسُ الالسن الفصاح

ظبْى مِنَ[5] الانس لَا يميل الشمسُ وَالبَدر مِن حُلاه
وَالحسن قالُوا وَلمْ يقول مبْدَاهُ مِنهُ وَمُنتهَاه

وَطَرفُهُ الناعِس الكحيل　　　هَيْهَات مِن سَيفه النجاه
اذل بالسحرِ كل سَاحِر　　　فَهوَ لهُ خَافِض الجناح
يجُول فى بَاطن الضماير　　　كمَا يَجُول الفضا المتاح

امَا ترَا الصُّبح فَد تَطلع　　　[٦]مِن غمضةٍ[٦] اعيُن الْغسق
وَالبدر نحْو الغروب اسْرَع　　　كهَارِب نَالهُ فَرَق
وَالبَرق بينَ السحَاب يَلمع　　　كصَارِم حِين يمتشق
وَيحسب الانجم الزوَاهِر　　　اسنة الفت الرمَاح
فَانهزمَ النهر وَهوَ ساير　　　فَد رعتهُ يَد الرياح

١ هذه الموشّحة موجودة أيضا فى نفح الطيب (٧، ٩٢) وسجع الورق (١، ٤٠) وفوات الوفيات (١، ٩٢) والوافى بالوفيات (٧، ١٥٣) — ٢ ج «النوَاظِر» — ٣ نط «بالعامر» — ٤ نط «المَيَل» — ٥ نط «إلى الانس» — ٦ نط «مُذْ غمضت»

مثله الموصلى　　　[مُوَشَّحَة ١٢][١]

رنا باجْفَانِهِ الفوَاتِر　　　لمَّا انثنَا وَاحِد الْمِلاح
فسل مِن طَرفه بوَاتر　　　وَهزَّ مِن عطفه رمَاح

نَاظِرُهُ جَردَ المهَند　　　وعمده[٢] منا الحشَا
وَعامل الفد فَهْو امْلد　　　يطعن للفلب ان مَشا
وَالعَارض الفايم المزرد　　　لفتنة الناسِ فد نشا
وَالحاجب الفوس بالفوَاتِر　　　لنبله فى الحشَا جرَاح
ومشرف الصدغ فَهوَ جَاير　　　سُلطانهُ لِلدمَا اباح

فجفنه الفَاتك الكنَانى　　　من شعل رَاش لى نبال

وَهوَ الخفَاجى فد غزانى وَجفنه مِن بنى هلال
عبسى لحظ لهُ سبَانى جسمٌ زبيدى بالدلال
وَالردف يدعى مِنْ ءال عَامِر ووَاضح الصلت من صبَاح
وَخصره مِن هَشيم ضامِر يدورُ من حوْله وشاح

بوَجهه جَنة وكوثر رُضابهُ العَذب لى حَلا
وَالنَّارُ فِى وَجنتيه تسعر [٣]وَالحال خيَالهُ[٣] اصطلا
عجبْتُ مِن خالهِ المعَنبر اذ يعبد النَّار كَيف لَا
يحرق بالنارِ وَهو كافِر وَمَا سفا ريفهُ الفراح
كَامل حُسْن مَعْناه وَافِر بَسيط وصف كالمسْك فَاح

مَا اخضر نبت العذار الا باسه سيح[٤] الشفيو
وَهوَ كنمل سَعَى وَولا وَلمْ يجد للجنَا طَريو
من وجههِ[٥] البَدر اذ تجلا فِى هَالة العَارض الانيو
لمَّا تبدَا بالوَجْهِ دَاير وَحَيّر العَفل حِين لاح
شَو على خدِّه المَراير وَفطع الانفس الصحاح

وَرب يوْم اتى وَحيا كَالشمس وَالنجْمِ وَالْفمَر
بالكاسِ وَالراح وَالمحيا ثلاثة تفتن البَشر
وَفال فُمْ يا نديم هيا افض[٦] بنا لذة الوطر
فَالخمرُ تجلا عَلى المَزاهِر مِن اغتباق الى اصطبَاح[٧]
وطافت الراحُ بالمجامِر مِن عنبَر الزَّهْرِ فِى الْبطاح

١ هذه الموشّحة موجودة أيضا فى نفح الطيب (٧، ٩٤) وسجع الورق (١، ٤١) والوافى بالوفيات

(٧، ١٥٥) – ٢ كذا ج. دط «غمد» – ٣ كذا ج. نط «حيالها خاله» و«الخال خيالها» – ٤ نط «سُبّج» – ٥ نط «ريقة» – ٦ ج «افضى» – ٧ ج «اصصبَاح»

وَفال ابن نباتة مُعَارِضًا بنفسج اليْل[1] [مُوَشَّحَة ٢١٣[2]]

مَا سحَّ [3]مَا احمرَّ[3] دُمُوعى وَسَاَح   عَلَى المَلاَح   الَّا وبى فلب المعنا جرَاح

بى مِن بنى الاتراكِ حُلْو الشباب   مر السطا
عَشفته حِينَ عَدمت الصوَاب   مِنَ الخطا
تشكُو حشا الغزلان مِنه التهَاب   اذَا عطا
وَرُبما تشكو[4] الغصُون اكتئاب   اذَا خطا

مَا مَاس ذَاكَ الغصْن بَين الوشاح   الا ورَاح   فوْل عَذولى كله بى الرياح

ءاه لصَب دَمْعه حين[5] كان   دمع اريو
هَذا اسير بى وُجُوه الحسَان   وَذَا طَليو
ارو جسمى بالضنا يوْم بَان   بَدر الفَريو
بَهَا انا اليَوْم لهُ يَا بُلان   عَبْد رَفيو

يَزيد اجْفَانى ندا وَارتياح   نهى اللواح   مثل جَلال الدين يوْم السماح

حبر له بى الخلو ذكر جليل[6]   لَا يفترا
مَاج عَلى غيظ الغمام البخيل   محل الثرا
مَا رَات العيْن لهُ مِن مَثيل   وَلَا ترَا
يوفد بى اوطَانِهِ للنزيل   نار الفرا

شرارها بى الكيس حمر صحاح   لهَا افتداح   لَاكنها بى الفلب عذب فراح

يَا مَالِك العِلم وَبيض الندا   جزت المدا

فَابو وَكل العَالِمِينَ الهدا   دَع العدَا
انتَ الذى اصْبَحَ غيث الجدا   صبح الهدا
كَمْ يفتهى منك وَكَمْ يفتدا   وَيجتدا
علم جلى وَنوَال صرَاح   صبو مُباح   يروى به رَاوا الرجَا عن رباح

وَمغرَم[7] لا يختشى من رَفيب   وَلَا عذول
معلو الفلب بشجو عجيب   وَلَا وصُول
يسْكر لَاكِن بصِفَات الحبيب   لَا بالشمول
لمَّا رنا الظبى ما من فضيب[8]   اضحَى يَفول
كَمْ ينتضى جفنك وَعطفك صفاح   على رمَاح   مَاذى محاسن ذى خزاين سِلاح

١ هذا اللفظ غير موجود فى مجموعة الموشّحات الباقية ، ولعلّ أصل المعارضة هى موشّحة لابن سهل «باكر إلى اللّذّة والاصطباح» [ديوان ابن سهل ، موشّحة ٢٤] – ٢ هذه الموشّحة موجودة أيضا فى نفح الطيب (٧ ، ٨٦) وعقود اللآلئ (٥) وسجع الورق (١ ، ١١) – ٣ نط «محمرٌ» – ٤ ج «تشك» – ٥ نط «حيث» – ٦ نط «جميل» – ٧ ج «مغتَرم» – ٨ ج «ما من الفضيب»

وفال غيْره   [ابن خاتمة]   [مُوَشَّحَة ١٤][1]

يَا مصبَاح   فَدْ اخجل الاصْبَاح   هَل تلتاح   يَا [2]بدرُ او ترتَاح[2]   لذى ود
مرْءَاكَا   البدر   بالسَّعد
لمَاكا   الخمْر   بالشهْد
رياكا   الفطر   بالند
لا تباح   كريفك النباح   الفواح   يروح[3] الأَرْواح   مِنَ الوجد
بالعذل   يا صَاحِ لا تعد

هَل مثل　　ينهنه الوجد
دَعْ عذل　　غيى هُوَ الرشد
مَا للاح　　بى فمَر فَدْ لاح　　يَا نصَّاح　　مَا اعجم الابصاح　　بذَا الرشد

كَمْ ابْكى　　بتنثنى باسم
بنحكى　　روض المحيا الساجم
هَل تشتكى　　شكواى يا ظَالِم
يَا طماح　　هَل مِنك لى الْماح　　بَالابراح　　وَالروح لى وَالراح　　بمَا تبد

يَا جنه　　فد ذل[4]　　جَانيهَا
وَبتنه　　فد ضل　　رَاءيهَا
بوجْنه　　فد جَل　　بَاريهَا
كَم امْداح　　يحُوكهَا المداح　　بى ايضاح　　جَمالكَ الوضاح　　وَلا تجد

فد نلت　　سُؤلى وَمَا احْلاه
فبلت　　بى ثغر مَن اهْواه
بَفلت　　اذ بَاحَ لى رُؤياه
ذَا لى بَاح　　رَاح هوَت اوْ تباح　　حبى اعمل ءَاح وَمَا اطيبك يا ءَاح　　عَلى كبدِ

١ هذه الموشّحة موجودة أيضا فى ديوان ابن خاتمة ، موشّحة ١ – ٢ ج «بدرًاوترتَاح» – ٣ يعنى «يُرَوِّح» – ٤ كذا داخ. ج «ضل»

وفال مُعَارِضًا لَهُ　　[ابن خاتمة]　　[مُوَشَّحَة ١٥[1]]

الحسن　　يحارُ بى خدِّك
وَالغصْن　　يَغارُ مِن فدّك

وَالذهْن وفف عَلى ودك
من حلاك بالحسن مَا احْلَاك
لَا انسَاك يَا فتنة النسَّاك الى الحشر

هَل سلوَان لِعَاشو هَيمان
عَن عدوَان ذا البَاتِر[٢] الاجفَان
يَا فتان اسرفت فى الهجران
فد جراك ظلما عَلى مغراك
منْ افتاكْ بالصد يَا فتاكْ وَبالهجْر

لَا صَارِم كلحظك النَّايم
يَا ظالِم امَا ترا رَاحِم
لهَائم انت بِهِ عَالِم
مَا اسبَاك للعَفل ما اصْبَاك
هَا عَيْناك فد اسكرت مضناك بلا خمر

مَا عذر مَن ضل عن وده
وَالبَدْر بَاد عَلى خده
وَالضر وَالنبع مِن جنده
ان رداك ثوْب الفلا[٣] اردَاك
او ولَّاك طيب الرضا اولَاك جَنا البشر

رُحمَاكَا يَا فتنة الخلو
لولَاكا مَا صرت فى رو
بَلوَاكَا عَمت وَلمْ تبو

فل من رءاك　　وسر[4] من اسرَاك
مر اياك　　يَـا نَـاظر[5] اياك　　ان اش ندر

١ هذه الموشّحة موجودة أيضا فى ديوان ابن خاتمة، موشّحة ٢، ولها هناك مطلع :

ما احلاك　　يا قمر الاحلاك
كم اهواك　　وفى الحشا مثواك　　ولا تدرى

٢ ج «فاتر» – ٣ داخ «القلى» – ٤ كذا ج. داخ «وليس» – ٥ ج «ناظرى»

وفال غيره　　[ابن خاتمة]　　[مُـوَشَّحَـة ١٦[1]]

سَل بذى الضنا[2] وَالسمر　　ظبية البان
هَل رَات مثل ذى المفل　　لرشا ثانى

من لِظبى باعين　　كحلت سحرا
لو حَـواهَـا لمْ ينثن[3]　　يَـا لف الفِفرا
بَل غدَا فى توطن　　فلبى المغرا
فد ابا الغنج وَالحور　　غير اشجان
فَـاصرفَـا عَنى العَـذل　　لا تلَـومَـانى

من عذيرى اذَا رَنا　　من هوا خشف
اشرعَ اللحظ كالفنا　　فاصدا حَـتف
وَدع[4] الفلب مؤذنا　　مِنه بالزحف
اين لَا اين لَا وزر　　لشج عَـان
اعزل عَن ظبا اسل　　غنج اجفَـانى

هَل الَى الوصْل مسلك　　او الَى الصَّبْـر

طَال هَـذا التهتك　　وَفَشـا سر
سَـهم عينيك افتك　　من شبا السمر
مَـا عَلى مُـهْجتى اضر　　يوم عدوان
من عيُـون بهَـا كحل　　حِين تلفانى

مَـا للاح مُـعَـنف　　فِى الهوَا يسط
بشجى[٥] الفلب مدنف　　دمعهُ سبط
هَل رءَا مثل اهيف　　شادنًـا فط
رَاعـَهُ اللّـه وَالفدر　　كَـيف يلحَـانى
مَـا ارَا طَـبعه عدل[٦]　　طبع َانسان

وَغـَزال مَـا اجمله　　فِى تحليه
اخذ الطرس بصله　　وَوشا بيه
بمدَاد بَـفلتُ له　　فصد تنبيه
ثوبك احرز من الحبر　　بَـفد امْلان
فال لى خليني نغتسل　　فِى بلد ران

١ هذه الموشّحة موجودة أيضا فى ديوان ابن خاتمة، موشّحة ٣، وفى عُـدّة الجليس، موشّحة ٢٤٢
٢ كذا فى ج وفى عج. داخ «الضّال» – ٣ ج «ينثنى» – ٤ ج «وَدعَ» – ٥ كذا داخ. ج «شجا» – ٦ ج «عذل»

وَفال غيْـره　　[ابن خاتمة]　　[مُـوَشَّحَـة ١٧[١]]

فِى طَاعَـة النديم　　وفِى هَـوَا الحسَـان
عصيت كل عَـاذل　　وَدنت بافتتان

اما انا فما لى   عَن الهوَا محيص
وتنت وى غزَال   صَعْب الرضا حريص[٢]
ظلت عَلى احتيال   وى كفه فنيص
ذو منظر وَسيم   من ووق خوط بان
يختال وى غلايل   مَا لى بها يدان

يا من لمستهَام   من جور ذَا الغلام
يغتالنى مَنام   يسُومنى سفام
فد عاث وى الانام   باضرب الْغرام
اجور من سدوم   يعدوا مَدا الزمَان

على وؤاد ذاهل   اطوع من عنان
علفته غزَالا   للروم[٣] منتهَاهْ
زناره استمالا   صلحى[٤] الى صبَاه
ان فال لى مفالا   لمْ ادر ما عناه
او اشتكى همُوم   لمْ يدر مَا عنان

وَالفلبُ وى حبايل   ابدى هوَاهُ عَان
افسمت بالاناجل   وَحُرمة المسِيح
مَا ان اطيع عَاذل   ويك ولا نصيح
وكمْ وَكمْ تماطل   ذَا لوعَة فرِيح[٥]
[٦]فد امحت رسومى   سفما عن العيان[٦]
[٦]وارحم أنين ناحل   لولاه ما استبان[٦]

[٦]فل كيف يستريح   صب متيم[٦]

٦لسانه بصيح　　　والحب اعجم٦
٦ها حالتى تلوح　　　بهل مترجم٦
٦صبى عشقت رومى　　　وش نحفظ اللسان٦
٦الساع ما نشاكل　　　عاشق بترجمان٦

١ هذه الموشّحة موجودة أيضا فى ديوان ابن خاتمة ، موشّحة ٨ – ٢ داخ «عويص» – ٣ كذا داخ . ج «للروح» – ٤ داخ «حلمى» – ٥ فى ج المطلع مكرّر وبعده نجد الكلمات :

كمل بحمد الله
وحُسْن عَوْنه

٦ نقلت النصّ من ديوان ابن خاتمة

فهرست الأعلام

ا

ابن أبي زيد	٢٥٨
ابن راحل	٢٤٣
ابن راحيل	٨٣
ابن زيد	٥٩
ابن سعيد	٢١٧
ابن شواش	٢٠٣
ابن عامر	١٤١
ابن عبد العزيز	٢٢١
ابن عبيد	٢٦٥
ابن هانئ	٥٥
ابن همسك	٢٦٤
ابن يعقوب	٢٥٩
ابن يعلى	١٦٤
ابن يوسف	٢٥٩
أبو إسحاق	١٢، ٢٦٤
أبو الاصبغ	٢٢١
أبو بكر	٣٣، ١٢٩، ١٤١، ١٥٠، ١٦٠، ٢٢٧
أبو بكر بن نوح	٢٣٣
أبو جعفر	٩٦ [٣]، ١٠٤، ١٠٥، ١٤٧
أبو الحسن	٤٠، ١٣٣، ١٧٣
أبو الحسين	٢٨، ٢٩ [٢]، ٢٠، ٦١، ٨٦، ١٧٤
أبو حفص	٥٣، ٢١٦
أبو خالد	٥٤
أبو سعيد	١٧٨
أبو العبّاس	٣٣، ٣٦
أبو عبد الإلاه	٢٣٧
أبو العلاء	٢٧٢
أبو عليّ	٢١٥، ٢٣٦، ٢٥٨

أبو الفضل	١٢٨
أبو القاسم	٤٦، ١٦٤، ١٩١، ٢٢٤
أبو القاسم محمّد بن عبّاد	٧١
أبو الوليد	١٧٥
أبو يحيى	٥٠
أبو يعقوب	٣٨
احمد	١٠ [٢]، ١١، ٣٧، ٧٩، ١٨٤ [٢]، ١٨٦، ٢٠٣، ٢٧٤ [٢]، ٢٧٤
أمّ جندب	١٠٥
أمّ العلاء	٢٥
أميّة	١٠٦

ب

باديس	٦٩، ٧٠
البسوس	٢٦٠
بنت الحسين بن مخرم	١٦١

ج

جعفر	٤٠، ٢٦٦
جعفر بن الحاسب	٥٢

ح

حاتم	٣٨، ٨٦
حجّاج	١٤٢

د

داوود	٧١

ذ

ذو النون	٢٤

ر

ربيعة بن مكدّم	١٦١
الرشيد	٦٧ [٢]، ٧٦ [٢]، ٨٠

ز

زيد	١٤٨

س

سلمى	٢٦٠
سماك	٢٥٥

سير	٤٩
ع	
عابد الحقّ	٢٧٦
عابد ال‍-منعم	١٥٨
عبد الله	٦٣، ٧٥، ١٣١
عبد الإلاه	١١٣
عبد الرحيم	٣٢
عبد الملك	١٨٠
عبد المليك	٢٤
عبد المليك بن مرتين	٢٥
عبيد الله	٦٨
عليّ	٤١، ١١٨، ١٢٣، ١٥٠، ٢٧٧
عليّ بن أبي زيد	٢٥٨
علي بن حيّون	٢٣١
عمر	٣، ٤٢، ١٠٢
عمرو	١٥٠، ١٥٤، ١٨٦
عيسى	٨٣، ١٣٤، ١٦٧
غ	
غيلان	٤، ٢٥١، ٢٦٧
ك	
كسرى	١٥
ل	
لبيد	١١
م	
المأمون	١٩٧
المؤيّد	٧٣، ٧٩، ٨٠، ٨١، ١٩٧
محمّد	١٤، ١٧، ٥٦، ٨١، ١٢٠، ١٢٦، ١٢٧، ١٣٦، ١٤٥، ١٤٧، ١٦٨، ٢٢٢
محمّد الصبّاغ	١٢٠
المعتمد	٦٦، ٧١، ٧٧، ٨٠
المنذر	١٩٦ [٢]
ميّ	٤

ه

هند ١٠٦، ١١٥، ١٦٩ [٢]

و

وارقاء ٢١٧

ى

يحيى ٣٣، ٣٤، ٤١، ٨٦، ١٦١، ١٦٢، ١٩٧

يعرب ١٠٦، ٢٣٧

يعقوب ١٠٣، ٢٥٩ [٢]

يوسف ١١، ١٨٣، ٢٥٩

يوسف بن القاسم ٣٩

يوسف بن هود ٨٨

فهرست العوائل والقبائل

ا

آل رزق ٧٥

آل عامر ٢٨٦

آل مروان ١٥٨

آل هود ١٩٦

الأنباط ٢٧٣

أهل مسلمة ١٠٥

ب

بنو الأتراك ٢٨٧

بنو ثابت ٤، ٦، ١٦

بنو حمّاد ٦٩

بنو زروال ١٥٧

بنو سعد ٢١٧

بنو عبّاد ٦٧، ٦٨، ٧٩

بنو العبد ٣١

بنو العبّاس ٦٧

بنو عمّار ١٠

بنو القاسم ٣٥، ٣٧

بنو الليث ٢٠٨
بنو هلال ٢٨٦

ز

الزنج ٢٧٣

ع

العجم ١٥٠
العرب ١٥٠

فهرست الأماكن

ب

بابل ١١٦، ١٤٧، ١٧٣

ج

الجزيرة ٩٦

ح

حمص ٤٤

خ

الخليج ٣١، ٤٤

د

دارين ١٣٦، ١٩٧، ٢١٦، ٢٦٧

س

سبتة ٢٣٨
سلا ٣٧، ٣٩

ش

الشام ٥٠

ص

صفّين ٢٤، ١٠٠، ١١٢، ١٩٧

ع

عدن ٨٢، ١٠٧ ١٥٥
العراق ٤٥

غ

غرناطة ٥٩، ٢٧٥

النصوص العربيّة

ق
قرطبة ٥٩، ١٩٩

م
مصر ٥٠

ه
الهند ٢٨، ١٥٣، ٢٧٣، ٢٨١

EU representative:
Easy Access System Europe
Mustamäe tee 50, 10621 Tallinn, Estonia
Gpsr.requests@easproject.com

www.ingramcontent.com/pod-product-compliance
Lightning Source LLC
Chambersburg PA
CBHW081824230426
43668CB00017B/2366
* 9 7 8 1 9 0 9 7 2 4 5 8 7 *